Research on Supply Chain Decision-making and Coordination
Based on Behavioral Factors

基于行为因素的供应链决策与协调研究

兰冲锋 著

中国科学技术大学出版社

内 容 简 介

本书是安徽省哲学社会科学规划项目"基于企业社会责任的扶贫供应链运作决策研究"(AHSKY2020D24)与安徽省高校人文社会科学研究重大项目"政府补贴背景下考虑环境责任的生产模式选择与绿色度联合决策研究"(SK2021ZD0060)的研究成果。传统的供应链管理研究通常假设系统为完全理性,然而,作为系统的行为主体,人们往往表现出有限理性以及各种类型的行为偏好,这导致现有供应链管理理论在实际应用中难以达到理想的运行效果。基于此,本书通过建立行为运筹模型并结合数值验证的方法,主要研究了止步行为、公平偏好、损失厌恶和绿色偏好四种行为因素对供应链主体决策和协调产生的影响,使理论模型对现实经济活动现象具有更强的解释力,为现实供应链管理提供更科学的决策支持。本书可供高校管理类专业的研究生、企业经营管理人员参考使用。

图书在版编目(CIP)数据

基于行为因素的供应链决策与协调研究/兰冲锋著. —合肥:中国科学技术大学出版社,2022.7

ISBN 978-7-312-05416-7

Ⅰ. 基… Ⅱ. 兰… Ⅲ. 供应链管理—研究 Ⅳ. F252.1

中国版本图书馆CIP数据核字(2022)第063599号

基于行为因素的供应链决策与协调研究

JIYU XINGWEI YINSU DE GONGYINGLIAN JUECE YU XIETIAO YANJIU

出版	中国科学技术大学出版社 安徽省合肥市金寨路96号,230026 http://press.ustc.edu.cn https://zgkxjsdxcbs.tmall.com
印刷	安徽国文彩印有限公司
发行	中国科学技术大学出版社
开本	710 mm×1000 mm 1/16
印张	11.25
字数	202千
版次	2022年7月第1版
印次	2022年7月第1次印刷
定价	60.00元

目　　录

第1章　绪论 ·· (1)
　1.1　研究背景和意义 ··· (1)
　　1.1.1　研究背景 ··· (1)
　　1.1.2　研究意义 ··· (4)
　1.2　研究内容与方法 ··· (5)
　　1.2.1　研究内容 ··· (5)
　　1.2.2　研究方法 ··· (8)
　1.3　研究创新点 ·· (8)

第2章　相关研究文献综述 ··· (11)
　2.1　报童模型 ··· (11)
　　2.1.1　一般报童模型 ·· (11)
　　2.1.2　自由分布的报童模型 ·· (14)
　2.2　供应链契约与协调 ·· (15)
　　2.2.1　供应链与供应链管理 ·· (15)
　　2.2.2　供应链契约 ··· (16)
　　2.2.3　VMI供应链研究 ·· (18)
　　2.2.4　随机供需的供应链研究 ··· (19)
　2.3　行为供应链研究 ··· (20)
　　2.3.1　基于顾客止步行为的供应链研究 ·································· (21)
　　2.3.2　基于公平偏好的供应链研究 ·· (22)
　　2.3.3　基于损失厌恶的供应链研究 ·· (23)
　　2.3.4　基于消费者绿色偏好的供应链研究 ······························ (24)

第3章　基于顾客止步行为的供应链决策与协调研究 ····················· (28)
　3.1　考虑止步惩罚和随机产出的自由分布的报童模型 ··············· (28)
　　3.1.1　问题描述与模型符号 ·· (29)

3.1.2 止步惩罚下自由分布的报童模型 ··· (30)
3.1.3 随机产出和止步惩罚下自由分布的报童模型 ····················· (34)
3.1.4 算例分析 ·· (38)
3.2 基于顾客止步行为和促销努力的 VMI 供应链协调 ··················· (40)
3.2.1 问题描述和参数假设 ··· (41)
3.2.2 模型分析 ·· (42)
3.2.3 VMI 供应链协调策略 ·· (45)
3.2.4 模型优化 ·· (46)
3.2.5 算例分析 ·· (50)
3.3 顾客止步行为下需求依赖价格的 VMI 供应链协调 ··················· (52)
3.3.1 问题描述和参数假设 ··· (53)
3.3.2 模型建立和分析 ··· (54)
3.3.3 VMI 供应链协调 ··· (56)
3.3.4 模型优化 ·· (57)
3.3.5 算例分析 ·· (63)
3.4 顾客止步行为下考虑质量控制的供应链协调契约 ····················· (64)
3.4.1 基本模型 ·· (66)
3.4.2 供应链协调契约模型 ··· (71)
3.4.3 算例分析 ·· (73)

第4章 基于公平偏好的供应链决策与协调研究 ······························ (79)
4.1 公平偏好和随机供需下供应链批发价契约研究 ························ (80)
4.1.1 基本模型 ·· (80)
4.1.2 公平中性的情形 ··· (82)
4.1.3 公平偏好的情形 ··· (83)
4.1.4 算例分析 ·· (89)
4.2 不公平厌恶和随机产出下供应链批发价格契约研究 ·················· (94)
4.2.1 基本模型 ·· (94)
4.2.2 公平中性的情形 ··· (95)
4.2.3 公平偏好的情形 ··· (96)
4.2.4 算例分析 ·· (100)
4.3 公平偏好的零售商在随机产出约束下的批发价契约研究 ············ (104)
4.3.1 基本模型 ·· (104)
4.3.2 公平中性的情形 ··· (106)

4.3.3 公平偏好的情形 ··(107)
    4.3.4 数值分析 ···(110)

第5章 基于损失厌恶的供应链决策与协调研究 ··(114)
5.1 损失厌恶的报童模型在随机供需下的决策研究 ·································(114)
    5.1.1 问题描述和模型符号 ···(115)
    5.1.2 基本模型 ···(116)
    5.1.3 模型分析 ···(119)
    5.1.4 算例分析 ···(120)
5.2 损失厌恶的OEM供应链在随机供需下的协调决策 ····························(122)
    5.2.1 基本模型 ···(122)
    5.2.2 分散决策下的最优订货和定价 ···(124)
    5.2.3 供应链协调契约设计 ···(126)
    5.2.4 算例分析 ···(129)

第6章 基于消费者绿色偏好的供应链决策与协调研究 ································(132)
6.1 考虑随机产出的绿色农产品供应链协调契约 ·····································(132)
    6.1.1 问题描述与参数假设 ···(133)
    6.1.2 供应链决策模型 ···(134)
    6.1.3 算例分析 ···(139)
6.2 考虑环境责任的生产模式选择及绿色度联合决策 ·····························(143)
    6.2.1 模型描述与假设 ···(143)
    6.2.2 模型构建 ···(145)
    6.2.3 模型分析 ···(148)
    6.2.4 数值分析 ···(150)

第7章 研究总结与展望 ··(155)
7.1 研究总结 ··(155)
7.2 研究展望 ··(158)

参考文献 ···(160)

后记 ···(172)

第1章 绪 论

1.1 研究背景和意义

1.1.1 研究背景

进入21世纪,随着用户需求的差异性和个性化程度的增加,以及全球经济一体化的深度融合,如何抓住市场机遇,提升服务水平,快速、有效地满足顾客的差异化和个性化需求,提高顾客的满意程度,都对传统企业的运作管理模式提出了新的挑战[1]。随着经济全球化和技术的飞速进步,市场竞争日趋激烈,人们逐渐意识到,一个企业很难在每个领域的各个环节都做到最好,市场对单个企业的专业化程度要求越来越高。因此,许多企业在保持自身核心竞争力的同时,开始关注自身所处供应链的情况[2]。通过上下游企业不断地交流与合作,可以更多地了解市场需求信息,及时调整经营方式,以便更好地在整个供应链上进行资金流、物流以及信息流的配置,使得整个供应链的运行更为顺畅和有效。供应链管理(supply chain management,SCM)就是在此背景下诞生的一种新的管理理念和模式,并日益受到国内外学者研究的重视。

现如今,企业之间的竞争,已经从最初的单纯产品质量、价格、性能、服务等方面逐渐演变成为供应链与供应链之间的竞争[3],供应链节点上任何一个成员的运作和管理都会影响到整个供应链系统的运行绩效与竞争力。供应链管理的思想和方法已在众多企业中得到应用,并取得了巨大的成功,如香港利丰集团因其敏捷的供应链而运营绩效显著;丰田公司因其精益的供应链而举世闻名;沃尔玛与宝洁集团因其"无缝对接"的供应链而优势互补;联泰国际集团的成衣供应链也因其"从设计到店铺"的模式而获得独特的竞争优势;百丽集团打造的"按需运转"供应链则在收益与市场份额等方面取得了良好的效果。然而,仍有很多企业因供应链管理不善而名利双失,如三鹿集团因供应商管理不善而导致公司破产倒闭;爱立信公司因为供应链风险管理不善丢失了手机业务;大宝公司因为对代理商的管理不良而导致渠道混乱,最终则因盈利能力差而不得不出售公司的部分股权;长虹公司也因为经销商和供应商管理不善而陷入发展的困境,类似的案例还有不少。因此,供应链管理已成为企业和学术界共同关注的热点问题。

随着生产技术的不断进步和社会的快速发展,很多产品的生命周期缩短,即具有短生命周期的性质。这类产品通常具有很强的时效性,顾客需求的时域较短,一旦错过销售期,则产品的价值会减少,甚至变为零。短生命周期商品广泛存在于日常经济和社会生活中,如新鲜的蔬菜和水果、采摘的鲜花、新上市的衣服和时尚电子产品等,这些商品随着销售季节的结束,其内在价值将会逐渐减少;还有一些广义上的商品,如音乐会门票、航班机票等,这类商品由于不能长期存储,在销售期结束后价值变为零。对于经营短生命周期商品的零售商而言,合理地确定销售价格和库存数量是实现其利润最大化或损失最小化的重要手段[4]。一方面,如果零售商制定的销售价格较低,虽然可能会增大部分市场需求,但由于单位产品利润下降,也会减少其自身收益;反之,如果制定的单位产品销售价格过高,则会导致市场需求减小,库存增大,同样导致零售商的利润降低。另一方面,如果库存数量偏低,不能满足销售期内的正常市场需求,不仅会导致零售商失去销售机会,而且会造成其商誉的损失;反之,如果零售商的订购数量过高,则导致其库存增大,由于库存产品的残值很小,甚至为零,也会给零售商带来经济上的损失。因此,为实现期望收益最大化,零售商就要对商品的库存数量及销售价格进行合理配置。

根据市场需求特点进行分类,短生命周期的商品可以划分为确定性市场需求和随机性市场需求。在确定性市场需求下,人们通常假定商品需求是价格的减函数,这种需求函数被广泛应用于运作管理的研究中;而在随机性市场需求下,人们通常使用某种概率分布函数来描述这种需求的不确定性,也就是运作管理科学中的报童问题(newsvendor problem)。经典报童问题即单周期库存问题(single-period inventory problem),指的是在单个销售周期和一定概率分布的市场需求环境下,报童期望收益最大化(或期望损失最小化)的商品订购数量问题。关于报童模型的研究最早可以追溯到19世纪80年代经济学家Edgeworth关于银行资金流(cash-flow)问题的分析,但直到1955年,Whitin[5]首次建立了受价格影响的报童模型,报童问题才受到广大学者的充分重视,并被广泛应用于制造业的库存控制和服务业的生产能力管理等领域。由于在经济生活中具有极为重要的应用,近年来,很多学者对报童问题做了广泛的研究。现如今,报童模型已经发展成一个具有多方面扩展的模型,并且十分具有活力的研究方向。

1960年,Clark和Scarf[6]将报童模型推广到多阶段库存的场合,并使用动态规划的方法求出了具有相同随机需求分布的单产品的报童最优订购量策略。多阶段库存理论研究的关键问题是利用产品的库存数量、库存时间的优化,使得供应商和零售商的边际收益同时达到最大,但是它们通常又以各自的期望收益最大化为目标,从而出现"双重边际化"效应,无法实现供应链系统的整体最优[7]。因此,一些学者又开始把存储理论研究的焦点转移到整个销售管理及供应系统的协调方面,通过对上下游供应商和零售商之间的交易做出合理安排和约定,使得供应链个体与整体同时达到最优,以实现供应链系统的协调。由于零售商和供应商之间的合作大都是通过契约(或合同)来实现的,因此许多学者就把经济和法律中的契约理论运用到供应链管理中,并设计出各种形式契约。自1985年Pasternack[8]率先提出供应链契约(supply chain contract)概念以来,一些学者针对供应链契约展开了大量的研究并取得了丰硕的成果[9]。

传统供应链契约研究总是以人的完全理性假设为前提,个体总是能够做出完美决策来实现自身利益最大化。然而大量的实证研究发现,现实中个体做决策时容易受到自身主观行为因素的影响,有限理性是人们在决策行为中表现出的最基本特征之一,止步行为、公平偏好、损失厌恶和绿色偏好等行为因素导致人们在决策时,并不总是以追求自身期望收益最大化为目标。大量研究表明,在理论上被证明是最优的供应链契约,在实际中执行的效果却不尽如人意,其中一个主要原因就是由人的各种特殊行为偏好特性所致[10]。例如,设计一个非常完美的协调契约却可能会遭到合作伙伴的拒绝,主要就是因为他们更加在意双方收益分配的公平性。传统期望值收益理论可能无法有效解释这些现象,行为运作理论认为,各种行为因素,如公平偏好、风险偏好、损失厌恶、绿色偏好等行为因素导致这些现象的发生。因此,作为一个企业管理者,不仅需要关注经济收益的高低,同时更应该关注契约的公平性以及一般性的社会偏好。

2002年,Kahneman与Smith共同获得诺贝尔经济学奖,其中最主要的原因就是他们在行为经济学和实验经济学领域所做出的开创性贡献,使得传统经济学理论受到行为决策理论的挑战。很多学者也立即将行为决策理论应用到各种相关研究领域,比如行为法律(behavioral law)、行为金融(behavioral finance)、行为战略(behavioral strategy)、行为运作(behavioral operations management)、行为营销(behavioral marketing)和行为供应链管理(behavioral supply chain management)等。

由于传统运作管理研究无法显示现实中人的行为因素对运作系统的影响,从而使得许多理论研究结果难以直接应用到现实的情境中去。因此,将人类的行为因素与运作管理研究进行交叉融合就显得特别重要,也具有广泛的应用基础和研究前景。行为运作管理可以看做运作管理的一个多学科交融的分支,它主要考虑社会心理理论中诸如社会偏好、认知偏差以及文化范式等人类行为因素对效用的影响。将行为因素与供应链管理结合的研究首先开始于探讨牛鞭效应(bullwhip effect)的行为实验研究[11],随后,国外许多学者相继在管理科学领域顶级期刊上发表了多篇行为供应链的论文,并取得了很多有重要意义的发现。近几年,国内学术界开始关注行为供应链的研究,自2009年起,国家自然科学基金委员会每年都会召开该领域的国际研讨会,这些都充分说明了对行为供应链管理进行研究具有重要的现实基础和理论意义。

基于此,本书分别研究了顾客止步行为(balking behavior)、公平偏好(fairness preference)、损失厌恶(loss aversion)和绿色偏好(green preference)四种行为因素对供应链成员决策和协调产生的影响。本书通过建立数学模型并结合数值验证的方法,针对不同的供应链运作情境展开具体行为分析研究,揭示了供应链决策主体的行为因素对其订购和定价的影响,探讨了行为因素对供应链契约的影响与作用机制,使理论模型对现实经济活动现象具有更强的解释力。本书的研究在一定程度上弥补了传统供应链管理研究中的不足,使模型更贴近企业经营管理的实际情况,这对企业制定生产和销售计划、提高整个供应链系统的运行绩效等方面都具有现实的指导意义。

1.1.2 研究意义

在传统的供应链模型中,因受到行为因素的干扰,决策者的决策结果与理论预测结果之间出现较大的偏差,导致决策者往往凭借主观经验甚至直觉进行决策,这将极大地降低理论决策的实用价值。只有深刻理解人的有限理性及由此表现出来的各种行为偏好的特性,才能在此基础上设计和实施行为供应链模型,为供应链的成员决策与协调研究提供坚实的基础,从而提高整个供应链系统的运行绩效。由于决策者行为因素的多样性、复杂性和不同管理情境下行为主体的行为因素的差异性,使得研究问题变得更为复杂。因此本书尝试将这种更为现实的假设纳入供应链模型中,这可以使供应链管理理论得到更好的发展,同时也为后续的理论研究和管理实践提供一些有益的改进方案。本书所做

的研究意义主要体现在以下几个方面:

1. 丰富了行为运作的研究内容

Gino和Pisano[12]将行为运作定义为"考虑人类行为与认知及其对供应链系统与过程影响的研究,是将社会与认知心理理论融入供应链研究的新兴方法。"迄今为止,在行为运作领域,研究成果仍较为鲜见,且主要是由哈佛商学院和沃顿商学院等少数几家研究机构的知名学者完成的[13]。国内很多研究机构和科研部门也开始关注此领域的研究,但尚处于起步阶段。本书针对供应链中不同行为主体的不同行为因素,探讨其在不同运作情境下对供应链成员决策和供应链系统运作绩效的影响,丰富和拓展了行为运作的相关研究内容。

2. 深化了供应链管理的理论研究

在供应链管理中,决策是否科学合理,契约设计是否协调,都影响着供应链系统中每个成员的收益高低、效用水准和整个供应链的运作绩效。尤其是在考虑了供应链成员的各种行为偏好后,上下游商的决策与供应链系统的协调契约设计就变得非常重要。本书的研究基于之前研究的成果,在理论研究方面有了进一步深化,同时加入了更加符合现实的随机供应因素的影响,丰富了近年来逐步兴起的行为供应链管理的理论成果。

3. 为供应链管理的实践提供了理论方面的指导

本书考虑把现实生活中普遍存在的不同行为主体的不同行为因素纳入供应链管理中,通过建立不同的数学模型,联系实际问题,探讨不同行为因素对供应链成员决策和系统协调的影响,并利用充分的数值案例分析,进一步验证理论分析的结论。这对于提高管理者的决策水平和供应链系统的整体绩效具有一定的现实指导意义,进而能为供应链管理的实践提供一些理论方面的指导。

1.2 研究内容与方法

1.2.1 研究内容

现如今,行为供应链管理仍然是广大学者研究的热点领域,具有广阔的研究前景和重要的理论价值。前期的相关研究成果已经为行为供应链管理的研究打下了坚实的基础,这些都为后续研究提供了借鉴作用;另外,行为理论的不断开拓创新也为供应链管理的研究提供了新思路。基于此,本书将以报童模型为背景,在前期相关研究基础上和不同的供应链运作情境下,分别探讨消费者的止步行为和绿色偏好、零售商的公平偏好和损失厌恶等行为因素对供应链成员的决策结果和供应链系统协调的影响。全文共分7章,主要研究内容如下:

第1章是绪论。依据行为供应链管理的现实背景与理论背景,提出本书所研究的主要问题,并就本书的研究意义、研究方法和思路、研究的技术路线及主要的创新点等几个方面进行简要介绍。

第2章是相关研究文献及综述。围绕本书研究所涉及领域,对国内外相关理论文献做出详细的回顾与评述,包括报童模型、供应链契约与协调以及行为供应链研究等方面的内容。其中报童模型部分又分为一般报童模型和自由分布报童模型的研究;供应链契约与协调部分首先给出了供应链与供应链管理的概念,接着总结了供应链契约的类型,最后重点回顾了合作性策略模式(vendor managed inventory, VMI)供应链和随机供需的供应链的研究成果;行为供应链的研究回顾则从与本书研究密切相关的4个方面的行为供应链的研究进展进行分析与综述。通过相关文献的回顾,可以把握研究发展的前沿,找出现有研究的不足,明确本书研究的切入点。

第3章为基于顾客止步行为的供应链决策与协调研究。本章首先推广了随机供需下自由分布的报童模型,同时考虑了缺货惩罚和止步惩罚对报童最优订购量的影响;接着把顾客的止步行为引入具有促销努力的VMI供应链中,研究消费者止步行为和促销努力下的VMI供应链协调问题,并分析了消费者止步行为和促销努力对VMI供应链系统的最优决策及收益的影响,进一步证明当随机市场需求是努力水平的加法形式时,消费者的止步行为对VMI供应链系统期望收益产生负面影响,但对供应链系统的最优库存和最优努力水平却没有必然的正负影响;然后把顾客止步行为纳入需求依赖价格的VMI供应链中,研究消费者止步行为下需求受价格影响的VMI供应链协调问题,结果表明,当随机市场需求是零售价格的加法形式时,在一定条件下,VMI供应链系统的最优库存因子、最优零售价格和期望收益都随着止步临界值的增加而减小,而系统的最优供货量却随着止步临界值的增加而增加;最后研究了顾客止步行为下考虑质量控制的供应链的协调问题,采用固定的止步概率刻画顾客的止步行为,建立了集中决策和分散决策两种模式下的供应链模型,分别求出了零售商和制造商的最优策略,并采用回购—质量成本分担契约完美协调供应链。

第4章为基于公平偏好的供应链决策与协调研究。本章综合考虑了公平偏好和随机供需对整个供应链系统的影响，并分别以Fehr和Schmidt的不公平厌恶模型和ERC公平偏好理论为基础构建出公平偏好行为框架。传统的公平参考框架往往以对方的收益作为公平参考点，只考虑到收益的绝对公平，然而在现实生活中，公平具有相对性，实力较强方或者贡献较大方是不会认同利益的平均分配是公平的，因此本章充分考虑到各方的实力与贡献大小，构建能够体现相对公平的参考点来改进现有的公平偏好效用函数，从而更加符合实际，并以此为基础，建立随机供需下的批发价格契约模型，分别探讨零售商劣势不公平厌恶行为和优势不公平厌恶行为对供应链成员决策与协调的影响。结果表明，对于公平中性的零售商，传统的批发价契约无法协调供应链，但有零售商极度优势不公平厌恶行为时，批发价格契约可以提高供应链的整体利润和更好地协调供应链，从而推广了传统的批发价格契约协调供应链的理论和应用。

第5章为基于损失厌恶的供应链决策与协调研究。本章首先研究了随机供需下具有损失厌恶行为的报童问题，并且分析了损失厌恶水平、零售价格、订购成本和单位残值对报童最优订购量的影响，结果表明，损失厌恶的报童最优订购量严格低于风险中性下报童；接着探讨了一个具有损失厌恶的原始设备制造商(original equipment manufacturer, OEM)供应链在供需随机下的协调决策问题，基于前景理论构建了一个损失厌恶的品牌企业和一个风险中性的OEM供应商的Stackelberg博弈模型，并且求解出了分散决策下的均衡定价与订货策略；最后在传统的收益共享契约基础上，通过引入缺货惩罚机制实现了该供应链的协调。

第6章为基于消费者绿色偏好的供应链决策与协调研究。本章首先针对农产品产出存在不确定性的特征，利用Stackelberg博弈模型建立了"合作社+超市"的绿色供应链模型，并分别求出了生产商与销售商在分散和集中模式下的最优策略，研究结果表明：在分散模式下无法协调随机产出下的绿色供应链，通过引入两部定价契约可以促进生产商和销售商之间充分合作，这种合作方式不仅有助于提高农产品的绿色水平，实现供应链环境的改善，而且能增加生产商的期望收益，实现供应链协调；接着考虑在绿色消费者和普通消费者共存情况下，通过建立普通产品、绿色产品和混合产品三种不同的生产模型，探讨制造商最优决策和生产模式的选择问题，并进一步研究了消费者的环境责任和数量关系对制造商的决策和社会福利的影响，研究发现：从制造商和消费者剩余的视角来看，混合产品生产模式总是最优生产策略，但从社会福利角度来看，最佳生产模式则取决于两类消费者所占比例的大小。

第7章是研究总结与展望。归纳总结了本书的重要研究结论，阐述了本书研究的理论贡献与管理实践意义,分析出本书研究的不足和局限性,并就未来的研究方向提出了展望与思考。

1.2.2 研究方法

本书围绕研究目标,融合了心理学、社会学、经济学、管理学、博弈论和数学等学科的研究方法,定性分析与定量分析相结合,理论研究与管理实践并重,规范研究与数值分析相交叉,形成一个统一的整体。现将本书使用的主要研究方法总结如下:

文献研究法。借助于知网、万方、Elsevier、Springer等国内外知名的数据库收集国内外行为供应链管理方面的研究成果,厘清所要研究问题的内涵与外延,整体把握研究现状和趋势,并对现有研究方法和研究成果进行归纳总结,找出现有研究的不足之处,并在此基础上,提炼出新的研究视角,作为后续研究的逻辑起点,确定本书的主要研究方向。

定性分析法。广泛阅读心理学、社会学和行为经济学等方面的资料,结合企业供应链管理的实践模式,定性描述行为因素的作用,对传统假设模型进行修正与扩展。系统深入地研究行为供应链系统的操作模式,并与传统供应链模型做出对比分析,厘清研究思路,明确研究目标,提炼出研究的具体问题,为进一步定量分析打下牢固的基础。

定量分析法。将4种不同的行为因素引入供应链理论模型,主要采用运筹优化的方法对其进行定量研究。在不同的管理运作模式下,采用相应的函数来描述相关主体的差异行为,结合博弈理论构建出恰当的数学模型进行求解,同时运用Mathematica、Excel和Matlab等软件对建立的理论模型及结论进行数值分析和实证检验,并就模型结果所反映出来的一些问题及其管理含义进行了深入挖掘,以便更好地体现由模型所推导出的性质和结论的意义。

1.3 研究创新点

行为运筹管理是一个刚刚兴起的热点研究领域,近年来虽然取得了一定的研究成果,但仍有很多问题值得深入分析与研究。本书在考虑传统供应链管理研究的基础上,结合具体的供应链运作情境,对顾客的止步行为、零售商的公平偏好行为、损失厌恶行为以及消费者绿色偏好行为进行特征刻画,构建合适的数学模型,采用定性与定量分析相结合的方法研究相关主体的差异行为对供应链系统决策与协调的影响。本书的研究拓展了传统供应链管理模型,使之更加贴近企业的管理实践,对提高供应链成员的决策水平有一定的指导作用。具体来说,本书的创新之处主要体现在如下4个方面:

(1) 在市场随机需求在促销努力或商品销售价格的影响下,研究顾客止步行为下的VMI供应链的最优决策和协调问题方面具有创新性。现如今,在运作管理领域中,研究顾客止步行为的文献并不多见,并且大都是在传统或自由分布的报童模型中研究顾客止步行为对零售商单独决策所产生的影响,鲜有考虑顾客止步行为的VMI供应链协调问题的研究文献出现。本书考虑把现实生活中比较常见的顾客止步行为引入具有促销努力的VMI供应链中,设计出基于成本分摊的批发价格契约来协调供应链,并以此为基础,对VMI模型展开行为研究,探讨顾客止步行为对供应链成员决策和系统期望收益的影响。另外,本书还在自由分布的报童模型中同时考虑了顾客止步行为和随机产出因素影响,并探讨了缺货惩罚和止步惩罚对报童订购数量的影响,这也体现了本书的一些创新之处。

(2) 对具有公平偏好行为的供应链在随机供需下的决策和协调方面的研究具有一定创新性。本书采用的是体现相对公平参考点的模型,更加符合现实生活,具有较强的现实意义和理论价值,在理论上的具有一定创新性。本书综合考虑了公平偏好和随机供需对整个供应链系统的影响,以Fehr和Schmidt的不公平厌恶模型为基础构建新的公平偏好行为框架。传统的公平参考框架往往是以对方的收益作为公平参考点,只考虑到收益的绝对公平,然而在现实生活中,公平具有相对性,实力较强方或者贡献较大方是不会认同利益的平均分配是公平的。考虑到各方的实力与贡献大小,本书采用能够体现相对公平的参考点来改进现有的公平偏好效用函数,从而更加符合实际,并以此为基础,建立随机供需下的批发价格契约模型,分别探讨零售商劣势不公平厌恶和优势不公平厌恶行为对供应链成员决策与协调的影响。

(3) 对具有损失厌恶行为的供应链在随机供需下的决策和协调方面的研究具有一定创新性。本书利用前景理论来刻画零售商的损失厌恶行为,探讨其面临随机市场需求时的最优决策问题。与以往研究的不同之处在于,本书假设零售商所面临的产品供应也是随机的,并通过模型分析,得到了最优决策的表达式,同时通过契约分析,进一步讨论决策者的损失厌恶行为对供应链决策与协调的影响。

（4）对考虑消费者绿色偏好行为的供应链的决策与协调方面的研究具有一定创新性。本书在制定绿色和普通产品的需求函数时，考虑了现实中存在消费者绿色偏好差异的情况。针对不同类型消费者设置不同的估值效用，并通过对普通产品、绿色产品和混合产品3种不同的生产模式进行比较，分别从制造商利润最大化、消费者剩余最大化和社会福利最大化的角度给出了生产模式的最优选择。与以往研究的不同之处在于，本书还将随机产出和绿色水平同时纳入农产品供应链的决策过程，探讨二者对供应链运作造成的偏差，并设计出两部定价契约的协调激励机制，该机制不仅能使供应链系统的期望收益达到最佳，而且实现了供应链环境绩效的改善。

第2章 相关研究文献综述

本章将围绕与本书研究密切相关的重要理论文献和研究成果所进行的回顾与评述而展开。由于本书研究的一个重点是单层供应链的订购和定价决策问题,因而首先对报童模型的相关文献进行回顾,并结合后文研究的侧重点不同,分为一般报童模型和自由分布的报童模型进行相关文献的回顾。同时,考虑到本书研究的内容是以供应链管理为基础的,接着回顾了供应链契约与协调方面的文献,主要聚焦于VMI供应链和随机供需的供应链的相关文献研究现状。此外,本书主要研究决策者的4种不同的行为因素对供应链系统决策和协调的影响,属于行为运作管理的范畴。所以,本章最后主要回顾和评述了考虑顾客止步行为、公平偏好、损失厌恶和绿色偏好行为的供应链文献。

2.1 报童模型

传统的报童模型即风险中性的零售商在单个销售周期内面对随机的市场需求和外生的商品价格,以最大化期望收益或最小化期望损失为原则来确定最佳订货量的问题。报童模型实质上就是典型的单阶段、随机需求的库存模型问题。作为经典的单周期问题,报童模型反映了许多经济管理中的现实情况,影响了生产与销售等多个实践环节,可以为大多数的短周期商品的库存决策提供重要的帮助[15]。以下将分别对一般的报童模型问题和自由分布的报童模型问题研究进行回顾。

2.1.1 一般报童模型

一般报童问题的研究最早可以追溯到19世纪80年代,经济学家Edgeworth[16]早在1888年就采用报童模型来描述和解决银行的资金流问题,但直到

20世纪50年代,受第二次世界大战的影响,报童模型才受到学术界的广泛关注和研究。自1955年Whitin[5]首次提出受价格影响的报童问题模型后,该模型便成为随机库存理论研究的焦点之一,并在现实生活中的生产、管理、服务、金融等领域得到了广泛的应用与推广。比如,果蔬、报刊、杂志、数码类电子产品、航空机票的经销、酒店客房订购以及新款服饰等问题。同时,理论界也涌现了许多对报童模型及其扩展模型问题的研究文献和综述。Khouja[17]对经典的报童模型及其11种扩展模型做了一个详尽的综述,系统总结了从20世纪50年代至1999年以来相关文献的主要贡献和模型的扩展研究,并提出了进一步的研究方向,他认为,对报童模型来说,将上述扩展的两个或多个模型结合起来将更加实际。Qin等[18]也对报童模型及其扩展问题进行了系统分类,他们分别从客户需求、供应商成本以及买方风险状况3个方面综述,并提出了将来的研究方向。考虑到本书研究内容,下面主要从3个方面对一般报童模型进行简要回顾。

1. 市场需求依赖于价格的报童模型

在传统报童模型中,一般将商品销售价格作为外生变量,认为市场需求与销售价格无关,这显然与商品市场销售的实际情况不符。现实中的市场需求往往是依赖于商品的销售价格的。早在1955年,Whitin[5]就将报童模型的零售价格视为内生变量与决策变量,并求出了最优订购量关于零售价格的函数解析式。自此以后,研究者便开始关注零售商的最优订购-定价的联合决策问题。单周期报童模型的订购-定价联合决策主要解决两个方面的问题,即需求依赖于价格的函数描述问题和联合最优定价-订购问题。Mills[19]用线性加函数$D(p) = d(p) + \varepsilon$,其中,$d(p) = a - bp(a > 0, b > 0)$来描述需求依赖销售价格,而Karlin和Carr[20]则用弹性乘函数$D(p) = d(p)\varepsilon$,其中,$d(p) = ap^{-b}(a > 0, b > 0)$来描述需求依赖销售价格。Petruzzi[4]考虑了销售价格是内生变量的报童模型,在市场需求分别是销售价格的乘法形式和加法形式下给出了模型的最优解。Yao等[21]研究了没有特定分布函数的报童模型,探讨随机需求依赖价格时如何获得最优的定价-订购的联合决策问题。刘玉霜等[22]在加乘两种需求模式下,研究了单周期报童模型的最优定价-订购联合决策问题,在考虑缺货惩罚的前提下,他们证明了零售商最优决策的存在性和唯一性。

2. 市场需求受促销努力影响的报童模型

在现实经济生活中,通过付出一定的成本进行促销努力就可以扩大商品的市场需求,比如产品的广告投放、雇用更多的销售人员进行市场宣传等。因此,市场需求受促销努力的报童问题逐渐引起学界的关注。Wang 和 Gerchak[23]研究了市场需求受促销努力影响的报童模型,并考虑了供应商库存补贴对零售商的影响。Gerchak 和 Mossman[24]探讨了市场需求的随机因素与努力水平对库存和成本的影响。Kraiseburd 等[25]考虑了市场行为与市场需求的均值相关,但与市场需求的方差无关的报童模型,并求出了最优库存量和最优努力水平的联合决策问题。Khouja 和 Robbins[26]假设商品期望需求与广告费用之间存在幂函数的关系,使用两种优化原则来分析零售商的最优订货量和广告费用的问题。周和杨[27]改进了 Khouja 和 Robbins[26]的研究成果,他们利用一般函数来刻画广告费用对期望需求的影响,建立了比 Khouja 和 Robbins[26]更一般的零售商最优订货量和最优广告的决策模型。而曹细玉等[28]同时考虑了地方促销广告和商品品牌广告对市场需求的影响,建立了两种广告联合投入与最优订货量的博弈模型。卜祥智等[29]则根据广告成本对市场需求的影响,构建了多个零售商的博弈模型,同时分析了决策者的最优广告成本和最优订货量的联合决策问题。

3. 考虑风险行为的报童模型

经典的报童模型都是假设零售商风险中性,并通过期望收益最大化(期望成本最小化)的原则来确定其最优订购量。近年来,广大学者开始认识到基于"理性经济人"假设所建立的报童模型具有很大的局限性,Gino[12]指出:"只有从心理认知和人类行为的角度出发的研究才能有效地指导现实实践。"因此,许多学者考虑将风险因素引入报童问题的研究中,并使用不同的决策准则研究零售商的最优决策问题。Agrawal 和 Seshadri[30]研究了风险厌恶的报童模型的最优定价和订货决策问题,不过他们假设零售商的效用函数为递增的凹函数。Lau 等[31]在分析报童问题时同时使用了两个不同的目标函数,即决策者总利润的期望效用最大化和达到一定利润水平概率的最大化。而 Eeckhoudt 等[32]和 Bouakiz 与 Sobel[33]则分别在报童模型中使用期望效用函数和指数型的效用函数来测度决策者的风险厌恶程度。由于通常的效用函数往往难以准确描述决策者的风险厌恶程度,因此,国内外的广大学者借鉴了金融学中常见的风险测度方法。Chen 和 Federgruen[34]采用了均值-方差的分析方法来研究报童问题。随后 Wu 等[35]在缺货成本下利用均值-方差分析研究报童模型的风险问题。此外,为了有效刻画零售商的风险厌恶行为,许明辉[36]和 Chen 等[37]使用了风险度量准则(conditional value at risk, CVaR),并且讨论了风险厌恶程度和缺货惩罚对零售商最优订货决策的影响。Schweitzer 和 Cachon[38]首先研究了损失厌恶的报童问题,但他们并没有考虑缺货成本的影响。Wang和Webster[39]在引入缺货成本后发现损失厌恶水平对零售商最优订购量的影响与Schweitzer和Cachon[38]研究结果有很大不同。国内学者周等[40]基于前景理论也探讨了零售商的损失规避行为对其最优订货量和最优广告费用联合决策的影响。

2.1.2 自由分布的报童模型

经典报童模型一般都假设市场需求是一个随机变量并服从某一特定的分布,如均匀分布、指数分布和正态分布等。但在很多情况下,真实的需求分布往往是很难精确估计的。因此,Scarf[41]首次提出了自由分布的报童模型:在仅知道部分需求信息(均值和标准差)的情况下,以最大化期望收益为目标,给出了零售商最优订购量的解析表达式。此后很多学者对该类模型进行了深入的研究和推广,并取得了一定的研究成果。Gallego和Moon[42]对Scarf[41]所求出的最优订购量的表达式给出了更为简洁的证明,并将其结果推广到随机产出、固定订购成本和多产品约束的情况。Vairaktarakis[43]在预算约束和供需随机情况下,利用最小遗憾值法研究自由分布的多产品报童问题。同样,Moon和Silver[44]也聚焦于自由分布的报童问题,在预算约束和固定订购成本的情况下,他们用启发式方法解决了多产品的报童问题。Alfares和Elmorra[45]通过引入缺货惩罚推广了Moon和Silver[44]的成果。Yue等[46]总结并拓展了前期的相关研究成果,并计算出零售商在任意订购量下所有分布的最大期望值。近来,Lee和Hsu[47]探讨了自由分布的报童模型中的广告效果,他们发现广告的最优支出、最优订单数量和预期利润的最佳下限随着广告效果参数的增加而增加。Güler[48]指出,尽管Lee和Hsu[47]的结论在通常情况下是成立的,但是还需要增加额外的假设条件,他给出了Lee和Hsu[47]结论成立的充分和必要条件。Andersson等[49]也研究了自由分布的报童模型问题,通过比较最大熵方法、最小遗憾值法和Scarf[41]对随机抽取的需求分布的大样本法的性能。他们发现,最大熵方法的平均性能明显优于其他任何一种选择,更令人惊讶的是,该方法在大多数情况下能够更好地应对较坏需求分布的结果。Kamburowski[50]则分别在最坏和最好需求分布的情景下探讨了自由分布的报童问题。

2.2 供应链契约与协调

2.2.1 供应链与供应链管理

为了深入理解供应链和供应链管理的涵义,下面将分别对这两个概念进行阐述。

供应链的概念可以追溯到20世纪80年代美国哈佛商学院的Porter教授所提出的"价值链"(value chain)的概念,他认为:"价值链是一个企业为了提供一个有价值的产品或服务市场,而在一个特定的行业开展的一系列诸如设计、生产、销售、交付等活动的集合。"迄今为止,学界对供应链的概念并没有统一。早期的观点倾向于把供应链看成制造企业中的一个内部过程,企业在该内部过程中通过向外部企业购买用于生产的原材料和零部件,并借助于生产转换与销售等系列活动,将其生产的产品传递给零售商及其客户。比如Lummus和Volkurka[51]就认为:"供应链涉及从原材料开始直至将最终产品输送给客户的所有活动,它包括原材料与零部件的获取,制造与装配,库存和仓储的追踪观察,订单进入与订单管理,并把最终产品传递到顾客等一系列的活动。"

近年来,随着全球经济一体化的加快,迫使供应链需要建立围绕核心企业的网链关系,企业与企业之间的关系,既不是一般贸易的临时伙伴关系,也不是传统的"纵向一体化"所形成的上下级关系,而是在"横向一体化"基础上所建立的一种长期稳定的战略合作伙伴关系。如国内学者马士华等[52]就认为:"供应链是指商品到达消费者的手中之前各相关企业的连接或业务的衔接,它围绕核心企业,通过对三流(信息流、物流、资金流)的控制,以原材料的采购为起始点,经历中间产品以及最终产品的生产,最后通过销售网络把产品送到消费者手中,将供应商、制造商、分销商、零售商直到最终用户连成一个整体的功能网链结构。"

2005年,美国供应链协会在"Supply Chain Operations Reference-model"(供应链运作参考模型)中将供应链定义为:"供应链是通过增值过程和分销渠道控制从供应商的供应商到顾客的顾客的整个过程,它开始于供应的原点,结束于消费的终点。"利丰研究中心[53]则认为:"供应链是由客户(或者消费者)需求开始,贯通从产品设计到原材料供应、生产、批发、零售等过程(中间或经过运输和仓储),把产品送到最终用户的各项业务活动。"同时,他们还认为:"供应链的业务流程可以划分为工作流程(work flow)、信息流程(information flow)、实物流程(physical flow)和资金流程(funds flow)四个方面。"

通过上述学者对供应链的概念描述,我们可以看出,在供应链的概念中至少包括以下三个方面的涵义:① 供应链的参与主体包括核心制造商、供应商、供应商的供应商、客户、客户的客户等;② 供应链都具有某种结构特征,有起点和终点,是链状和网络结构;③ 供应链的业务流程可以划分为信息流、物流和资金流等。

自从供应链概念被提出以来,随着经济全球化的深入发展,供应链管理开始受到企业和学术界的广泛关注。Cachon[54]将供应链管理定义为:"供应链管理是应用系统的方法来管理从原材料供应商通过制造商和仓储商到零售商,直到最终顾客的整个信息流、物流和服务流的过程。"美国供应链协会则把供应链管理定义为:"供应链管理是为了生产和提供最终产品,包括从供应商的供应商,到顾客的顾客的一切努力。"

国内学者马士华等[55]认为:"供应链管理是通过反馈的信息流(需方向供方流动,如订货合同、加工单、采购单等)和反馈的物料流及信息流(供方向需方的物料流及伴随的供给信息流,如提货单、入库单、完工报告等),将供应商、制造商、分销商、零售商直到最终用户连成一个整体的模式。"而利丰研究中心[53]则认为:"供应链管理就是把供应链最优化,以最少的成本完成从采购到满足最终顾客的所有流程,要求工作流程(work flow)、信息流程(information flow)、实物流程(physical flow)和资金流程(funds flow)均能有效率地运行。"

通过上述学者关于供应链管理的概念描述,我们可以发现[56]:"① 供应链管理的本质是对流程的管理,包括信息流程、资金流程、实物流程和工作流程等;② 供应链管理过程中涉及供应链中的各个主体;③ 供应链管理的目的是使供应链最优化,满足顾客需求的同时追求效率最优;④ 供应链管理的手段包括计划、组织、控制、协调等。"

2.2.2 供应链契约

杨德礼等[9]认为:"供应链契约(supply chain contract)是指通过提供合适的信息和激励措施,确保供应链成员之间实现产品或服务和酬金的顺利交易,优化供应链系统绩效的有关文件及条款。"契约理论主要用于法律和经济领域,对供应链契约的研究则主要起源于多阶段库存理论。因此,供应链契约可以看成经济学的契约理论在供应链管理中一种特殊表现形式。

供应链管理研究的核心问题是针对不同环境设计不同的契约形式来实现供应链的协调的。现如今,很多企业已经意识到在管理实践中供应链契约设计的重要性。合理有效的供应链契约不仅可显著提高整个供应链系统的绩效,而且能使供应链成员间的合作伙伴关系得到巩固和保护。供应链协调契约的设计首先需解决影响供应链整体绩效的两个问题:① 信息不对称而造成的牛鞭效应;② 供应链各成员追求自身利益最大化而导致的双重边际效应。

供应链契约的概念是Pasternack[57]在1985年首先提出的。此后,针对如何设计有效的供应链契约,广大学者展开了大量的研究,并在很多方向上迅速发展。Cachon[58]对供应链契约的研究现状做了详尽综述,根据不同的设计形式,供应链契约可以划分为4种主要类型:批发价格契约、回购契约、收益共享契约和数量弹性契约。其他契约形式如期权契约、销售返利契约、回馈与惩罚契约、价格折扣契约等则可由上述4种契约演变或组合而成[9]。本书的研究主要涉及批发价格契约和收益共享契约。

1. 批发价格契约研究

批发价格契约是最传统、最简单的一种供应链契约形式,在供应链的管理实践中运用也最为广泛。在批发价格契约下,零售商可以通过市场调查或历史经验数据,判断出市场需求的分布信息,再结合外生的批发价格来确定其最优订购量,有了零售商的产品订购量,供应商就可以据此来购买原材料并组织生产,最后剩余的库存产品则由零售商自行处理。批发价格契约的优点是结构简单,实施成本较低,并且不需要供应商来承担市场不确定性所带来的风险。因此往往受到供应商的青睐。

Tsay[59]指出,批发价契约形式比较简单,但在一般情况下无法协调供应链。Spengler[60]给出批发价契约无法协调供应链的原因为:"由于零售商和供应商各自追求自身收益的最大化,而没有考虑供应链整体的边际效益,进而产生了双重边际效应,故不能实现供应链的协调。"Lariviere和Porteus[61]对批发价格契约进行了较为详细的论述,他们指出:"单纯批发价契约形式会带来双重边际化,导致协调的失败,但是批发价契约可以作为衡量其他契约效率的参照依据。"此后,有不少学者对批发价契约进行了扩展研究,比如Dong和Rudi[62]将批发价格契约研究扩展至多零售商的情景,他们发现供应商可以通过零售商与零售商之间进行库存交换的方式获益,而零售商的收益则变得更加糟糕。Anupindi和Bassok[63]则将批发价格契约的研究拓展至无限连续销售周期的市场,结果发现批发价格契约在该环境中的效果比单销售周期更为有效。

2. 收益共享契约研究

张鹏[2]把收益共享契约的运作方式描述为"在单个的供应商和单个的零售商组成的双层供应链系统中,供应商以低于商品成本的批发价格向零售商提供商品,但零售商需将自己销售收入的一部分返还给供应商,以此实现供应链的协调。"Dana 和 Spier[64]详细分析了收益共享契约在美国录像租赁行业中的应用,他们发现收益共享契约可以完美协调多个完全竞争的零售商的供应链。Mortimer[65]的研究则表明:"在音像租赁行业,利用收益共享契约,供应链系统的利润可以提高10%左右。"之后收益共享契约又广泛应用酒店管理、机票销售等行业,国内常用的特许经营模式也是收益共享契约的典型例子。

Cachon 和 Lariviere[66]研究表明:"当随机需求依赖于商品零售价格影响时,收益共享契约依然可以有效协调供应链。"接着,Cachon 和 Lariviere[67]系统性研究了收益共享契约的优点和局限性,他们将收益共享契约同其他典型契约比较后发现:"收益共享契约实际上一种分担市场需求风险的机制,其实质是供应商和零售商共同分担市场需求风险。"Wang 等[68]详细分析了收益共享契约对供应链渠道绩效的影响,他们发现需求价格弹性和零售商分担成本对供应链成员和渠道绩效都有较明显的影响。Giannoccaro 和 Pontrandolfo[69]证明了收益共享契约可以促进三级供应链模型的协调。郑和达[70]则探讨了移动彩信等方面的业务,并利用设计的收益共享契约协调了移动互联网供应链。

综上所述,供应链契约的研究通常都是以报童模型为背景展开的,目前这方面的研究已经比较成熟,研究成果也较为丰富。对传统供应链契约的研究均属于规范性分析范畴,并假设决策者是完全理性的,并没有考虑决策者的行为因素对供应链契约协调的影响。

2.2.3 VMI 供应链研究

李新然等[71]将供应商管理库存(vendor managed inventory, VMI)定义为"在一个共同的协议下由供应商监控零售商的库存水平,并主动承担零售商的库存补给责任,力争达到一定的库存周转目标和顾客服务水平,提高供应链的运作效率。"这种库存管理策略打破了传统供应链各自为政的管理模式,体现了集成化管理思想。目前,国内外很多著名企业都采用了 VMI 库存管理模式,如联想集团、宝洁公司、沃尔玛超市等。VMI 作为一种集成化的库存管理方法,能够有效降低牛鞭效应、促进信息分享、提高供应链上下游企业之间的协作水平[72],所以其受到了越来越多的学者关注[73]。但由于VMI本身并不能从根本上消除双重边际化对供应链的负面影响,即不能实现供应链的协调,因此,为了有效地利用这种先进的VMI供应链管理模式,我们有必要研究如何利用合理的契约设计和参数设置,提高供应链的整体利润,实现VMI供应链的协调。

近年来,有不少学者研究VMI供应链的协调问题,并取得了丰硕的研究成果。李新然等[71]则在VMI模式下研究促销努力的销量回扣契约模型,他们发现采用改进的销量回扣契约能够实现集中式供应链的最优收益。蔡建湖等[74-75]分别用改进的收益共享契约和期权契约研究VMI供应链问题,他们不仅设计出供应链的协调契约,而且实现了供应链成员期望收益的帕累托改进。其他学者也使用收益共享契约对VMI供应链展开了研究,如文献[76-78]等。唐宏祥[79]比较分析了分散式和集成式VMI模式供应链的性能,并在批发价格契约基础上提出了实现VMI供应链协调的途径。赵道致和吕昕[80]探讨了一个批发商与一个产量随机的生产商实施VMI过程中的风险分担问题,通过建立5种不同风险分担的契约模型,利用解析方法给出模型的最优决策结果。Taleizadeh等[81]建立了一个包含两级供应链的Stackelberg博弈的VMI模型,在证明目标函数凹性的基础上利用算法求出了模型的最优解。文献[82-83]分别在不公平厌恶和损失规避下研究了VMI供应链协调问题,他们发现,在一定条件下批发价格契约就可使二级VMI供应链达到协调。Wong等[84]探讨了一个需求依赖于价格的VMI供应链问题,并采用销量回扣契约实现该供应链协调。刘鹏飞[85]研究了需求依赖于促销努力的VMI供应链协调问题,在市场需求是努力因素乘法模式下,利用改进的批发价格契约协调了供应链。刘鹏飞和谢如鹤[86]还在相乘型需求下研究了VMI供应链的协调机制问题。

2.2.4 随机供需的供应链研究

在大多数的库存模型中,总是假定供应商的生产能力是无限的,只有市场需求具有唯一的不确定性。然而,在现实经济生活中,供应商的生产能力往往是有限的,这就导致产品的供应也具有随机性。比如,供应和需求的随机性是农产品供应链中影响农户收入的重要因素之一,也增加了决策主体的风险性[87];电子芯片的制作要求非常高,其有效产出通常不足一半,这将会导致生产合格的产品数量具有随机性[88];运输配送环节可能会出现合格商品损坏的情况,从而导致产品供应的随机性[89]。在供应商随机供应能力下,零售商未必能得到全部订购量的产品,也就是他所获得产品数量具有随机性。通常产品供应的随机性包括两种类型[90],一种是随机产出(random yield):假设零售商的产品订购量是q单位,由于供应商产品的产出具有随机性,零售商实际获得的最终产品的数量为$Q(q)=Kq$,其中K是一个取值范围在$[0,1]$的随机变量;另一种是随机供应(random capacity):假设零售商的订购量是q单位,而供应商的最大供应能力为K(K为随机变量),则在随机供应下,零售商实际收到的产品数量为$Q=\min\{K,q\}$。

Ciarallo等[91]首先把随机供应引入报童模型中,他们发现,随机供应并不影响报童的最优订购数量。Khouja[92]对1995年之前的报童问题的随机产出问题作了详尽的综述。近年来,人们对随机产出问题又产生了新的兴趣并且出现了一些新的应用成果。Erdem等[93]研究了一个随机供应下多个供应商的EOQ模型,在所有相同的供应商不满足期望订单的情况下,他们获得了唯一最优的订购量,并且研究了在不同的分布下供应商决策结果的变化。Bakal和Akcali[94]分析了随机产出对再制造的盈利能力和完全产出率信息值的影响。Okyay等[90]在随机需求、随机供应和随机产出下研究经典的报童问题,并且假设需求和供应在相依的情况下给出了最优订购量的数学特性。Wu等[95]在随机供需下考虑了风险厌恶的报童问题,指出最优订购量与风险厌恶的不同标准有关。Sayın等[96]基于效用理论探讨随机供需下的单产品单周期的报童问题,结果表明,报童可以利用随机供需与金融市场的相关性,对金融工具的投资组合进行投资来管理自己的风险。赵霞和吴方卫[97]在产出和需求扰动服从均匀分布情形下,研究单个生产商和零售商的供应链协调问题,结果表明收益共享合同能有效地协调供应链。凌六一等[98]采用单位价格补贴的风险共担机制,分析了农产品供应链中随机供需下的供应商-制造商采取风险共担合同对农资投入、决策者收益和整个供应链的利润的影响。陈志明等[99]在随机供应的约束下建立了一个风险厌恶的品牌企业和一个风险中性的OEM供应商的Stackelberg博弈模型,提出了结合缺货惩罚和收益共享的协调机制。

2.3 行为供应链研究

经过三十多年的研究,供应链管理逐渐成为运作管理中重要的内容之一[100]。在供应链运作管理中,作为决策者的人始终是整个系统中最关键因素。然而,在传统的供应链管理研究中,通常假定供应链成员都是"理性经济人",即认为决策者都受到自利动机的驱使且具有完全理性决策能力,并采用期望效用理论来对随机情境下的供应链进行建模,在决策过程中很少考虑人的行为因素的影响。与之相反,行为供应链管理则将人的行为看作供应链系统中的最重要部分,利用社会心理学和认知心理学的最新研究成果,分析人的行为因素(主要是有限理性)对供应链决策造成的影响。

1956年,Simon[101]撰文指出经济人的假设存在着缺陷,因为决策过程中普遍存在不确定性和决策者的有限理性问题。随后,Kahneman和Tversky[102]通过许多实验表明在不确定情境下人的决策通常系统性地偏离新古典经济学"理性经济人"预测,在参考了认知心理学和实验心理学等相关研究成果基础上,他们证明了新古典经济学关于理性人的公理化假设是有误的。

现如今,对人类认知行为的理解已广泛影响到广大学者研究的各个领域,形成了很多研究的子领域,包括行为金融、行为经济学、行为战略管理、行为会计、行为营销学以及行为法律等[103]。然而,将人的行为因素纳入供应链所属的运作管理研究中时间并不久。Croson和Donohue[104]通过对牛鞭效应的行为实验研究催生了供应链领域考虑行为因素影响的探讨。2008年,Gino和Pisano[12]才首次明确提出行为运作(Behavioral Operations)的概念。2009年,刘和查[105]率先将行为运作管理概念引入国内。21世纪前10年,有多篇关于行为供应链的研究论文在管理科学类的权威杂志《Management Science》上相继发表,行为供应链才开始逐渐引起国内外学者的广泛重视。这些趋势表明:"传统的供应链管理的研究结果并不能准确反映现实中的供应链管理行为,复杂环境下供应链管理问题只有从心理认知与人类行为影响角度出发所进行的研究才能有效指导实践[106]。"

结合相关研究文献,本书认同刘咏梅等[106]对行为供应链定义:"行为供应链作为行为运作管理研究的分支,是结合认知心理学和社会心理学的理论来研究供应链管理的新领域。它研究人的认知与行为对供应链系统的设计、管理与改进产生影响的相关属性,并研究这些属性与供应链系统的相互作用。"

近十年来,在供应链运作管理中纳入行为因素的研究已经取得了较为丰富的成果,并将持续受到国内外学者的关注。下文对行为供应链管理的研究成果进行回顾,旨在介绍几种与本书研究密切相关的近期研究成果。

2.3.1 基于顾客止步行为的供应链研究

顾客在购买生鲜易逝品(如牛奶、鲜花、水果等)的过程中,一旦发现货架上商品数量较少时,他们可能就会认为这些商品已经不够新鲜,或者已经接近保质期,从而导致其购买欲下降[107];在商场购物中,当发现某店铺可供选择的衣服低于某一临界值时,消费者可能会放弃该店铺,转而去有更多机会选择的店铺去购买。这些例子表明,对于很多顾客而言,当其发现所要购买的商品库存量低于某一临界值(或阀值)时,可能就会产生放弃购买这种商品的想法,我们把这种现象称为顾客的止步(balking)行为[107]。

目前为止,在供应链管理领域研究消费者止步行为因素的文献尚不多见。Pasternack[108]在需求函数完全确定的情况下率先研究了顾客止步行为的基本模型。随后,Moon 和 Choi[107],Liao 等[109]在仅知道需求函数的均值和方差的情况下,给出了顾客止步行为下自由分布的报童模型最优订货量的近似解。Lan等[110]推广了 Moon 和 Choi[107],Liao 等[109]的工作,在考虑止步惩罚和随机供应情况下,研究了具有顾客止步行为发生的自由分布的报童模型问题。Cheong 和Kwon[111]在受服务水平约束的条件下,研究具有顾客止步行为的报童模型的鲁棒性问题。Lee 和 Jung[112]则在顾客止步行为参数不确定的情况下,研究顾客止步行为对报童模型的绩效考核的影响。最近,冯等[113-114]探讨了顾客的止步行为对零售商最优订货量的影响,并利用回购契约和收益共享契约研究具有止步行为供应链协调问题。

2.3.2 基于公平偏好的供应链研究

现阶段运作管理的文献大都基于完全理性人的假设,然而在现实生活中,人们往往是非完全理性的。很多心理学家和经济学家研究发现,当人们感觉到收益分配不公时,倘若存在公平偏好的心理,将导致其产生额外的负效用[14]。大量证据表明,公平动机影响着许多人的行为,人们在经济活动中不仅关注自身的收益,还会选取一些比较对象来衡量收益的分配是否公平[115]。Cui 等[116]研究发现,组织和个体一样也受公平偏好的影响。刘作仪和查勇[104]指出将公平偏好引入供应链管理中是行为运筹的一个重要的研究方向。因此,在许多情况下,单纯依赖自利模型并不能很好地解释人的行为,而引入公平偏好的理论模型会具有更好的说服力。

描述公平偏好心理的模型主要有 Rabin 模型[115]、DK 模型[117]和 ERC 模型[118]等,其中 Fehr 和 Schmidt[14]提出不公平厌恶模型(简称FS模型)就是一种常用的公平偏好模型。该模型认为,除了纯粹的利己者之外,博弈各方参与者都厌恶不公平的结果,其效用不仅考虑到自身的收益,还包括其收益与参考收益的差异程度,因自身收益低于他人而带来的效用损失称为劣势不公平厌恶。反之,因自身收益高于他人而带来的效用损失就称为优势不公平厌恶。

目前在供应链管理中考虑公平偏好行为的文献已较为丰富。比如,Cui 等[116]在确定性的市场需求下将公平偏好行为引入报童模型中,发现通过设计一个合理的批发价格契约可以协调供应链,但是此研究并没有考虑市场需求的随机性和产品的随机产出性。Caliskan-Demirag 等[119]推广了 Cui 等[116]的结果,发现只考虑零售商的公平偏好时,指数需求函数比线性需求函数更容易协调供应链。杜少甫等[120]在 Nash 讨价还价公平参考下研究供应链的优化决策与协调问题,然而他们也没有考虑供应商的随机产出问题。Bolton[121]认为收益差异会产生不公平,并提出了公平偏好模型,但是他认为公平参考点是全体收益的均值。毕功兵等[122]针对传统的销售回扣契约无法实现供应链协调的问题,通过引入公平偏好行为发现供应链的整体利润和效用都得到了提高,从而更好地协调了供应链。Cox[123]在三人的最后通牒博弈中引入不公平厌恶,在不对称信息下用实验研究了不公平厌恶的响应者与其他类型的响应者之间决策的差异。王磊等[124]建立了公平偏好下的双渠道供应链模型,研究公平偏好行为对制造商最优批发价格,最优网络直销价格和零售商最优零售价格的影响。张克勇等[125]指出闭环供应链成员的差别定价策略、收益以及废旧产品回收量均受到零售商公平关切行为的影响。Wang 等[126]在完全理性和公平偏好下对营销渠道多主体 Stackelberg 模型做了比较研究,他们指出,在嫉妒的公平偏好下供应链的效用会得到帕累托改进,而在同情的公平偏好下供应链的效用则会低于没有公平偏好的效用。毕功兵等[127]在传统的两阶段供应链中引入了不公平厌恶的批发价格契约模型,但该研究的公平参考点是对方的利润,体现的是绝对公平。

2.3.3 基于损失厌恶的供应链研究

在决策判断过程中,成员表现出损失厌恶的特征是一种普遍现象。1759年亚当·斯密在其出版的《道德情操论》中指出:"几乎所有损失都比同等的收益在情感上要敏锐得多。大多数人都具有强烈的损失规避的倾向,因为等量损失比等量收益产生的心理效用更大[128]。"文献[129-130]研究表明:"损失厌恶还具有参考点依赖性,即获益和损失都是与参考点相比而言的。"1979年卡尼曼和特沃斯基[131]提出的著名的前景理论推翻了传统经济学中关于"理性人"假设,指出人们在不确定性情境下的决策和判断往往是有限理性的,并存在偏差,表现出参考依赖和损失厌恶的特征。他们还同时建立了损失厌恶的效用函数研究决策者的订货行为,该函数能更好地描述决策者的决策行为,更好地解释许多与损失厌恶理论相矛盾的现象,在经济学、财务学、营销学及组织理论等方面得到了广泛应用。

已有关于损失厌恶行为的运作研究,大都假设决策的参考点为零收益,并且基于价格外生的报童模型,分析零售商的损失厌恶行为对运作决策的影响。Eeckhoudt 等[132]首次研究了损失厌恶的报童模型,当市场需求较大且允许补货的前提下,他们证明了损失厌恶的报童的订购量严格低于风险中性的报童。随后,对损失厌恶的报童模型的研究扩展到多种情况。比如,Schweitzer 和 Cachon[133]研究了损失厌恶的报童问题,他们发现,在不考虑缺货损失的情况下,风险中性的报童的订购量严格高于损失厌恶的报童;Wang 和 Webster[39]则进一步探讨缺货机会损失的情景,发现此时零售商的损失厌恶程度对其最优订购量的影响与 Schweitzer 和 Cachon[133]结果并不相同;Liu 等[134]在随机供需下研究损失厌恶的报童问题,分别在不考虑缺货成本和考虑缺货成本两种情况下得到了零售商的最优订购量,并分析了零售商损失厌恶程度对其最优订购量的影响;其他方面的拓展研究包括两次订购机会[135]、不对称信息[136]等。然而,在供应链契约中考虑损失厌恶行为的文献并不多见。Chen 等[137]考虑有单个风险中性供应商和单个损失厌恶的零售商所组成的二级供应链,他们不仅分析了供应商和零售商的最优决策,而且还利用期权契约实现了该供应链的协调。郝忠原等[138]考虑一个理性的供应商和一个以一定概率具有损失厌恶特征的零售商的博弈问题,采用博弈和激励机制理论,分别研究了甄别契约和混同契约的设计问题。李绩才等[139]聚焦于考虑损失厌恶一对多型的两阶段供应链系统,构建了一个下游损失厌恶型零售商之间存在竞争的收益共享契约模型,并证明了在整个供应链系统中存在唯一的"批发价-收益共享系数"比值,使得该供应链达到协调,同时给出了系统协调时最优契约参数之间的关系。刘和樊[140]则研究了考虑产品质量水平和损失厌恶的二级供应链协调问题,他们在零售商存在损失厌恶行为的前提下,采用 Wang 和 Webster[39]提出的损失厌恶效用函数,分别得到了分散式决策下损失规避型零售商和风险中性的供应商的最优决策,和集中式决策下供应链系统的最优决策,并利用批发价格-质量成本分担契约实现了供应链的协调。

2.3.4 基于消费者绿色偏好的供应链研究

近几十年来,随着全球气候变暖、环境污染以及消费者环境意识的日益增强,各国政府越来越重视可持续发展和环境管理[141]。党的十九大报告全面阐述了绿色发展的建设重点和目标。绿色产品因其在绿色生产过程中的环境友好性、低排放性、可循环利用等优点而受到越来越多消费者的关注[142]。在绿色发展与绿色需求的共同推动下,企业作为实施绿色生产的主体,开始了广泛的绿色制造实践[143]。例如,可口可乐公司开发了可回收利用的PET塑料饮料瓶,来代替传统的一次性饮料瓶,以减少产品对环境的影响。比亚迪公司除了生产少量燃油汽车外,将更多产能放在了新能源汽车的生产上。与此同时,绿色生产的运作管理也引起学术界广泛关注,并取得了许多精细化的研究成果[144-147]。

实证研究表明,与普通的功能性产品相比,消费者愿意为购买绿色产品支付溢价,因为他们从购买此类产品中获得了额外的效用[148]。例如,2014年,Eurobarometer对欧盟28个成员国的环境调查发现,75%的欧洲人愿意为绿色环保产品支付更高的价格[142]。因此,面对不同消费者购买绿色产品的行为差异,有关绿色产品的定价决策是企业面临的一个重要现实问题。Su等[149]研究了绿色产品的定价决策和环境设计问题。Zhang等[150]研究了制造商生产绿色产品和传统产品的两级供应链中的绿色产品定价与环境绩效问题。何华等[151]在碳限额与交易政策下研究了绿色技术投入的定价策略,结果表明,企业的最优定价主要取决于碳限额时的产品边际利润大小。傅端香等[152]在政府补贴政策下研究了考虑风险规避的绿色供应链定价决策问题,结果发现,零售商或供应商单方面的风险规避对对方来说都是有利的。此外,在绿色产品的定价策略中,消费者对环境的关注通常被纳入产品选择和需求分析中[153]。Shamdasani等[154]研究发现,环境意识影响消费者的购买决定和行为。Chitra[155]研究表明,消费者环境意识水平越高,他们越愿意购买环保产品。Zhang等[156]考虑消费者环境意识对消费者需求的影响,研究了两级供应链中制造商生产环保产品和传统产品的绿色产品定价问题。张艳丽等[157]在低碳环境下研究了需求受消费者环保偏好和消费水平影响的绿色产品定价问题,并针对市场上存在单一垄断制造商和两个垄断制造商的情况,分别讨论了生产模式的选择问题。

产品绿色度是指绿色产品对人与自然友好的程度,已经成为绿色产品消费的一个重要市场驱动因素[158]。Liu等[159]利用博弈论研究消费者环保意识对竞争的供应链成员产品绿色度和价格决策的影响,结果发现消费者环保意识的提高有利于经营环境友好型业务的企业。Basiri和Heydari[160]除了研究绿色供应链的定价策略外,还分别调查了零售商和制造商的绿色销售努力和绿色质量决策。Hong和Guo[161]也进行了类似研究,从消费者绿色偏好和绿色促销的角度采用效用函数建立需求模型,最后通过成本分摊合同和两部定价契约协调了供应链。朱庄华和窦一杰[162]基于产品绿色度和政府补贴双重因素的影响建立了绿色供应链博弈模型,并得到了制造商的最优产品定价、最优产品绿色度以及政府的最优补贴策略。高举红等[163]研究了市场需求受产品绿色度和销售努力水平影响时,零售商主导闭环供应链的定价、销售努力水平、产品绿色度和回收率的决策问题。石平等[164]利用博弈模型探究产品绿色化效率和公平偏好对绿色供应链产品绿色度、定价策略以及利润的影响,研究发现绿色产品的销售价格在不同供应链结构模式下的高低取决于产品绿色化效率。

【本章小结】

本章首先对供应链模型的基础——报童模型,对其研究做了回顾,根据市场需求分布信息是否已知,本章把报童模型分为一般(经典)报童模型和自由分布的报童模型,分别进行综述。其中在经典报童模型中,主要回顾了与本书研究内容紧密相关的3个方面的拓展模型。接着,从介绍供应链和供应链管理的概念开始,对供应链契约与协调方面的文献作了综述,重点选取与本书研究内容相关的批发价格契约和收益共享契约进行回顾,同时对下文研究中将要出现的随机供需的供应链和VIM供应链的研究现状进行综述。最后,围绕本书的研究主题,详细回顾了行为供应链的起源,以及近几年行为供应链的进展情况,并重点对顾客止步行为、公平偏好行为、损失厌恶行为以及绿色偏好行为四个方面的供应链研究现状作了综述。

综观现有文献,作为一个新兴的研究领域,基于行为因素的供应链决策和协调研究虽然已经取得了一定的科研成果,但仍然存在以下几个方面的问题亟待解决:

(1)在供应链管理领域中研究顾客止步行为的文献还不多见,并且大都是在传统或自由分布的报童模型中研究消费者止步行为对零售商单独决策所产生的影响,而关于顾客止步行为下的VMI供应链管理的文献则尚未出现。

(2)目前关于公平偏好的文献基本上都是假定供应商的供应能力是无限的,在确定性或者随机市场需求下进行协调分析,很少关注到供应也是随机性的问题,而考虑供应链随机供应问题的文献大都是从零售商单独决策的角度进行分析的,并没有考虑随机供应对整个供应链系统造成的影响,也没有考虑公平偏好行为的影响,综合考虑公平偏好和随机供需对供应链系统的影响文献则较为鲜见。

(3)已有关于损失厌恶行为的运作研究大都以报童模型为基础,分析零售商的损失厌恶行为对运作决策的影响,在供应链契约中考虑损失厌恶行为的文献并不多见,在OEM供应链中同时考虑现实管理实践中较为常见的随机供应因素和损失厌恶行为的文献也未出现。

(4) 供应链企业之间的合作在可持续供应链的管理中也发挥着越来越重要的作用,绿色供应链的协调可以实现供应链环境的改善。在绿色供应链管理中,消费者的绿色偏好是被广泛考虑的,但在绿色市场需求中鲜有区分消费者类型的考虑。事实上,并非所有的消费者都愿意为绿色产品支付溢价。例如,2010年3月,咨询公司埃森哲对全球汽车消费者调查结果显示,有56%的美国和加拿大消费者不会为混合动力车或电动车支付比燃油车更高的价格。另外,在绿色农产品供应链的研究中,鲜有文献考虑农产品产出的不确定性对供应链最优决策产生的影响。

本书拟就上述4个方面的问题,结合具体的供应链背景和契约类型,对考虑行为因素的供应链决策与协调问题展开详细探讨。

第3章 基于顾客止步行为的供应链决策与协调研究

对于大部分的消费者而言,一旦发现货架上他们所要购买的商品数量达到或低于某一临界值(threshold level)时,就会产生放弃购买这种商品的想法,这就是顾客的止步行为(balking)现象。顾客止步行为是经济生活中广泛存在的一种现象,比如在商场购物中,当顾客发现某店铺可供选择的衣服低于某一临界值时,由于觉得选择的机会很小,他们可能会放弃该店铺,转而去有更多选择余地的店铺去购买;在现实生活中,对于许多生鲜易逝品,如鲜花、牛奶、水果等,一旦发现它们在货架上的数量只有一个或者少数几个时,顾客可能就会认为这些商品已经不够新鲜,或者已经接近保质期,导致其购买欲下降。

顾客的止步行为虽然在日常生活中比较常见,但是顾客止步行为下VMI问题鲜有学者研究。本章考虑把顾客止步行为引入供应链管理中,研究消费者止步行为下供应链决策与协调问题。首先探讨了顾客止步行为下自由分布的报童模型问题,该模型不仅考虑传统报童模型的缺货成本,而且考虑止步惩罚对零售商决策的影响,同时还将模型推广到随机产出的情景;接着把顾客的止步行为引入具有促销努力的VMI供应链中,研究消费者止步行为和促销努力的VMI供应链协调问题,并分析了促销努力和止步行为对VMI供应链系统的最优决策及收益的影响,同时基于传统的批发价格契约考虑该供应链协调契约的设计问题;最后把顾客止步行为引入需求依赖价格的VMI供应链中,研究消费者止步行为下需求受价格影响的VMI供应链协调问题,同时也探讨了该供应链协调契约的设计问题。

3.1 考虑止步惩罚和随机产出的自由分布的报童模型

自从Whitin[5]于1955年首次提出报童问题模型后,报童模型已被广泛应用于各类模型中,比如库存管理、供应链管理与协调、产出管理、调度和期权定价模型等,再加上报童型商品的普遍存在,如新款服饰、果蔬、数码类电子产品、报刊、杂志,甚至航空机票的经销和酒店客房订购等,它们都可以借助于报童模型进行管理决策。因此,近几十年来,关于报童问题的扩展模型引起了不少研究者的浓厚兴趣,Khouja[17]对经典的报童模型及它的11种扩展模型做了一个详尽的综述,万仲平等[165]综述了2008年之前近十年来报童模型的主要研究内容,并对其扩展模型作了系统分类,主要包括:关于零售商的扩展,关于供应商的扩展,关于决策目标的扩展,关于市场结构的扩展和一些其他方面的扩展等。Qin等[18]分别从供应价格与库存数量、顾客需求和零售商的风险倾向这3个方面对报童模型及其扩展问题进行了系统分类和综述。刘洪莲[166]则针对考虑行为因素的报童问题研究进行了综述。

经典报童模型一般都假设市场需求是一个随机变量,并服从某一特定的分布且分布参数已知,如指数分布、均匀分布以及正态分布等。但在很多情况下,真实的需求分布往往是很难精确估计的。在此背景下,Scarf[41]首次提出了自由分布的报童模型,在仅知道需求分布的均值和方差(标准差)情况下,以最大化期望收益为目标,给出了零售商最优订购量的解析表达式。此后很多学者对该类模型展开了深入的研究和推广。由于不知道市场需求的具体分布,使得研究问题变得更加复杂,因此,关于自由分布的报童模型研究成果并不算多,远不能和经典的报童模型相比。本节就是在假设市场需求的概率分布函数F属于某一均值为μ、标准差为σ的分布族$\mathcal{F}$的基础上,研究自由分布报童模型的最优决策问题。本节研究价值主要体现在:① 首次将随机产出因素纳入具有顾客止步行为的自由分布的报童模型中;② Yu和Zhai[167]指出:"当顾客发生止步行为时,说明零售商即便在没有缺货的情形下仍然失去了一些销售机会,这显然也会对零售商的收益造成损失,只是这种损失可能要小于通常的缺货损失。"因此,本节在Liao等[109]的模型中加入了止步惩罚的因素,更加符合现实;③ 同时探讨了缺货惩罚和止步惩罚对自有分布报童模型最优订购量的影响,在现有文献研究中,这部分是经常被忽视的。

3.1.1 问题描述与模型符号

本节考虑一个自由分布的报童模型问题:针对随机需求的销售市场,零售商在每个销售季节开始之前确定商品的订货量,市场需求的分布未知,仅知道其分布的均值和标准差,商品的订购价格和销售价格外生,在销售期内如果产品脱销则考虑零售商的缺货惩罚成本,销售期结束后,由零售商自行处理剩余商品并获取其残值,假定所有顾客都具有止步行为,即在整个销售期内消费者能够准确地掌握所售商品的库存情况,一旦发现该商品的库存数量达到或低于某一临界值(或阀值)时,就会以一定的概率购买该商品,否则就放弃本次购买,并在该销售周期内不会再来购买。类似于 Moon 和 Choi[107]的做法,本节所用模型的数学符号假设如下:

p 为单位商品的售价;

c 为单位商品的订购成本;

v 为单位商品的残值;

K 为顾客发生止步行为时的阀值(临界值);

θ 为止步发生时顾客选择购买该商品的概率;

Q 为商品的订购数量,不失一般性,不妨设 $Q > K$;

l_1 为单位止步惩罚损失,即消费者的止步行为引起零售商的单位商誉损失;

l 为单位缺货损失,假设 $l > l_1$[167];

D 为市场的随机需求;

F 为市场需求的分布函数,满足连续、可微且严格递增的性质;

μ 为市场随机需求的均值;

σ 为市场随机需求的标准差;

x^+ 为 x 的正部,表示 $\max\{x,0\}$。

3.1.2 止步惩罚下自由分布的报童模型

当仅考虑顾客止步行为和缺货损失时,借助于 Liao 等[109]的模型,可知零售商的期望收益函数为

$$\begin{aligned}\pi^F(Q) = &\int_0^{Q-K}[pD+v(Q-D)]f(D)\mathrm{d}D \\ &+ \int_{Q-K}^{Q-K+K/\theta}[p(Q-K+\theta(D-Q+K))+v(K-\theta(D-Q+K))]\\&\qquad f(D)\mathrm{d}D \\ &+ \int_{Q-K+K/\theta}^{\infty}[pQ-l(D-(Q-K+K/\theta))]f(D)\mathrm{d}D - cQ\end{aligned}$$

在上式中,并没有考虑顾客的止步惩罚因素。正如前文所述,在很多现实情境中,止步惩罚对零售商决策影响也非常大,因此我们决不能无视它的存在。当考虑了止步惩罚因素后,零售商的期望收益函数变为

$$\pi^F(Q) = \int_0^{Q-K} [pD + v(Q-D)]f(D)\mathrm{d}D$$
$$+ \int_{Q-K}^{Q-K+K/\theta} [p(Q-K+\theta(D-Q+K)) + v(K-\theta(D-Q+K))]$$
$$- l_1(1-\theta)(D-Q+K)]f(D)\mathrm{d}D$$
$$+ \int_{Q-K+K/\theta}^{\infty} [-(Q-K+K/\theta) - l_1(1-\theta)(D-Q+K)$$
$$(D-Q+K)]f(D)\mathrm{d}D - cQ \tag{3.1}$$

在式(3.1)的右端,第一项表示商品的市场需求在0到$Q-K$之间时的期望收益,此时由于市场需求过小,库存商品的数量不会降到临界值以下,止步现象还没有发生;第二项表示当市场需求在$Q-K$到$Q-K+K/\theta$之间的期望收益,此时止步现象已经发生并且将影响到$(1-\theta)(D-(Q-K))$单位的商品,因此,当市场随机需求为D时,将有$Q-K+\theta(D-Q+K)$单位的商品售出,同时还有$Q-(Q-K+\theta(D-Q+K))$单位的商品剩余,缺货损失不会发生,$l_1(1-\theta)(D-Q+K)$表示此时的止步惩罚损失;第三项表示在市场需求大于$Q-K+K/\theta$时的期望收益,这时虽然有止步现象发生,但由于市场需求量较大,所有的商品都可以销售完,因此,止步惩罚损失为$l_1(1-\theta)(D-Q+K)$,而$l\theta(D-(Q-K+K/\theta))$则表示零售商的缺货损失;最后一项表示零售商总的订购成本。

注意到
$$E(D-Q+K)^+ = \int_{Q-K}^{\infty}(D-Q+K)f(D)\mathrm{d}D \tag{3.2}$$

我们可以把式(3.1)的收益函数写成如下形式(推导过程详见本章附录):
$$\pi^F(Q) = (p-v)\mu - (c-v)Q - (1-\theta)(p-v+l_1)E(D-Q+K)^+$$
$$- \theta(p-v+l)E(D-Q+K-K/\theta)^+ \tag{3.3}$$

当$K=l=l_1=0$且$\theta=1$时,式(3.3)即经典报童模型的收益函数;当$l_1=l=0$时,式(3.3)即文献[107]所讨论的模型;当$l_1=0$时,式(3.3)即为文献[109]所研究的模型。因此,本节模型推广和拓展了报童问题的研究。

我们知道,期望收益的最大化等价于期望成本的最小化,记$C^F(Q)$表示零售商总的期望成本,则有
$$C^F(Q) = (c-v)Q + (1-\theta)(p-v+l_1)E(D-Q+K)^+$$
$$+ \theta(p-v+l)E(D-Q+K-K/\theta)^+ \tag{3.4}$$

容易证明式(3.4)是关于Q的严格凸函数。另外,假如式(3.4)的精确分布已知,我们可以对Q求一阶偏导并令其等于0,从而可以解出零售商的最优订购量满足

$$(1-\theta)(p-v+l_1)F(Q-K)+\theta(p-v+l)F(Q-K+K/\theta)$$
$$=p-c+\theta l+(1-\theta)l_1. \tag{3.5}$$

令 Q^F 表示当累积分布函数 $F\in F$ 时由式 (3.5) 解出的最优订购量。

接下来探讨自由分布的报童模型的求解方法。假设我们只知道随机市场需求 D 的分布函数 $F\in F$，其中 F 表示一个有限均值为 μ 和标准差为 σ 的分布族。由于随机市场需求 D 的分布函数未知，就要在所有分布族 F 中考虑最坏分布下的成本最小化问题，为此，我们需要利用如下三个引理[107]：

引理 1
$$E(D-Q+K)^+ \leqslant \frac{\left[\sigma^2+(Q-K-\mu)^2\right]^{1/2}-(Q-K-\mu)}{2} \tag{3.6}$$

引理 2
$$E(D-Q+K-K/\theta)^+$$
$$\leqslant \frac{\left[\sigma^2+(Q-K-\mu+K/\theta)^2\right]^{1/2}-(Q-K-\mu+K/\theta)}{2} \tag{3.7}$$

引理 3 对任意的 Q，必存在一个分布函数 $F\in F$ 使得式 (3.6) 和式 (3.7) 的边界是紧的。

在自由分布的报童模型中，我们的目标是找到在任意订购量 Q 下最不利的分布，然后再以期望成本最小化为准则选择合适的订购量。由上述三个引理可知，我们的目标就是使 $C^F(Q)$ 的上界[记为 $\nabla C^F(Q)$]最小化。

$$\nabla C^F(Q)=(c-v)Q+(1-\theta)(p-v+l_1)$$
$$\frac{\left[\sigma^2+(Q-K-\mu)^2\right]^{1/2}-(Q-K-\mu)}{2}+\theta(p-v+l)$$
$$\frac{\left[\sigma^2+(Q-K-\mu+K/\theta)^2\right]^{1/2}-(Q-K-\mu+K/\theta)}{2} \tag{3.8}$$

不难算出式 (3.8) 关于 Q 的二阶偏导数为

$$\frac{\partial^2(\nabla C^F(Q))}{\partial Q^2}=\theta(p-v+l)\sigma^2\frac{\left[\sigma^2+(Q-K-\mu+K/\theta)^2\right]^{-3/2}}{2}$$
$$+(1-\theta)(p-v+l_1)\sigma^2\frac{\left[\sigma^2+(Q-K-\mu)^2\right]^{-3/2}}{2}>0 \tag{3.9}$$

因此，$\nabla C^F(Q)$ 是关于 Q 凸函数，由一阶条件可知，零售商的最优订购量需满足

$$\theta(p-v+l)\left[\sigma^2+(Q-K-\mu+K/\theta)^2\right]^{-1/2}(Q-K-\mu+K/\theta)$$
$$+(1-\theta)(p-v+l_1)\left[\sigma^2+(Q-K-\mu)^2\right]^{-1/2}(Q-K-\mu)$$
$$=p+v+\theta l+(1-\theta)l_1-2c \tag{3.10}$$

从式(3.10)中解出Q,我们就可以求出在需求最坏分布情况下零售商的最优订购量,将其记为Q^*并代入式(3.3),即可得到自由分布的报童的最大化期望收益为$\pi^F(Q^*)$。

为了估计寻找市场需求精确分布的信息价值,参照 Moon 和 Choi[107]的做法,我们给出 EVAI 的概念,即 $EVAI=\pi^F(Q^F)-\pi^F(Q^*)$。

该定义表示为找出需求F的真实分布我们愿意给出的最大支付数量,因此我们把这个数量值称为 EVAI (expected value of additional information)。

接下来我们研究单位缺货损失和止步惩罚对零售商最优订购量的影响。

定理3.1 零售商的最优订货量Q^*随着单位缺货损失l的增大而增大,同时也随着单位止步惩罚损失l_1的增大而增大。

证明: 令

$$H(l,l_1)=\theta(p-v+l)\left[\sigma^2+(Q-K-\mu+K/\theta)^2\right]^{-1/2}(Q-K-\mu+K/\theta)$$
$$+(1-\theta)(p-v+l_1)\left[\sigma^2+(Q-K-\mu)^2\right]^{-1/2}(Q-K-\mu)$$
$$-\left(p+v+\theta l+(1-\theta)l_1-2c\right)=0 \tag{3.11}$$

则由隐函数定理,得

$$\frac{\partial Q^*}{\partial l}=-\frac{\partial H(l,l_1)}{\partial l}\bigg/\frac{\partial H(l,l_1)}{\partial Q^*} \tag{3.12}$$

再由式(3.9)可知$\dfrac{\partial H(l,l_1)}{\partial Q^*}>0$,而

$$\frac{\partial H(l,l_1)}{\partial l}=\theta\left\{\left[\sigma^2+(Q-K-\mu+K/\theta)^2\right]^{-1/2}(Q-K-\mu+K/\theta)-1\right\}<0$$

所以

$$\frac{\partial Q^*}{\partial l}>0$$

此即说明Q^*是单位缺货损失l的增函数。

同理,根据

$$\frac{\partial H(l,l_1)}{\partial l_1}=(1-\theta)\left\{\left[\sigma^2+(Q-K-\mu)^2\right]^{-1/2}(Q-K-\mu)-1\right\}<0$$

容易得出

$$\frac{\partial Q^*}{\partial l_1} > 0$$

这说明 Q^* 也是单位止步惩罚损失 l_1 的增函数。

定理3.1说明,当单位缺货损失或者单位止步惩罚损失增加时,决策者也会相应的增大最优订货量,这样做原因是增大订购量可以减少止步发生的概率并预防缺货,以减少止步惩罚和缺货成本带来的损失。

例1 本例主要采用Liao等[109]的数据,再加入一个单位止步惩罚损失参数值。假设某种商品参数具有以下特征(见表3-1):

表3-1 某商品的参数设置

参数	p	c	l	l_1	v	μ	σ	K	θ
取值	60	35	25	10	15	850	150	200	0.9

由公式(3.10),可以计算出自有分布的报童模型的最优订购量 $Q^* = 917$,将其代入式(3.3),即可求出最终的期望收益 $\pi^F(Q^*) = 16305$。

接着,我们假设该商品的市场需求服从正态分布 $D \sim N(800, 150^2)$,则由公式(3.5),可以计算出经典报童模型的最优订购量变为 $Q^F = 930$,代入式(3.6),则得到精确分布下的期望收益 $\pi^F(Q^F) = 17492$,此时就可以算出 $EVAI = 1187$。由此例可以看出,由于缺乏市场需求的精确分布信息,利用这种自由分布报童的研究方法,仅仅减少了不到6.8%的收益。

3.1.3 随机产出和止步惩罚下自由分布的报童模型

现在我们假设生产或订购的产品数量 Q 是不完美的,考虑在某一生产环境下,计划投入 Q 件产品,但结果生产出来后,只有 $G(Q)$ 件产品是合格品,其中 $G(Q)$ 表示一个随机变量,再令每个订购或生产的产品都相同,成为合格品的概率 ρ。因此,如果 Q 的取值是一个整数,则随机产出 $G(Q)$ 就服从一个均值为 $Q\rho$,方差为 $Q\rho\bar{\rho}$ 的二项分布,其中 $\bar{\rho} = 1 - \rho$。该模型同样可以应用到非生产环境的场合:当订购 Q 件产品时,由于在运输过程中的损坏,导致只有 $Q\rho$ 件产品完好无损地抵达目的地。不失一般性,我们假设产出 $G(Q)$ 与市场需求 D 是相互独立的。

在此我们同样需要寻找在任意订购量 Q 下最不利的分布,然后再以期望收益最大化为准则选择合适的订购量,引入随机产出因素后,零售商的期望收益函数从式(3.3)变为

$$\pi^F(Q)=(p-v)\mu-cQ+v\rho Q-(1-\theta)(p-v+l_1)E(D-G(Q)+K)^+$$
$$-\theta(p-v+l)E(D-G(Q)+K-K/\theta)^+ \tag{3.13}$$

与上小节的处理方式一样,我们容易把期望收益最大化转化为期望成本最小化问题

$$C^F(Q)=(c-v\rho)Q+(1-\theta)(p-v+l_1)E(D-G(Q)+K)^+$$
$$+\theta(p-v+l)E(D-G(Q)+K-K/\theta)^+ \tag{3.14}$$

因为我们知道$G(Q)$服从二项分布,所以不难得出$D-G(Q)$的均值为$\mu-Q\rho$,方差为$\sigma^2+Q\rho\bar{\rho}$,再由引理1,可得

$$E(D-G(Q)+K)^+ \leqslant \frac{[\sigma^2+Q\rho\bar{\rho}+(\rho Q-\mu-K)^2]^{1/2}-(\rho Q-\mu-K)}{2} \tag{3.15}$$

$$E(D-G(Q)+K-K/\theta)^+ \leqslant \frac{[\sigma^2+Q\rho\bar{\rho}+(\rho Q-\mu-K+K/\theta)^2]^{1/2}}{2}$$
$$-\frac{(\rho Q-\mu-K+K/\theta)}{2} \tag{3.16}$$

把式(3.15)和(3.16)代入式(3.14)可以得到期望成本的上界

$$\nabla C^F(Q)=\theta(p-v+l)$$
$$\frac{[\sigma^2+Q\rho\bar{\rho}+(\rho Q-\mu-K+K/\theta)^2]^{1/2}-(\rho Q-\mu-K+K/\theta)}{2}$$
$$+(1-\theta)(p-v+l_1)$$
$$\frac{[\sigma^2+Q\rho\bar{\rho}+(\rho Q-\mu-K)^2]^{1/2}-(\rho Q-\mu-K)}{2}$$
$$+(c-v\rho)Q \tag{3.17}$$

对式(3.17)求关于Q的二阶偏导数,得

$$\frac{\partial^2(\nabla C^F(Q))}{\partial Q^2}=\frac{1}{8}\rho^2(1-\theta)(p-v+l_1)$$
$$\frac{4\sigma^2-\bar{\rho}^2+4\bar{\rho}\mu+4\bar{\rho}K}{[\sigma^2+Q\rho\bar{\rho}+(\rho Q-\mu-K)^2]^{3/2}}$$
$$+\frac{1}{8}\rho^2\theta(p-v+l)$$
$$\frac{4\sigma^2-\bar{\rho}^2+4\mu\bar{\rho}+4K\bar{\rho}-4\bar{\rho}K/\theta}{[\sigma^2+Q\rho\bar{\rho}+(\rho Q-\mu-K+K/\theta)^2]^{3/2}} \tag{3.18}$$

不难发现$4\sigma^2-\bar{\rho}^2+4\bar{\rho}\mu+4\bar{\rho}K>0$,因此,只要下面式(3.19)成立,即可判断$\nabla C^F(Q)$是关于$Q$的严格凸函数。

$$4\sigma^2 - \bar{\rho}^2 + 4\mu\bar{\rho} + 4K\bar{\rho} - 4\bar{\rho}K/\theta > 0 \tag{3.19}$$

当式(3.19)成立时,由一阶条件,可得期望成本上界$\nabla C^F(Q)$最小化的最优订购量需满足式(3.20),

$$\begin{aligned}
& 2(c - v\rho) + (1-\theta)(p - v + l_1)\rho \\
& \times \left\{ \frac{1}{2}[\sigma^2 + Q\rho\bar{\rho} + (\rho Q - \mu - K)^2]^{-1/2}[\bar{\rho} + 2(\rho Q - \mu - K)] - 1 \right\} \\
& + \theta(p - v + l)\rho \\
& \times \left\{ \frac{1}{2}[\sigma^2 + Q\rho\bar{\rho} + (\rho Q - \mu - K + K/\theta)^2]^{-1/2} \right. \\
& \left. [\bar{\rho} + 2(\rho Q - \mu - K + K/\theta)] - 1 \right\} = 0
\end{aligned} \tag{3.20}$$

从式(3.20)中解出Q,我们就可以求出在需求最坏分布情况下零售商的最优订购量,将其记为Q^0并代入式(3.13),即可得到自由分布的报童的最大化期望收益为$\pi^F(Q^0)$。

定理3.2 当式(3.19)条件成立时,零售商的最优订购量Q^0是关于单位缺货损失l和单位止步惩罚损失l_1的增函数。

证明: 与定理3.1的证明类似,可令

$$\begin{aligned}
H(l, l_1) = & 2(c - v\rho) + (1-\theta)(p - v + l_1)\rho \\
& \times \left\{ \frac{1}{2}[\sigma^2 + Q\rho\bar{\rho} + (\rho Q - \mu - K)^2]^{-1/2}[\bar{\rho} + 2(\rho Q - \mu - K)] - 1 \right\} \\
& + \theta(p - v + l)\rho \\
& \times \left\{ \frac{1}{2}[\sigma^2 + Q\rho\bar{\rho} + (\rho Q - \mu - K + K/\theta)^2]^{-1/2} \right. \\
& \left. [\bar{\rho} + 2(\rho Q - \mu - K + K/\theta)] - 1 \right\} = 0
\end{aligned} \tag{3.21}$$

则由隐函数定理,得

$$\frac{\partial Q^0}{\partial l} = -\frac{\partial H(l, l_1)}{\partial l} \bigg/ \frac{\partial H(l, l_1)}{\partial Q^0} \tag{3.22}$$

由式(3.18)和式(3.19),可知

$$\frac{\partial H(l, l_1)}{\partial Q^0} > 0 \tag{3.23}$$

又因为

$$\left\{\frac{[\bar{\rho}+2(\rho Q-\mu-K+K/\theta)]}{2[\sigma^2+Q\rho\bar{\rho}+(\rho Q-\mu-K+K/\theta)^2]^{1/2}}\right\}^2$$

$$=1-\frac{4\sigma^2-\bar{\rho}^2+4\bar{\rho}(\mu+K-K/\theta)}{4[\sigma^2+Q\rho\bar{\rho}+(\rho Q-\mu-K+K/\theta)^2]}<1$$

所以

$$\frac{\partial H(l,l_1)}{\partial l}=\theta\rho\left\{\frac{[\bar{\rho}+2(\rho Q-\mu-K+K/\theta)]}{2[\sigma^2+Q\rho\bar{\rho}+(\rho Q-\mu-K+K/\theta)^2]^{1/2}}-1\right\}<0 \quad (3.24)$$

故 $\frac{\partial Q^0}{\partial l}>0$。

此即说明 Q^0 是关于单位缺货损失的 l 增函数。

类似地,由

$$\frac{\partial H(l,l_1)}{\partial l_1}=(1-\theta)\rho\left\{\frac{[\bar{\rho}+2(\rho Q-\mu-K)]}{2[\sigma^2+Q\rho\bar{\rho}+(\rho Q-\mu-K)^2]^{1/2}}-1\right\}<0$$

易得

$$\frac{\partial Q^0}{\partial l_1}>0$$

这说明 Q^0 也是关于单位止步惩罚损失 l_1 的增函数。

定理 3.2 和定理 3.1 的结论是类似的,但在定理 3.2 中,由于随机产出因素的影响,我们增加了式(3.19)成立的条件,以确保最优订购量 Q^0 的唯一性。幸运的是,该条件仅仅是一个充分条件,并且在现实中存在的很多分布(如下文中的例 2)都可以使得式(3.19)成立。

推论 3.1 当式(3.19)的条件成立时,零售商的最优订购量 Q^0 是关于概率 ρ 的减函数。

证明: 该推论的证明与定理 3.1 和定理 3.2 类似,故省略。

推论 3.1 的结论成立是显然的,凭直觉可知,当零售商订购商品的合格概率 ρ 降低时,为了避免缺货损失和止步惩罚,提升自身的期望收益,唯有增大商品的订购量 Q。

例 2 在此我们仍然采用例 1 中的数据,并假设 $\rho=0.9$,则不难验证式(3.19)成立。根据式(3.20),可计算出零售商此时的最优订购量 $Q^0=991$。与例 1 中零售商的最优订购量 $Q^*=917$ 相比,本例增加了 74 单位,显然此时订购量的增加是为了应对产出随机的风险。

3.1.4 算例分析

在本小节中,我们首先用数值算例检验自由分布的报童模型的鲁棒性;接着分析缺货损失和止步惩罚对零售商最优决策的影响;最后再来验证随机产出对零售商最优订购量的影响。

为了验证自由分布的报童模型(无随机产出因素)的稳健性和有效性,我们借助于计算机随机生成了100个测试案例,其中每个例子的相关参数值都从均匀分布中随机抽取,表3-2显示了参数抽取的区间范围。为了模拟市场的随机需求,我们采用了3种不同的分布,即正态分布、均匀分布和t分布,3种分布的均值和标准差都相同,均为800和150。

表3-2 随机生成参数值的区间范围

参数	p	c	v	K	θ	l	l_1
范围	[60, 120]	[30, 60]	[10, 30]	[150, 300]	[0.5, 1]	[20, 30]	[10, 20]

对于每一个案例,我们分别计算出3种分布下的最优期望收益$\pi^F(Q^F)$,同时计算出自由分布下的最优期望收益$\pi^F(Q^*)$,为检验我们这种方法的有效性,我们同时计算出了二者的比率,即$\pi^F(Q^F)/\pi^F(Q^*)$。表3-3展示了这100个案例在3种不同分布下的平均比率,从该表可以明显看出,所有的比率值与1都比较接近,这说明当市场随机需求的精确分布不可能获得或难以获得时,可以采用上文式(3.10)所提供的方法来确定自由分布报童的订购量。

表3-3 3种分布平均比率的结果

分布类型	正态分布	均匀分布	t分布
平均比率	1.0691	1.0785	1.0742

接下来的算例分析是在随机需求为最坏的分布情况下,检验单位缺货损失l和单位止步惩罚l_1对零售商最优决策Q^*的影响。利用例1中的数据资料,我们只需要令l和l_1的取值发生变化,其他参数取值保持不变,所得计算结果如图3-1和图3-2所示。

图3-1和图3-2说明,零售商的最优订购量Q^*是单位缺货损失l和单位止步惩罚损失l_1的增函数。因此,当单位缺货损失和单位止步惩罚损失增加时,决策者需要增加订购数量以减少顾客的止步行为和预防缺货。

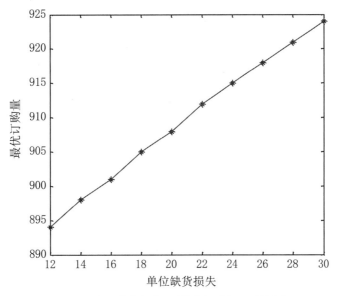

图3-1 单位缺货损失 l 对最优订购量 Q^* 的影响

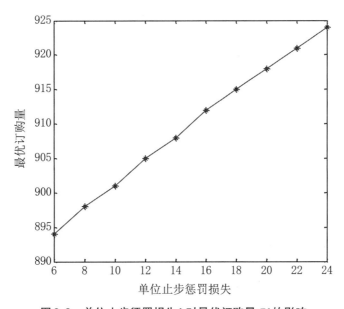

图3-2 单位止步惩罚损失 l_1 对最优订购量 Q^* 的影响

最后,在随机需求为最坏的分布情况下,我们验证一下随机产出对零售商最优决策 Q^0 的影响。利用例2中的数据资料,我们只需变化 ρ 的取值,其他参数取值保持不变,计算结果如图3-3所示。

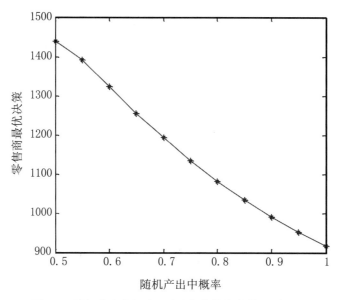

图3-3 随机产出中概率ρ对零售商最优决策Q°的影响

由图3-3可以看出,零售商的最优订购量Q°是关于随机产出中合格品概率ρ的减函数,这和上文中推论3.1的结论是一致的,合格品的概率ρ取值越小时,为了应对这种随机产出的风险,零售商需要提高商品的订购数量。特别地,当$\rho=1$时,零售商的最优订购量降为917,也就是没有随机产出时的最优订购量,这说明模型3.1.2是模型3.1.3中当$\rho=1$时的一个特例。

3.2　基于顾客止步行为和促销努力的VMI供应链协调

供应商管理库存(VMI)是提升供应链协作水平的一种有效手段[168]。通过监控零售商的库存水平,VMI可以使供应商主动承担起所有的库存补给责任,进而实现一定的库存周转目标和服务水平[72]。作为一种先进的库存管理模式,VMI模式能够有效降低牛鞭效应,促进信息分享,提高供应链上下游企业之间的协作水平[72]。由于VMI本身并不能实现供应链的协调,因此,许多学者利用传统的供应链契约来研究VMI供应链的协调问题。

在现实经济生活中,零售商经常通过广告促销、货架展示、雇用更多营销人员、加强员工培训等努力活动来扩大市场的需求量。因此,考虑零售商促销努力的供应链协调问题一直是广大学者研究的热点之一,但在 VMI 供应链管理中考虑零售商促销努力的文献并不多见。另外,在现有运筹管理的文献中,研究顾客止步行为的文献更为少见,并且大都是在传统或自由分布的报童模型中研究顾客止步行为对零售商单独决策所产生的影响,而关于顾客止步行为的 VMI 供应链管理的文献则尚未出现。基于此,本节考虑把现实生活中比较常见的顾客止步行为引入具有促销努力的 VMI 供应链中,设计出基于成本分摊的批发价格契约来协调供应链,并以此为基础,对 VMI 模型展开行为研究,探讨顾客止步行为对供应链成员决策和系统期望收益的影响。

3.2.1 问题描述和参数假设

本节研究的是在市场需求受促销努力影响且顾客具有止步行为的前提下,由单个风险中性的供应商和单个风险中性的零售商组成的二级供应链在 VMI 模式下的协调问题。假设该 VMI 供应链的信息完全对称,且所有顾客具有止步行为,即在销售期内他们能够准确地掌握所售产品的库存情况,一旦发现该产品的库存数量不超过某一临界值(或阈值)$t(0\leqslant t\leqslant q)$时,就会以概率 $\theta(0<\theta\leqslant 1)$ 选择购买该产品,或者以 $1-\theta$ 的概率放弃购买,并在该销售周期内不会再来。供应商负责给零售商供货,并对其库存水平进行准确监控,零售商负责单一产品的销售,该产品具有季节性,销售期结束以后,与普通模型不同,未售出的产品则由供应商按照残值进行处理。因为我们的模型是单周期的情景,所以不需要考虑缺货损失对长期收益的影响,即不考虑缺货惩罚成本。为增加产品销售量,零售商可以通过雇用更多销售人员、改善商场内部环境以及做广告等行为进行促销,所有这些促销行为都会付出一定的努力成本。

文中所用的主要参数假设:单位产品的批发价格为 w;供应商单周期的供货数量为 q;供应商供应单位产品的成本为 c;零售商单位产品的零售价格为 p;单位剩余产品的残值为 v,不失一般性,可设 $v<c<w<p$;零售商的促销努力水平记为 $e,e\geqslant 0$;零售商的努力成本为 $g(e)$,参照唐宏祥[79]和刘鹏飞[85]等的做法,假设 $g(0)=0$,且 $g'(e)>0,g''(e)>0$;产品的市场需求为 $D(e)$,其概率分布函数和概率密度函数分别为 $F(x|e)$ 和 $f(x|e)$,$F(x|e)$ 连续递增可微,且市场需求是促销努力的增函数,即 $\partial F(x|e)/\partial e<0$。

令 $S(q,e)$ 表示顾客有止步行为发生时零售商期望的销售量,则

$$S(q,e)=\int_0^{q-t} xf(x|e)\mathrm{d}x$$
$$+\int_{q-t}^{q-t+t/\theta}[(q-t)+\theta(x-q+t)]f(x|e)\mathrm{d}x$$
$$+\int_{q-t+t/\theta}^{\infty} qf(x|e)\mathrm{d}x \qquad (3.25)$$

上式右端第一项表示当市场需求在 0 到 $q-t$ 之间的期望销售量,此时市场需求过小,库存产品数量不会降到临界值以下,止步现象还没有发生;第二项表示当市场需求在 $q-t$ 与 $q-t+t/\theta$ 之间的期望销售量,当市场需求大于 $q-t$ 时,库存产品的数量会降到临界值以下,此时将会有止步现象发生;第三项表示在市场需求大于 $q-t+t/\theta$ 时的期望销售量,此时尽管有止步现象发生,但由于市场需求过大,所有的产品仍然可以销售完。

把式(3.25)化简,可得
$$S(q,e)=q-\int_0^{q-t} F(x|e)\mathrm{d}x-\theta\int_{q-t}^{q-t+t/\theta} F(x|e)\mathrm{d}x \qquad (3.26)$$

假设 $I(q,e)$ 表示零售商期望的剩余量,则有
$$I(q,e)=q-S(q,e)=\int_0^{q-t} F(x|e)\mathrm{d}x+\theta\int_{q-t}^{q-t+t/\theta} F(x|e)\mathrm{d}x \qquad (3.27)$$

3.2.2 模型分析

3.2.2.1 集成式 VMI 供应链分析

在集成式 VMI 供应链中,供应商和零售商可以看作同一家企业的成员,因此,零售商的促销努力和供应商的供货量服从整个供应链系统期望利润最大化原则。此时供应链系统的期望收益可以表示为

$$\begin{aligned}\pi_{rs}(q,e)&=pS(q,e)+vI(q,e)-cq-g(e)\\&=(p-v)S(q,e)-(c-v)q-g(e)\\&=(p-c)q-(p-v)\left[\int_0^{q-t} F(x|e)\mathrm{d}x+\theta\int_{q-t}^{q-t+t/\theta} F(x|e)\mathrm{d}x\right]\\&\quad-g(e)\end{aligned} \qquad (3.28)$$

在式(3.28)中,如果不考虑顾客的止步行为,即 $t=0$ 或 $\theta=1$ 时,则该模型就是一般形式的考虑促销努力的 VMI 供应链模型。特别地,当 $t=0$ 且随机市场需求是努力因素的加法形式时,本模型就是唐宏祥[79]中的情况;当 $t=0$ 且随机市场需求是努力因素的乘法形式时,本模型则是刘鹏飞[85]中的情况,故本节的研究结果更具有普适性。

给定产品供货量 q，则零售商最优努力水平 e^0 应满足如下一阶条件

$$\frac{\partial \pi_{rs}(q,e)}{\partial e}\bigg|_{e=e^0} = (p-v)\frac{\partial S(q,e^0)}{\partial e} - g'(e^0) = 0 \qquad (3.29)$$

令 q^0 为在给定努力水平 e 下的供应商最优产品供货量，则 q^0 应满足如下一阶条件

$$\begin{aligned}\frac{\partial \pi_{rs}(q,e)}{\partial q}\bigg|_{q=q^0} &= (p-v)\frac{\partial S(q^0,e)}{\partial q} - (c-v) \\ &= (p-c)-(p-v)\left[\theta F(q^0-t+t/\theta|e)+(1-\theta)F(q^0-t|e)\right]=0\end{aligned}$$

即

$$\theta F(q^0-t+t/\theta|e)+(1-\theta)F(q^0-t|e) = \frac{p-c}{p-v} \qquad (3.30)$$

因此，若使考虑顾客止步行为和促销努力的 VMI 供应链协调，则零售商的最优努力水平 e^0 和供应商的最优供货量 q^0 至少应该分别满足式(3.29)和式(3.30)。换言之，e^0 和 q^0 分别满足式(3.29)和式(3.30)是实现供应链协调的必要条件。

3.2.2.2 分散式 VMI 供应链分析

在分散式 VMI 供应链中，供应商可以共享市场需求信息，这使得传统供应链中零售商的主动订货变为供应商主动供货，供应商是产品库存量的决策者并承担所有的滞销风险，而零售商则是努力水平的决策者并承担所有的促销成本，实际上二者之间执行的是批发价格契约，它们的联合决策影响着供应链的效率。

在分散式 VMI 管理模式下，零售商和供应商的期望收益函数分别为

$$\begin{aligned}\pi_r(e) &= (p-w)S(q,e)-g(e) \\ &= (p-w)q-(p-w)\left[\int_0^{q-t}F(x|e)\mathrm{d}x + \theta\int_{q-t}^{q-t+t/\theta}F(x|e)\mathrm{d}x\right] \\ &\quad -g(e)\end{aligned} \qquad (3.31)$$

$$\begin{aligned}\pi_s(q) &= wS(q,e)+vI(q,e)-cq \\ &= (w-v)S(q,e)+(v-c)q \\ &= (w-c)q-(w-v)\left[\int_0^{q-t}F(x|e)\mathrm{d}x + \theta\int_{q-t}^{q-t+t/\theta}F(x|e)\mathrm{d}x\right]\end{aligned} \qquad (3.32)$$

令 e^* 表示分散式 VMI 供应链中零售商的最优努力水平，则 e^* 应满足

$$\frac{\partial \pi_r(e)}{\partial e}\bigg|_{e=e^*} = (p-w)\frac{\partial S(q,e^*)}{\partial e} - g'(e^*) = 0 \qquad (3.33)$$

对比式(3.29)和式(3.33),不难发现$\frac{\partial \pi_{r}(e)}{\partial e} < \frac{\partial \pi_{rs}(e)}{\partial e}$,这说明在分散式VMI供应链中,$e^0$不可能是零售商的最优努力水平,即单纯的批发价格契约无法协调具有顾客止步行为和促销努力的VMI供应链。

下面我们来讨论一下供应商在分散式和集成式下最优产品供货量的大小关系,若q^*为分散式VMI供应链中供应商的最优产品供货量,则有如下性质成立。

性质3.1 分散式VMI供应链中供应商最优产品供货量q^*小于集成式系统的最优产品供货量q^0。

证明:求解式(3.32)关于q的一阶条件,得

$$\left.\frac{\partial \pi_s(q)}{\partial q}\right|_{q=q^*} = (w-c) - (w-v)\left[\theta F(q^*-t+t/\theta|e) + (1-\theta)F(q^*-t|e)\right] = 0$$

即

$$\theta F(q^*-t+t/\theta|e) + (1-\theta)F(q^*-t|e) = \frac{w-c}{w-v} \qquad (3.34)$$

由于

$\partial\left[\theta F(q-t+t/\theta|e) + (1-\theta)F(q-t|e)\right]/\partial q = \theta f(q-t+t/\theta|e) + (1-\theta)f(q-t|e) > 0$,故函数$\theta F(q-t+t/\theta|e) + (1-\theta)F(q-t|e)$是关于$q$的增函数,观察式(3.30)和式(3.34),可得$\frac{w-c}{w-v} < \frac{p-c}{p-v}$,所以$q^* < q^0$。

性质3.1说明与集成式供应链相比,在分散式VMI供应链中,供应商的最优库存水平趋于保守,这是因为出现了双重边际化效应,直觉告诉我们,努力水平和供货量之间应该是正相关的,故当库存量下降时,也会导致零售商的促销力度下降,这一结论将在后文分析中得到验证。

在批发价格契约下,VMI模式仍不能避免"双重边际化"问题:由于滞销产品的风险完全由供应商承担,为减少促销努力成本,零售商促销产品的积极性就会下降,而采取一种"坐收渔翁之利"的策略,这将导致供应商的产品滞销。为有效降低这种风险,供应商的应对策略就是降低库存水平,使其低于集成式系统的最优水平。为提高VMI模式下成员之间的协作水平,改变VMI模式中供应商和零售商之间激励不相容的状况,我们将在批发价格契约的基础上,探讨具有顾客止步行为和促销努力的VMI供应链的协调策略。

3.2.3 VMI 供应链协调策略

在分散式 VMI 模式中,供应商需要承担整个供应链因产品滞销所带来的库存成本,为降低风险,供应商的产品供应量趋于保守;反之,促销的努力成本则由零售商独自承担,但其仅获得了整个系统的部分收益[79],这将导致其促销的积极性降低。为提高零售商的促销努力水平,并减少供应商产品滞销的风险,实现供应链协调,我们考虑让供应商分担一定比例的促销成本,同时让零售商对供应商滞销产品进行补贴。假设用 $\varphi(0<\varphi<1)$ 表示供应商承担零售商努力成本比例,而零售商对供应商滞销产品补贴的单位价格为 $m(0<m<c-v)$,此时零售商和供应商的期望收益分别为

$$\pi_r'(e) = (p-w)S(q,e) - (1-\varphi)g(e) - mI(q,e)$$
$$= (p-w+m)S(q,e) - mq - (1-\varphi)g(e) \quad (3.35)$$
$$\pi_s'(q) = wS(q,e) + vI(q,e) - cq + mI(q,e) - \varphi g(e)$$
$$= (w-v-m)S(q,e) + (v+m-c)q - \varphi g(e) \quad (3.36)$$

下面我们来推导一下当契约参数 $\{\varphi,m\}$ 满足什么条件时,上述基于成本分摊的批发价格契约可以协调考虑止步行为和促销努力的 VMI 供应链。

对比式(3.35)和式(3.28),令

$$\frac{p-w+m}{p-v} = \frac{m}{c-v} = 1-\varphi$$

解方程组,得

$$\begin{cases} m = \dfrac{p-w}{p-c}(c-v) \\ \varphi = \dfrac{w-c}{p-c} \end{cases} \quad (3.37)$$

由此可得 $\pi_r'(e) = (1-\varphi)\pi_{rs}(q,e)$,则 $\pi_s'(q) = \varphi\pi_{rs}(q,e)$,即零售商和供应商的期望收益都是供应链期望收益的仿射变换。因此,当契约参数 $\{\varphi,m\}$ 满足式(3.37)时,基于成本分摊的批发价格契约不仅能够完美地协调具有止步行为和促销努力的 VMI 供应链,而且可以实现供应链的系统收益在上下游企业之间任意分配。

从上述协调结果可以看出:

(1) $w-c$ 表示每销售单位产品供应商的收益,$p-c$ 则表示每销售单位产品供应链的收益,故由式(3.37)可以看出,φ 就表示每销售单位产品供应商所获

得收益占整个供应链收益的比例,$1-\varphi$即每销售单位产品零售商所获得收益占整个供应链收益的比例。

(2) $c-v$表示当期未能售出的产品在供应链中产生的单位滞销成本,m表示零售商对供应商滞销产品补贴的单位价格,故$m/(c-v)=1-\varphi$就表示零售商承担供应链滞销成本的比例,φ则表示供应商承担供应链滞销成本的比例。

(3) 零售商所承担的促销努力成本比例为$1-\varphi$,而协调机制规定零售商获得的供应链的最终收益的比例也为$1-\varphi$;反之则由供应商所承担的促销努力成本比例为φ,协调机制规定零售商获得的供应链的最终收益的比例也为φ。

由此带给我们的启示:基于成本分摊的批发价格契约在协调考虑止步行为和促销努力的VMI供应链时,协调机制要求零售商和供应商需根据单位产品销售中所获得的收益比例来承担促销努力费用和滞销成本,并且要按照同样的比例分享供应链的整体收益。换句话说,只有当供应商和零售商的边际收益和其边际成本保持一致时,才能实现VMI供应链的协调。

3.2.4 模型优化

由上小节分析可知:当促销努力影响市场需求时,单纯的批发价格契约无法协调考虑顾客止步行为的VMI供应链。但通过引入零售商分摊滞销成本和供应商分摊促销成本的策略,简单的批发价格契约就能实现供应链的协调。接下来,我们还需要确定VMI供应链系统最优的努力水平e^0和最优供货量q^0,使得整个供应链系统利润值达到最大。

假定市场需求$D(e)$是努力水平e与随机因素ε的函数,其中ε与e相互独立,$G(y)$与$g(y)$分别为的ε概率分布函数和密度函数,$G(\cdot)$严格递增可微,$g(\cdot)$连续且$g(\cdot)>0$。随机市场需求一般是努力因素的加法或乘法形式[85]。限于篇幅,本节仅假定市场需求是努力水平与随机因素的加法形式,即$D(e)=d(e)+\varepsilon$。事实上,假定二者之间是乘法形式时,仿照本节的研究方法,也可以得出类似的结论。假设$d(e)$是关于努力因素的单调递增的凹函数[71, 85],即$d'(e)>0,d''(e)\leqslant 0$。

定理3.3 当市场需求是努力水平与随机因素的加法形式$D(e)=d(e)+\varepsilon$时,集成式VMI供应链系统收益函数$\pi_{rs}(q,e)$关于努力水平和产品供应量存在最大值,且当最优供货量和最优努力水平(q^0,e^0)满足式(3.38)和式(3.39)时,$\pi_{rs}(q^0,e^0)$取值最大。

$$(p-v)\left[\theta G(q^0-t+t/\theta-d(e^0))+(1-\theta)G(q^0-t-d(e^0))\right]=(p-c) \quad (3.38)$$

$$(p-c)d'(e^0)-g'(e^0)=0 \quad (3.39)$$

证明：由 $D(e)=d(e)+\varepsilon$，可知市场需求 $D(e)$ 的概率密度函数和分布函数分别为

$$F(x|e)=G(x-d(e)), f(x|e)=g(x-d(e))$$

从而有

$$\begin{aligned} S(q,e) &= q - \int_0^{q-t} G(x-d(e))\mathrm{d}x - \theta \int_{q-t}^{q-t+t/\theta} G(x-d(e))\mathrm{d}x \\ &= q - \int_{-d(e)}^{q-t-d(e)} G(z)\mathrm{d}z - \theta \int_{q-t-d(e)}^{q-t+t/\theta-d(e)} G(z)\mathrm{d}z \end{aligned} \quad (3.40)$$

故得供应链系统的利润函数为

$$\begin{aligned} \pi_{\mathrm{rs}}(q,e) &= pS(q,e)+vI(q,e)-cq-g(e) \\ &= (p-v)S(q,e)-(c-v)q-g(e) \\ &= (p-c)q-(p-v)\left[\int_{-d(e)}^{q-t-d(e)}G(z)\mathrm{d}z+\theta\int_{q-t-d(e)}^{q-t+t/\theta-d(e)}G(z)\mathrm{d}z\right] \\ &\quad -g(e) \end{aligned} \quad (3.41)$$

给定努力水平 e 值，对式(3.41)分别关于 q 求一阶和二阶偏导数，有

$$\frac{\partial \pi_{\mathrm{rs}}(q,e)}{\partial q}=(p-c)-(p-v)\left[\theta G(q-t+t/\theta-d(e))+(1-\theta)G(q-t-d(e))\right]$$

$$\frac{\partial^2 \pi_{\mathrm{rs}}(q,e)}{\partial q^2}=-(p-v)\left[\theta g(q-t+t/\theta-d(e))+(1-\theta)g(q-t-d(e))\right]<0$$

故得 $\pi_{\mathrm{rs}}(q,e)$ 是供货量 q 严格凹函数，对任意的努力水平 $e \geqslant 0$，都存在供应链系统唯一最优库存量 $q=q^0$，使得 $\pi_{\mathrm{rs}}(q,e)$ 取值最大。由一阶条件可知，使供应链系统收益最大化的最优供货量 q^0 应满足：

$$(p-v)\left[\theta G(q^0-t+t/\theta-d(e))+(1-\theta)G(q^0-t-d(e))\right]=(p-c) \quad (3.42)$$

把 q^0 代入到式(3.41)，并对 $\pi_{\mathrm{rs}}(q^0,e)$ 关于 e 求一阶和二阶偏导数，结合式(3.42)，得

$$\begin{aligned} \frac{\partial \pi_{\mathrm{rs}}(q^0,e)}{\partial e} &= \int_{-d(e)}^{q^0-t-d(e)}G(z)\mathrm{d}z+\theta\int_{q^0-t-d(e)}^{q^0-t+t/\theta-d(e)}G(z)\mathrm{d}z \\ &= d'(e)(p-v)\left[(1-\theta)G(q^0-t-d(e))+\theta G(q^0-t+\frac{t}{\theta}-d(e))\right] \\ &\quad -g'(e) \\ &= (p-c)d'(e)-g'(e) \end{aligned}$$

$$\frac{\partial^2 \pi_{rs}(q^0,e)}{\partial e^2}=(p-c)d''(e)-g''(e)<0$$

所以 $\pi_{rs}(q^0,e)$ 是供货量 e 严格凹函数，集成式供应链系统唯一最优努力水平 e^0 使得 $\pi_{rs}(q^0,e)$ 取得最大值，此时最优努力水平 e^0 应满足式(3.39)。

若令

$$\begin{aligned}H(q,e,t) &= \frac{\partial \pi_{rs}(q,e)}{\partial q}\\&=(p-c)-(p-v)\\&\quad[\theta G(q-t+t/\theta-d(e))+(1-\theta)G(q-t-d(e))]\end{aligned}$$

则有 $H(q^0,e,t)=0$，根据隐函数求导法则，得

$$\frac{\mathrm{d}q^0}{\mathrm{d}e}=-\frac{\partial H(q^0,e,t)}{\partial e}\bigg/\frac{\partial H(q^0,e,t)}{\partial q^0}$$

因为

$$\frac{\partial H(q^0,e,t)}{\partial e}=(p-v)d'(e)\left[\theta g(q^0-t+t/\theta-d(e))+(1-\theta)g(q^0-t-d(e))\right]>0,$$

且 $\frac{\partial H(q^0,e,t)}{\partial q^0}<0$，故有 $\frac{\mathrm{d}q^0}{\mathrm{d}e}>0$，这说明市场需求是努力水平的加法形式时集成式 VMI 供应链中最优供货量 q^0 是努力水平 e 的增函数。

接下来我们将探讨顾客的止步行为对 VMI 供应链的影响，鉴于冯艳刚等[113]已经探讨了止步概率 θ 对传统的供应链的影响，下面的性质3.2则主要探讨顾客的止步临界值 t 对 VMI 供应链的影响。

性质3.2 当市场需求是努力水平与随机因素的加法形式 $D(e)=d(e)+\varepsilon$ 时，对于给定的止步概率 θ 和任意止步临界值 $t\in[0,q]$，集成式 VMI 供应链的最优努力水平 e^0 与 t 的大小没有关系，而最优供货量 q^0 与 t 的关系取决于随机因素 ε 的分布：

(1) 当 $g(q^0-t+t/\theta-d(e^0))>g(q^0-t-d(e^0))$ 时，q^0 是 t 的减函数；

(2) 当 $g(q^0-t+t/\theta-d(e^0))=g(q^0-t-d(e^0))$ 时，q^0 与 t 的取值无关；

(3) 当 $g(q^0-t+t/\theta-d(e^0))<g(q^0-t-d(e^0))$ 时，q^0 是 t 的增函数。

证明： 分别令

$$U(q,e,t)=(p-v)\left[\theta G(q-t+t/\theta-d(e))+(1-\theta)G(q-t-d(e))\right]-(p-c)$$
$$V(q,e,t)=(p-c)d'(e)-g'(e)$$

则由式(3.38)和式(3.39)可知 $U(q^0,e^0,t)=0$，$V(q^0,e^0,t)=0$。

首先对方程 $V(q^0,e^0,t)=0$ 两边关于 t 求偏导数，根据隐函数定理，我们有

$$(p-c)d''(e^0)\frac{\mathrm{d}e^0}{\mathrm{d}t}-g''(e^0)\frac{\mathrm{d}e^0}{\mathrm{d}t}=0$$

因为 $d''(e^0) \leqslant 0$,而 $g''(e^0) > 0$,所以

$$\mathrm{d}e^0/\mathrm{d}t=0 \tag{3.43}$$

此即表明最优努力水平 e^0 的取值与 t 的大小无关。

接着对方程 $U(q^0,e^0,t)=0$ 两边关于 t 求偏导数,根据隐函数定理并结合式(3.43),有

$$(p-v)\left[\theta g(q^0-t+t/\theta-d(e^0))+(1-\theta)g(q^0-t-d(e^0))\right]\frac{\mathrm{d}q^0}{\mathrm{d}t}$$
$$=(p-v)(\theta-1)\left[g(q^0-t+t/\theta-d(e^0))-g(q^0-t-d(e^0))\right]$$

因为

$$(p-v)(\theta-1)<0$$
$$(p-v)\left[\theta g(q^0-t+t/\theta-d(e^0))+(1-\theta)g(q^0-t-d(e^0))\right]>0$$

所以 $\dfrac{\mathrm{d}q^0}{\mathrm{d}t}$ 与 $g(q^0-t+t/\theta-d(e^0))-g(q^0-t-d(e^0))$ 的符号恰好相反,性质3.2得证。

性质3.2表明 VMI 供应链系统最优供货量与顾客止步行为之间并没有明确的正负关系。这是因为,如果市场需求足够大,即使顾客发生止步行为,订购的产品也可以销售掉,这时应该增加最优订购量;反之,如果市场需求较小的话,增加订购量只会导致更多的产品以残值出售,因此,系统最优供货量与 t 的关系要取决于市场需求随机因素 ε 的分布。另外,由于集成式 VMI 供应链最优供货量与止步临界值之间并没有关系,所以零售商在制定促销力度大小时不需要考虑顾客止步行为的影响。

性质3.3 在考虑促销努力的集成式 VMI 供应链中,在加法需求情形下,当顾客有止步行为发生时,系统的最大期望收益 $\pi_{rs}(q^0,e^0)$ 会减少。

证明: 在式(3.28)中对 $\pi_{rs}(q^0,e^0)$ 式关于 t 求一阶导数,由链式法则并利用 q^0 和 e^0 的最优性,得

$$\frac{\mathrm{d}\pi_{rs}(q^0,e^0)}{\mathrm{d}t}=\frac{\partial \pi_{rs}(q^0,e^0)}{\partial t}+\frac{\partial \pi_{rs}(q^0,e^0)}{\partial e^0}\frac{\partial e^0}{\partial t}+\frac{\partial \pi_{rs}(q^0,e^0)}{\partial q^0}\frac{\partial q^0}{\partial t}$$
$$=(p-v)(\theta-1)\left[F(q^0-t+t/\theta|e^0)-F(q^0-t|e^0)\right]<0$$

此即表明零售商的期望收益 $\pi_{rs}(q^0,e^0)$ 随着 t 的增大而减小。

故当 $t=0$,即顾客无止步行为发生时,$\pi_{rs}(q^0,e^0)$ 的取值达到最大;而当 $0<t\leqslant q^0$ 时,$\pi_{rs}(q^0,e^0)$ 的取值要比 $t=0$ 时的取值要小,所以当顾客发生止步行为

时,供应链系统的最大期望收益 $\pi_{rs}(q^0,e^0)$ 会减少。

性质 3.3 表明与没有止步行为的 VMI 供应链($t=0$)相比,当消费者具有止步行为时,系统最大期望收益会降低,且止步的临界值 t 越大,降低的幅度也就越大。这个结果并不难理解,因为当顾客发生止步行为时,可能会使部分购买产品的顾客以 $1-\theta$ 的概率流失,且 t 值越大,流失的数量 $t(1-\theta)$ 就越多,从而导致滞销产品增加,供应链系统的最大期望收益减少。

定理 3.4 当市场需求是努力水平与随机因素的加法形式 $D(e)=d(e)+\varepsilon$ 时,在分散式 VMI 供应链中,零售商与供应商的期望收益函数 $\pi_r(e)$ 和 $\pi_s(q)$ 分别是其努力水平 e 和产品供应量 q 的严格凹函数,且当最优供货量和最优努力水平 (q^*,e^*) 满足式(3.44)和式(3.45)时,$\pi_r(e^*)$ 和 $\pi_s(q^*)$ 取值最大。

$$(w-v)\big[\theta G(q^*-t+t/\theta-d(e))+(1-\theta)G(q^*-t-d(e))\big]=w-c \quad (3.44)$$

$$d'(e^*)(p-w)\big[\theta G(q-t+t/\theta-d(e^*))+(1-\theta)G(q-t-d(e^*))\big]=g'(e^*) \quad (3.45)$$

证明:该定理证明过程与定理 3.3 类似,故省略。

3.2.5 算例分析

假设 $D(e)=e+\varepsilon$,即 $d(e)=e, g(e)=e^2/2$ 并令随机因素 ε 服从 $[0,20]$ 上的均匀分布,则有 $g(y)=0.05y, G(y)=0.05y$。其他各参数设置如表 3-4 所示。

表 3-4 VMI 供应链契约参数设置

参数	t	θ	v	c	w	p	φ	m
取值	5	0.5	0	10	20	40	1/3	20/3

表 3-5 VMI 供应链系统在协调和分散模式下的计算值

契约模式	努力水平	供货量	供应商收益	零售商收益	供应链收益
成本分摊批发价格契约	$q^0=45$	$e^0=30$	650/3	1300/3	650
单纯批发价格契约	$q^*=20$	$e^*=10$	137.5	291.5	429

由表 3-4 中的参数和定理 3.3 及定理 3.4 的结论,可以求出供应商和零售商的最优供货量与最优努力水平,代入各利润函数,即可算出 VMI 供应链系统在协调和分散模式下的期望收益,所得结果如表 3-5 所示。从表 3-5 可以看出,在分散模式下考虑顾客止步行为和促销努力的 VMI 供应链,无论是零售商的最优努力水平,还是供应商的最优供货量,都远低于集成式供应链系统的最优决策,说明依靠单纯的批发价格契约无法实现供应链协调。但是,当引入零售商分摊滞销成本和供应商分摊促销成本的策略后,不仅零售商和供应商的收益有

了较大提高,而且整个供应链的收益也达到了集中式系统的最优值,所以这种基于成本分摊的批发价格契约能够完美协调该供应链。当然,在此需要指出,供应链成员之间收益的分配从理论上来说是任意的,但是依然会受到契约参数的制约,参数设置主要取决于他们各自在供应链中的地位及其谈判能力。

图 3-4 和图 3-5 分别给出了当 $\theta=0.5$ 时止步临界值 t 对 VMI 供应链系统的最优决策和期望收益的影响。综合这两图可以看出,无论止步临界值 t 取何值,集成式 VMI 供应链系统最优供货量和最优努力水平都不会受到影响。然而,集成式供应链的最大收益却随 t 的增加而减少,这说明了文中性质 3.3 的结论是成立的。由此可见,对于集成式供应链而言,顾客止步行为对顾客需求带来的负面效应虽然会降低供应链的利润,但是并不改变供应链的决策行为。这是因为当随机因素 ε 服从均匀分布时,其概率密度函数满足 $g(q^0-t+t/\theta-d(e))=g(q^0-t-d(e))$,由性质 3.2 可知系统的最优决策与 t 无关。

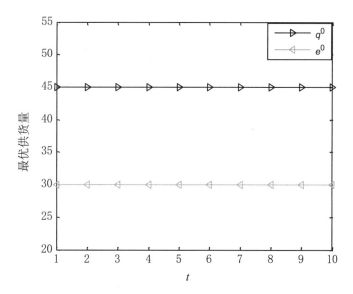

图 3-4　t 对系统最优供货量和努力水平的影响

此外,图 3-5 还表明,在分散式 VMI 供应链中,当顾客有止步行为发生时,随着止步临界值 t 不断增大,零售商及供应商的最大期望收益都在不断减少,而且零售商最大期望收益的减少速度更快,即相对于供应商,顾客止步行为对零售商造成更大的收益削减。考虑到在集中化决策情形下,顾客止步行为不影响供应链的最优决策,分散化决策情形下的供应商只有通过一定形式的转移支付,比如,成本分摊,才能诱使零售商提高订货量,从而使得供应链达到协调,这和文中性质 3.1 等结论是一致的。

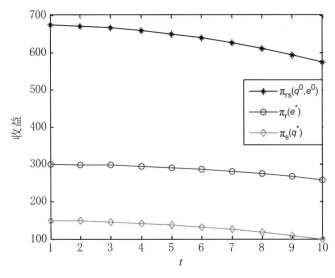

图 3-5　t 对集成和分散式供应链收益的影响

3.3　顾客止步行为下需求依赖价格的 VMI 供应链协调

在影响市场需求的所有因素中,商品的零售价格无疑是其中最关键的因素之一。现有文献大都是基于传统的供应链模型来研究需求依赖价格的供应链决策与协调问题的。Cachon[58]指出:"当不考虑缺货损失时,数量折扣契约和收益共享契约能够协调需求依赖价格的供应链,而回购契约和退货契约却不能实现该供应链的协调。"刘玉霜和张纪会[169]针对随机需求依赖价格的情况,设计一种联合契约来促进供应链协调。徐最等[170]则针对传统的回购契约不能协调需求受到价格影响下的供应链,通过引入限制性回购契约,使得零售商选择了系统最优决策。

顾客止步行为是经济生活中广泛存在的一种现象,然而顾客止步行为下的 VMI 问题鲜有学者研究。不同于以往的研究,本节首次把顾客止步行为引入需求依赖价格的 VMI 供应链中,研究消费者止步行为下需求受价格影响的 VMI 供应链协调问题,并分析了消费者止步行为对 VMI 供应链系统的最优决策及收益的影响。结果表明:仅仅依靠批发价格契约,无法协调消费者止步行为下需求依赖价格的 VMI 供应链。然而,通过引入零售商分摊滞销成本的策略,批发价格契约能够完美协调该供应链。进一步证明当随机市场需求是零售价格的加法形式时,在一定条件下VMI供应链系统的最优库存因子、最优零售价格和期望收益都随着止步临界值的增加而减小。此外,通过算例分析表明,系统的最优供货量随着止步临界值的增加而增加。

3.3.1 问题描述和参数假设

本节考虑在市场需求受零售价格影响且顾客具有止步行为的前提下,由单一供应商和零售商所组成的双层供应链在VMI模式下的协调问题。假设该VMI供应链的信息完全对称,产品市场需求随机且受零售价格影响。供应商负责给零售商供货,并对其库存商品数量进行管理,零售商负责商品销售并决定商品的零售价格,销售的单一商品具有季节性,所有未售出的商品则由供应商来处理。因为该模型是单周期的情景,所以我们不需要考虑缺货损失对长期收益的影响,即不需要考虑缺货惩罚成本。我们假定所有顾客都具有止步行为,即在整个销售期内消费者能够准确地掌握所售商品的库存情况,一旦发现该商品的库存数量达到或低于某一临界值(或阀值)$t(0 \leqslant t \leqslant q)$时,就会以概率 $\theta(0<\theta \leqslant 1)$购买该商品,或者以$1-\theta$的概率放弃购买,并在该销售周期内不会再来购买。

本节所用的其他主要参数假设如下:单位商品的批发价格为w;供应商供应单位商品的成本为c;供应商单周期的供货数量为q;剩余单位商品的残值为v;单位商品的零售价格为p,不失一般性,可设$v<c<w<p$;假设该商品在零售价格p下的市场需求为$D(p)$,其概率分布函数和概率密度函数分别为$F(x|p)$和$f(x|p)$,$F(x|p)$连续递增可微,由于市场需求是零售价格的减函数,可知$\partial F(x|p)/\partial p>0$。

令$S(q,p)$表示给定价格和供货量下顾客有止步行为发生时的期望销售量,则

$$S(q,p)=\int_0^{q-t} xf(x|p)\mathrm{d}x + \int_{q-t}^{q-t+t/\theta}[(q-t)+\theta(x-q+t)]f(x|p)\mathrm{d}x \\ + \int_{q-t+t/\theta}^{\infty} qf(x|p)\mathrm{d}x \tag{3.46}$$

式(3.46)右端第一项表示当市场需求在0到$q-t$之间的期望销售量,由于市场需求较小,库存商品的数量不会降到临界值以下,止步现象还没有发生;第二项表示当市场需求在$q-t$与$q-t+t/\theta$之间的期望销售量,当市场需求大于$q-t$时,库存商品的数量已降到临界值以下,此时将有部分止步现象发生;第

三项表示在市场需求大于 $q-t+t/\theta$ 时的期望销售量,这时虽然有止步现象发生,但由于市场需求量较大,所有的商品都可以销售完。

把式(3.46)化简,可得

$$S(q,p)=q-\int_0^{q-t}F(x|p)\mathrm{d}x-\theta\int_{q-t}^{q-t+t/\theta}F(x|p)\mathrm{d}x \tag{3.47}$$

从而有 $\partial S(q,p)/\partial p<0$。令 $I(q,p)$ 表示零售商期望的剩余量,则有

$$I(q,p)=q-S(q,p)=\int_0^{q-t}F(x|p)\mathrm{d}x+\theta\int_{q-t}^{q-t+t/\theta}F(x|p)\mathrm{d}x \tag{3.48}$$

3.3.2 模型建立和分析

3.3.2.1 集成式VMI供应链

在集成式VMI供应链中,零售商与供应商被看作一个实体的两个部分,此时做出的决策是全局最优的。因此,零售商的定价决策和供应商的供货决策服从整个供应链系统期望收益的最大化原则。此时供应链系统的期望利润可以表示为

$$\begin{aligned}\pi_{\mathrm{rs}}(q,p)&=pS(q,p)+vI(q,p)-cq\\&=(p-v)S(q,p)-(c-v)q\\&=(p-c)q-(p-v)\left[\int_0^{q-t}F(x|p)\mathrm{d}x+\theta\int_{q-t}^{q-t+t/\theta}F(x|p)\mathrm{d}x\right]\end{aligned} \tag{3.49}$$

在式(3.49)中,如果不考虑顾客的止步行为,即 $t=0$ 或 $\theta=1$ 时,则该模型就是一般形式的需求依赖于价格的供应链模型[4]。特别地,当 $t=0$ 或 $\theta=1$ 且随机市场需求是零售价格的加法形式时,本模型就是Li等[78]中的情况;当 $t=0$ 或 $\theta=1$ 且随机市场需求是零售价格的乘法形式时,本模型则是刘鹏飞和谢如鹤[86]中的情况,因此本节的研究结果更具有普适性。

给定零售价格 p,令 q^0 为供应商的最优供货量,则 q^0 需满足式 (3.50)。

$$\begin{aligned}\frac{\partial\pi_{\mathrm{rs}}(q^0,p)}{\partial q}&=(p-v)\frac{\partial S(q^0,p)}{\partial q}-(c-v)\\&=(p-c)-(p-v)\left[\theta F(q^0-t+t/\theta|p)+(1-\theta)F(q^0-t|p)\right]\\&=0\end{aligned}$$

即

$$\theta F(q^0-t+t/\theta|p)+(1-\theta)F(q^0-t|p)=\frac{p-c}{p-v} \tag{3.50}$$

给定供应商的商品供货量 q,则零售商最优零售价格 p^0 需满足如下一阶

条件
$$\frac{\partial \pi_{rs}(q,p^0)}{\partial p}=(p-v)\frac{\partial S(q,p)}{\partial p}+S(q,p^0)=0 \quad (3.51)$$

由于式(3.49)未必是凹函数,也未必是单峰的[4],故$\pi_{rs}(q,p)$的最优解(q^0,p^0)可能不止一个,但要使供应链协调,则q^0和p^0至少应该分别满足式(3.50)和式(3.51)。换言之,q^0和p^0分别满足式(3.50)和式(3.51)是供应链契约实现协调的必要条件。

3.3.2.2 分散式VMI供应链

在分散式VMI供应链中,零售商和供应商各自以期望收益最大化为准则相互独立决策,零售商决定商品零售价格,而供应商则依据商品的零售价格判断市场需求信息并决定商品库存量。由于供应商管理库存,所有滞销风险都由供应商承担,二者之间执行的实际上是批发价格契约,零售商给供应商的期望转移支付为$T=wS(q,p)$,它们的联合决策决定着供应链的绩效。

在分散式VMI供应链下,零售商和供应商的期望利润函数分别为
$$\pi_r(p)=(p-w)S(q,p)$$
$$=(p-w)q-(p-w)\left[\int_0^{q-t}F(x|p)\mathrm{d}x+\theta\int_{q-t}^{q-t+t/\theta}F(x|p)\mathrm{d}x\right] \quad (3.52)$$
$$\pi_s(q)=wS(q,p)+vI(q,p)-cq$$
$$=(w-v)S(q,p)+(v-c)q$$
$$=(w-c)q-(w-v)\left[\int_0^{q-t}F(x|p)\mathrm{d}x+\theta\int_{q-t}^{q-t+t/\theta}F(x|p)\mathrm{d}x\right] \quad (3.53)$$

令p^*表示分散式VMI供应链中零售商的最优零售价格,则p^*应满足
$$\frac{\partial \pi_r(p^*)}{\partial p}=(p-w)\frac{\partial S(q,p^*)}{\partial p}+S(q,p^*)=0 \quad (3.54)$$

对比式(3.54)和式(3.51),可以发现$\frac{\partial \pi_r(p)}{\partial p}<\frac{\partial \pi_{rs}(p)}{\partial p}$,这说明在分散式VMI模式中,$p^0$不可能是零售商的最优零售价格,即单纯的批发价契约不可能协调顾客止步行为下需求依赖于价格的VMI供应链。

接下来讨论供应商在集中决策和分散决策下最优商品库存量的关系,若记q^*为分散式VMI供应链中最优商品供货量,则有如下性质3.4成立。

性质3.4 在分散式VMI供应链中,供应商的最优商品供货量q^*小于集中决策时系统的最优供货量q^0。

证明: 求解式(3.53)关于q的一阶条件,得

$$\frac{\partial \pi_s(q^*)}{\partial q}=(w-c)-(w-v)\left[\theta F(q^*-t+t/\theta\,|\,p)+(1-\theta)F(q^*-t\,|\,p)\right]=0$$

即

$$\theta F(q^*-t+t/\theta\,|\,p)+(1-\theta)F(q^*-t\,|\,p)=\frac{w-c}{w-v} \tag{3.55}$$

因为

$$\partial\left[\theta F(q-t+t/\theta\,|\,p)+(1-\theta)F(q-t\,|\,p)\right]/\partial q$$
$$=\theta f(q-t+t/\theta\,|\,p)+(1-\theta)f(q-t\,|\,p)>0$$

所以函数 $\theta F(q-t+t/\theta\,|\,p)+(1-\theta)F(q-t\,|\,p)$ 是关于 q 的增函数，对比式(3.55)和式(3.50)，可以发现 $\frac{w-c}{w-v}<\frac{p-c}{p-v}$，故有 $q^*<q^0$。

性质3.4说明与集中决策相比，即使是零售商的商品零售价格保持不变，在分散式VMI供应链中供应商的最优供货量也将趋于保守。这是因为在单纯的批发价格契约下，零售商不承担任何的风险，滞销商品的风险完全由供应商承担，为了有效降低这种风险，供应商不得不采取降低库存水平的策略。另外，由于零售价格和供货量之间是负相关的，故当库存量下降时，零售商将会提高商品的零售价格，这一结论将在后文算例分析中得到验证。这种"双重边际化"效应导致VMI供应链效率的降低，达不到集成式系统的最优水平，为了改变VMI模式中供应商和零售商之间激励不相容的状况，提高VMI供应链成员之间的协作水平，我们将在批发价格契约的基础上，探讨顾客止步行为下需求依赖于价格的VMI供应链的协调策略。

3.3.3 VMI供应链协调

在分散式VMI供应链中，供应商需要承担整个供应链系统因商品滞销所带来的库存成本，却只获得了供应链系统的部分收益，故不能实现供应链协调。为降低供应商商品滞销的风险，促进VMI供应链的协调，可以考虑让零售商承担部分供应链的滞销成本。假设用 $m(0<m<c-v)$ 表示零售商对供应商滞销的单位商品的补贴价格，此时期望转移支付变为 $T=wS(q,p)+mI(q,p)$，零售商和供应商的期望收益分别为

$$\begin{aligned}\pi_r'(p)&=(p-w)S(q,p)-mI(q,p)\\&=(p-w+m)S(q,p)-mq\end{aligned} \tag{3.56}$$

$$\begin{aligned}\pi_s'(q) &= wS(q,p) + vI(q,p) - cq + mI(q,p) \\ &= (w-v-m)S(q,p) + (v+m-c)q \end{aligned} \quad (3.57)$$

下面我们来推导一下当契约参数 m 满足什么约束条件才能实现止步行下需求依赖于价格的 VMI 供应链协调。

对比式(3.56)和式(3.49)，对任意的 $0<\lambda<1$，令

$$\begin{cases} p-w+m = \lambda(p-v) \\ m = \lambda(c-v) \end{cases} \quad (3.58)$$

由此可得 $\pi_r'(p) = \lambda \pi_{rs}(q,p)$，则 $\pi_s'(q) = (1-\lambda)\pi_{rs}(q,p)$，即供应商和零售商的期望利润都是供应链期望利润的仿射函数。因此，当契约参数 m 满足式(3.58)时，基于滞销成本分摊的批发价格契约能够完美地协调该供应链，并且可以使供应链系统利润在零售商和供应商之间任意分配，但需要注意的是 λ 取值主要取决于供应商和零售商在供应链中的地位以及它们自身讨价还价的能力。

从上述协调结果可以看出 $\lambda = (p-w)/(p-c) = m/(c-v)$，这说明：

（1） $p-w$ 表示每销售单位商品零售商的利润，而 $p-c$ 则表示每销售单位商品供应链系统的利润，因此 λ 就可以表示每销售单位商品零售商所获得利润占供应链系统利润的比例，则 $1-\lambda$ 就表示每销售单位商品供应商所获得的利润占供应链系统利润的比例。

（2）因为 $c-v$ 表示当期未能售出的商品在供应链中的单位滞销成本，m 表示零售商给供应商滞销单位商品补贴的价格，故 $m/(c-v) = \lambda$ 就表示零售商所承担的整个供应链滞销成本的比例，则 $1-\lambda$ 就表示供应商所承担的整个供应链滞销成本的比例。

由此带给我们管理启示：基于滞销成本分摊的批发价格契约在协调顾客止步行为下需求依赖于价格的 VMI 供应链时，协调机制要求零售商和供应商需根据单位商品销售所获得的利润比例来承担滞销成本，并且要按照相同的比例分享供应链的整体利润。

3.3.4 模型优化

由上述分析可知：当随机市场需求受到零售价格影响时，单纯的批发价格契约无法协调具有止步行为的 VMI 供应链。但通过引入零售商分摊滞销成本的策略，批发价格契约能够完美协调供应链，即供应商的最优库存量和零售商的最优零售价格与 VMI 供应链系统集中决策时相等。因此，我们需要确定 VMI 供应链系统的最优零售价格 p^0 和最优供货量 q^0，使得整个供应链系统利

润最大。

假定市场需求 $D(p)$ 是零售价格 p 与随机因素 ε 的函数,其中 ε 是定义在区间 $[A,B]$ 上且独立于零售价格 p 的随机变量,ε 的概率分布函数和密度函数分别是 $G(y)$ 和 $g(y)$,$G(\cdot)$ 严格递增可微,$g(\cdot)$ 连续且 $g(\cdot)>0$。随机市场需求常用的表达式一般有加法和乘法形式[4],限于篇幅,本节仅假定市场需求是零售价格与随机因素的加法形式,即 $D(p)=d(p)+\varepsilon$,类似于文献[76-78]等的做法,我们定义 $d(p)=a-bp(a>0,b>0)$ 为加法需求下的确定性函数部分。事实上,假定市场需求是乘法形式时,利用本节的研究方法,同样可以得出类似的结论。

由 $D(p)=d(p)+\varepsilon$,可知市场需求 $D(p)$ 的概率密度函数和分布函数分别为
$$F(x|p)=G(x-d(p)), \quad f(x|p)=g(x-d(p))$$
从而有
$$\begin{aligned} S(q,p) &= q - \int_0^{q-t} G(x-d(p))\mathrm{d}x - \theta \int_{q-t}^{q-t+t/\theta} G(x-d(p))\mathrm{d}x \\ &= q - \int_A^{q-t-d(p)} G(y)\mathrm{d}y - \theta \int_{q-t-d(p)}^{q-t+t/\theta-d(p)} G(y)\mathrm{d}y \end{aligned} \quad (3.59)$$

令 $z=q-d(p)$,则 $q=z+d(p)$,故求出 z 值,即可得出零售商的库存量 q,因此不妨把 z 称之为库存因子[4],于是式(3.59)变为
$$S(q,p)=z+d(p)-\int_A^{z-t} G(y)\mathrm{d}y - \theta \int_{z-t}^{z-t+t/\theta} G(y)\mathrm{d}y \quad (3.60)$$

把上式带入式(3.49)可得供应链系统的利润函数为
$$\begin{aligned} \pi_{rs}(q,p) &= (p-v)S(q,p)-(c-v)q \\ &= (p-c)(z+d(p))-(p-v)\Lambda(z) \\ &\triangleq \pi_{rs}(z,p) \end{aligned} \quad (3.61)$$

其中 $\Lambda(z)=\int_A^{z-t} G(y)\mathrm{d}y + \theta \int_{z-t}^{z-t+t/\theta} G(y)\mathrm{d}y$,于是通过变换的库存因子就把确定最优零售价格 p^0 与供货数量 q^0 的问题就转化为确定 (p^0,z^0) 的问题。

把式(3.60)代入式(3.52)和式(3.53)可得分散式VMI供应链零售商和供应商的利润函数为
$$\begin{aligned} \pi_r(p) &= (p-w)S(q,p) \\ &= (p-w)(z+d(p))-(p-w)\Lambda(z) \end{aligned} \quad (3.62)$$
$$\begin{aligned} \pi_s(q) &= (w-v)S(q,p)+(v-c)q \\ &= (w-c)(z+d(p))-(w-v)\Lambda(z) \\ &\triangleq \pi_s(z) \end{aligned} \quad (3.63)$$

在研究需求受价格影响的文献中,通常要假设市场需求的随机因素ε具有递增失败率(IFR)[58],即令$h(y)=g(y)/[1-G(y)]$表示需求分布的失败率,则要求$dh(y)/dy>0$。本节增加了消费者的止步行为因素之后,将使零售商的决策结果变得更加复杂,为此需要把上述假设推广,定义考虑顾客止步行为的随机因素ε的失败率函数为

$$\eta(z) = \frac{\theta g(z-t+t/\theta)+(1-\theta)g(z-t)}{1-\theta G(z-t+t/\theta)-(1-\theta)G(z-t)} \tag{3.64}$$

在式(3.64)中,若令$t=0$或$\theta=1$,则$\eta(z)=h(z)$就表示通常市场需求随机因素的失败率函数。与一般需求函数的分布假设一样,考虑止步行为的随机因素ε的失败率函数也要假设是递增的,即$d\eta(z)/dz>0$。事实上,这个要求并不苛刻,可以验证很多常见的分布,如正态分布、均匀分布和指数分布等都具有该性质。

定理3.5 在加法需求情形下,$D(p)=a-bp+\varepsilon$,对任意$z\in[A+t-t/\theta,B+t]$,集成式VMI供应链系统都存在唯一的最优零售价格

$$p^0 = \frac{z+a+bc-\Lambda(z)}{2b} \tag{3.65}$$

且当$A+t-t/\theta+bc+a-2bv>0$和$d\eta(z)/dz>0$时,同时存在唯一的最优库存因子z^0满足下式:

$$\theta G(z^0-t+t/\theta)+(1-\theta)G(z^0-t) = \frac{z^0+a-bc-\Lambda(z^0)}{z^0+a+bc-2bv-\Lambda(z^0)} \tag{3.66}$$

证明: 对于给定的z值,将式(3.61)关于p分别求一阶和二阶偏导数,有

$$\frac{\partial \pi_{rs}(z,p)}{\partial p} = z+a-2bp+bc-\Lambda(z) \tag{3.67}$$

$$\frac{\partial^2 \pi_{rs}(z,p)}{\partial p^2} = -2b<0 \tag{3.68}$$

因此,对任意给定$z\in[A+t-t/\theta,B+t]$,$\pi_{rs}(z,p)$是零售价格p的严格凹函数,令$\partial \pi_{rs}(z,p)/\partial p=z+a-2bp+bc-\Lambda(z)=0$,则零售商的最优零售价格$p^0$满足式(3.65)。

把式(3.65)代入到式(3.61),得

$$\pi_{rs}(z,p(z)) = (p^0-c)[z+a-bp^0]-(p^0-v)\Lambda(z) \tag{3.69}$$

根据链式法则并利用p^0的最优性,我们有

$$\frac{\mathrm{d}\pi_{rs}(z,p(z))}{\mathrm{d}z} = \frac{\partial \pi(z,p(z))}{\partial p^0}\frac{\partial p^0}{\partial z} + \frac{\partial \pi_{rs}(z,p(z))}{\partial z}$$

$$= \frac{\partial \pi_{rs}(z,p(z))}{\partial z}$$

$$= (p^0-c)-(p^0-v)\left[\theta G(z-t+t/\theta)+(1-\theta)G(z-t)\right]$$

$$= \frac{1}{2b}(z+a-bc-\Lambda(z))$$

$$\quad -\frac{1}{2b}(z+a+bc-2bv-\Lambda(z))$$

$$\quad \left[\theta G(z-t+t/\theta)+(1-\theta)G(z-t)\right] \tag{3.70}$$

令 $R(z)=\mathrm{d}\pi_{rs}(z,p(z))/\mathrm{d}z$，则只需证明存在唯一 z^0 使得 $R(z^0)=0$，即得式 (3.66)。

因为 $R(z)$ 在 $[A+t-t/\theta, B+t]$ 连续，且

$$R(A+t-t/\theta)=\frac{A+t-t/\theta+bc+a-2bv}{2b}>0, R(B+t)=v-c<0$$

所以 $R(z)$ 在 $[A+t-t/\theta, B+t]$ 至少存在一个零点。

下证 $R(z)$ 是 $[A+t-t/\theta, B+t]$ 上的单峰函数。对 $R(z)$ 关于 z 分别求一阶和二阶偏导数，得

$$\frac{\mathrm{d}R(z)}{\mathrm{d}z}=-\frac{\rho(z)}{2b}\delta(z) \tag{3.71}$$

其中

$$\rho(z)=\left[\theta g(z-t+t/\theta)+(1-\theta)g(z-t)\right]>0$$

$$\delta(z)=(z+a+bc-2bv-\Lambda(z))-\frac{\left[1-\theta G(z-t+t/\theta)-(1-\theta)G(z-t)\right]}{\eta(z)}$$

$$\frac{\mathrm{d}^2 R(z)}{\mathrm{d}z^2}=\frac{\mathrm{d}R(z)/\mathrm{d}z}{\rho(z)}\frac{\mathrm{d}\rho(z)}{\mathrm{d}z}-\frac{\rho(z)}{2b}\frac{\mathrm{d}\delta(z)}{\mathrm{d}z}$$

因为

$$\frac{\mathrm{d}\delta(z)}{\mathrm{d}z}=\frac{1-\theta G(z-t+t/\theta)-(1-\theta)G(z-t)}{\eta^2(z)}\left[2\eta^2(z)+\frac{\mathrm{d}\eta(z)}{\mathrm{d}z}\right]$$

$$\geqslant \frac{1-\theta G(z-t+t/\theta)-(1-\theta)G(z-t+t/\theta)}{\eta^2(z)}$$

$$\quad \left[2\eta^2(z)+\frac{\mathrm{d}\eta(z)}{\mathrm{d}z}\right]$$

$$= \frac{1-G(z-t+t/\theta)}{\eta^2(z)}\left[2\eta^2(z)+\frac{\mathrm{d}\eta(z)}{\mathrm{d}z}\right]>0 \tag{3.72}$$

所以

$$\left.\frac{\mathrm{d}^2 R(z)}{\mathrm{d}z^2}\right|_{\mathrm{d}R(z)/\mathrm{d}z=0} = -\frac{\rho(z)}{2b}\frac{\mathrm{d}\delta(z)}{\mathrm{d}z} < 0 \tag{3.73}$$

这意味着$R(z)$是$[A+t-t/\theta, B+t]$上的单峰函数,所以存在唯一的最优库存因子z^0满足式(3.66)。

接下来将探讨顾客的止步行为对VMI供应链系统的影响,我们在θ取值一定的情况下研究止步临界值t对系统决策的影响。

性质 3.5 在加法需求情形下,对于给定止步概率θ和任意临界值$t \in [0,q]$,当$A+t-t/\theta+bc+a-2bv-[\theta g(A)]^{-1} > 0$,$\frac{\mathrm{d}\eta(z)}{\mathrm{d}z} > 0$和$g(z^0-t+t/\theta) \geqslant g(z^0-t)$时,集成式VMI供应链的最优库存因子$z^0$和最优零售价格$p^0$都是$t$的减函数。

证明: 令

$$H(z,t) = R(z) = \frac{1}{2b}(z+a-bc-\Lambda(z))$$
$$-\frac{1}{2b}(z+a+bc-2bv-\Lambda(z))[\theta G(z-t+t/\theta)+(1-\theta)G(z-t)]$$

则$H(z^0,t)=0$,根据隐函数求导法则,有

$$\frac{\mathrm{d}z^0}{\mathrm{d}t} = -\frac{\partial H(z^0,t)}{\partial t} \Big/ \frac{\partial H(z^0,t)}{\partial z^0}$$

由式(3.72)知

$\mathrm{d}\delta(z)/\mathrm{d}z > 0$,且 $\delta(A+t-t/\theta)=A+t-t/\theta+bc+a-2bs-[\theta g(A)]^{-1}>0$,所以对任意$z \in [A+t-t/\theta, B+t]$,都有$\delta(z)>0$,故由式(3.71)可知

$$\frac{\partial H(z^0,t)}{\partial z^0} = \frac{\mathrm{d}R(z^0)}{\mathrm{d}z^0} = -\frac{\rho(z^0)}{2b}\delta(z^0) < 0 \tag{3.74}$$

而

$$\frac{\partial H(z^0,t)}{\partial t} = \frac{1}{2b}(\theta-1)[G(z^0-t+t/\theta)-G(z^0-t)]$$
$$[1-\theta G(z^0-t+t/\theta)-(1-\theta)G(z^0-t)]$$
$$+(p^0-s)(\theta-1)[g(z^0-t+t/\theta)-g(z^0-t)]$$

因为$1-\theta G(z^0-t+t/\theta)-(1-\theta)G(z^0-t)>0$,$g(z^0-t+t/\theta)-g(z^0-t) \geqslant 0$,$G(z^0-t+t/\theta)-G(z^0-t)>0$,$(p^0-s)(\theta-1)<0$,所以$\partial H(z^0,t)/\partial t < 0$,结合式(3.74)可知

$$\frac{\mathrm{d}z^0}{\mathrm{d}t} = -\frac{\partial H(z^0,t)}{\partial t} \Big/ \frac{\partial H(z^0,t)}{\partial z^0} < 0 \tag{3.75}$$

对式(3.65)关于t求一阶导数,根据隐函数定理,我们有

$$2b\frac{\mathrm{d}p^0}{\mathrm{d}t}=\left[1-\theta G(z^0-t+t/\theta)-(1-\theta)G(z^0-t)\right]\frac{\mathrm{d}z^0}{\mathrm{d}t}$$
$$+(\theta-1)\left[G(z^0-t+t/\theta)-G(z^0-t)\right]$$

结合式(3.75)可得

$$\mathrm{d}p^0/\mathrm{d}t<0 \tag{3.76}$$

故由式(3.75)和式(3.76)可知性质3.5结论成立。

性质3.6 在加法需求情形下,当顾客有止步行为发生时,集成式VMI供应链系统的最大期望收益 $\pi_{rs}(q^0,p^0)$ 会减少。

证明: 在式(3.49)中对 $\pi_{rs}(q^0,p^0)$ 关于 t 求一阶导数,由链式法则并利用 p^0 和 q^0 的最优性,得

$$\frac{\mathrm{d}\pi_{rs}(q^0,p^0)}{\mathrm{d}t}=\frac{\partial\pi_{rs}(q^0,p^0)}{\partial t}+\frac{\partial\pi_{rs}(q^0,p^0)}{\partial p^0}\frac{\partial p^0}{\partial t}+\frac{\partial\pi_{rs}(q^0,p^0)}{\partial q^0}\frac{\partial q^0}{\partial t}$$
$$=(p^0-v)(\theta-1)\left[F(q^0-t+t/\theta|p^0)-F(q^0-t|p^0)\right]<0$$

此即表明零售商的期望收益 $\pi_{rs}(q^0,p^0)$ 随着 t 的增大而减小。

故当顾客无止步行为发生,即 $t=0$ 时, $\pi_{rs}(q^0,p^0)$ 的取值达到最大;而当 $0<t\leqslant q^0$,即顾客有止步行为发生时, $\pi_{rs}(q^0,p^0)$ 的取值要比 $t=0$ 时取值小,所以当顾客止步行为发生时,供应链系统的最大期望收益 $\pi_{rs}(q^0,p^0)$ 会减少。

性质3.6表明与没有止步行为的VMI供应链 $(t=0)$ 相比,当顾客具有止步行为时,系统最大期望收益会降低,且止步的阈值越大,降低的幅度也就越大。这是因为当顾客发生止步行为时,可能会使部分购买商品的顾客以 $1-\theta$ 的概率流失,且 t 的取值越大,流失的数量 $t(1-\theta)$ 就越多,从而导致滞销商品增加,供应链系统的最大期望收益减少。

定理3.6 在加法需求情形下,在分散式VMI供应链中,零售商与供应商的期望收益函数 $\pi_r(p)$ 和 $\pi_s(z)$ 分别是其零售价格 p 和库存因子 z 的严格凹函数,且当最优零售价格和最优库存因子 (p^*,z^*) 满足式(3.77)和式(3.78)时, $\pi_r(p^*)$ 和 $\pi_s(z^*)$ 取值最大。

$$p^*=\frac{z^*+a+bw-\Lambda(z^*)}{2b} \tag{3.77}$$

$$\theta G(z^*-t+t/\theta)+(1-\theta)G(z^*-t)=\frac{w-c}{w-v} \tag{3.78}$$

证明: 分别对式(3.52)和式(3.53)关于 p 和 z 求一阶及二阶导数,并由一阶条件可知定理3.6结论成立。

3.3.5 算例分析

假设市场需求满足加法模式 $D(p)=100-2p+\varepsilon$,其中随机因素 ε 服从 $[0,10]$ 上的均匀分布,则有 $g(y)=0.1y$,$G(y)=0.1y$。其余各参数设置如表3-6所示,不难验证,该参数设置都满足定理3.5及性质3.5的条件。

表3-6 VMI供应链契约参数设置

参数	t	θ	v	c	w	m
取值	5	0.5	3	6	12	2.3

表3-7 VMI供应链系统在分散决策和协调模式下的计算值

契约模式	零售价格	供货量	供应商收益	零售商收益	供应链收益
成本分摊批发价契约	$p^0=28.92$	$q^0=51$	241.5	793.7	1035.2
单纯批发价格契约	$p^*=31.80$	$q^*=43$	227.2	784.0	1011.2

表3-7给出了VMI供应链系统在分散决策和协调模式下的计算数值。从表3-7可以看出,顾客止步行为下需求依赖于价格的VMI供应链在分散模式下,供应商的最优库存水平低于集成式供应链系统的最优供货量,而零售商的最优零售价格却高于集成式供应链系统的最优价格,所以依靠单纯的批发价格契约无法协调供应链。然而,通过引入零售商分摊滞销成本策略和适当调整契约参数 m 值,不仅使供应链的收益达到了集中式系统的最优值,而且实现了零售商和供应商的收益的帕累托改进,使其主动参与到这种契约中来,所以这种基于滞销成本分摊的批发价格契约能够完美协调该供应链。

表3-8 t 对集成式和分散式VMI供应链的最优决策及收益的影响

t	z^0	p^0	q^0	$\pi_{rs}(z^0,p^0)$	$\pi_r(p^*)$	$\pi_s(z^*)$
1	8.856	29.22	50.41	1066.5	807.9	234.4
2	8.854	29.18	50.49	1062.6	804.9	233.5
3	8.851	29.12	50.61	1056.1	799.9	232.0
4	8.848	29.03	50.78	1046.9	792.9	229.9
5	8.843	28.92	51.00	1035.2	784.0	227.2
6	8.836	28.78	51.27	1021.0	773.1	223.9
7	8.829	28.62	51.59	1004.3	760.4	220.0
8	8.820	28.43	51.95	985.2	745.8	215.5
9	8.810	28.22	52.37	963.7	729.5	210.4
10	8.799	27.98	52.84	939.8	711.5	204.7

表3-8给出了当 $\theta=0.5$ 时止步临界值 t 对集成式和分散式VMI供应链系统的最优决策和期望收益的影响。从表3-8可以看出，止步临界值 t 越大，集成式VMI供应链系统最优库存因子和最优零售价格则越小，而系统的供货量却在逐渐增加。这是因为当顾客发生止步行为时，会使得市场实际需求下降，这时决策者一方面通过降低价格来增加市场需求，另一方面想通过增加供货量使商品的库存量不低于顾客的止步阈值，从而减少顾客止步行为的发生。从表3-8还可以看出，当顾客有止步行为发生时，随着止步临界值 t 的取值不断增大，集成式VMI供应链系统的最大期望收益不断减少，分散式VMI供应链中零售商和供应商的最大期望收益也在不断减少。这是因为，顾客止步行为的发生，使得市场的实际需求下降，决策者的降低价格策略将会使单位商品的利润降低，而决策者供货量的增加也会导致滞销成本增加，这两方面都可能会导致供应链收益的下降。

3.4 顾客止步行为下考虑质量控制的供应链协调契约

随着经济全球化的发展，市场竞争日趋激烈，消费者对产品质量水平的敏感性增加，产品的质量控制逐渐成为一个企业实现核心竞争优势的重要因素[171]。经济一体化时代，单个企业的竞争力较为薄弱，需要依靠整个供应链的协调运作来提高产品的质量水平。通过合理的契约设计，可以减少信息不对称与"双重边际化"等负面因素对供应链管理所带来的影响，有效提高供应链系统的整体收益，实现供应链协调[172]。传统企业的质量控制主要关注企业内部的产品质量管理，而供应链环境下产品的质量水平不仅与供应链成员的质量控制技术和管理水平有关，也和供应链成员的行为因素有很大的关系[173]。因此，协调质量控制的供应链契约，需考虑供应链成员普遍存在的一些行为特征，而顾客止步行为是现实经济生活中广泛存在的一种现象，所以研究顾客止步行为下考虑质量控制的供应链协调契约既有一定的理论价值，又具有十分重要的现实意义。

近年来，消费者越来越关注产品的质量问题，在某些特定的市场竞争中，很多企业正将传统的价格竞争转变为质量竞争策略[174]。例如，麦当劳和肯德基通过提供不同品种或口味的食品进行竞争，中国电信和中国移动也通过提供不同的增值功能和服务质量来争夺潜在客户，故针对产品质量控制的供应链问题的研究引起一些相关学者的关注。Balachandran和Radhakrishnan[175]研究了单边和双边道德风险的情况,通过对进货质量检验和外部损坏信息来制定对供应商产品质量缺陷的惩罚措施,进而影响供应链的质量决策。Hsieh和Liu[176]通过调查供应商和制造商在4个非合作博弈下质量投资和检验策略,揭示了质量检验和缺陷惩罚对双方均衡策略和收益的影响。Jraisat和Sawalha[177]通过问卷调查等形式说明了生鲜果蔬供应链中产品质量控制对供应链管理的重要作用。申强等[178]将研究扩展到四级供应链质量控制问题,在延期支付和提高贷款首付比例两种激励策略下运用Stackelberg博弈分析求出供应链的最优质量控制水平。朱戠等[179]从分销渠道角度考虑3种混合分销渠道中产品质量的最优控制策略问题。Hlioui等[180]在产品质量随时间随机变化环境中考虑供应商选择策略问题,利用数学公式、模拟和优化技术相结合的方法证实了动态供应商选择策略可以显著节约成本。上述文献的研究主要聚焦于产品的质量检验决策和质量控制的成本问题。此外,在供应链质量管理领域,还有一些学者研究了供应链成员间行为协调问题,利用契约或质量合同来实现供应链协调。刘强和苏秦[181]基于产品质量的合同设计综述了质量控制与协调策略的选择等问题,进一步给出了供应链质量控制与协调研究的分析框架,并指出现有研究尚未形成规模,仅涉及分析框架中的少部分内容,仍存在众多领域有待将来研究。肖迪和潘可文[182]研究利用收益共享契约协调包含质量控制的二级供应链的优势和局限,通过对收益共享契约、供应商与零售商合作、批发价格契约3种情况下供应链成员的博弈均衡比较分析,得出当销售量的变化对产品质量改进敏感程度较高时,收益共享契约的协调效果更好的结论。Ma等[183]通过合理的质量合同设计,并整合制造商的质量努力和零售商的促销努力,来达到两阶段供应链协调,进一步检验质量努力和促销努力成本的变化对供应链绩效的影响。Lee等[184]发现在质量不确定的情况下回购契约和收益共享契约不能协调供应链,但通过引入质量补偿契约就能完美协调此供应链。曹裕等[185]研究由一个供应商和一个零售商组成的供应链,建立了存在质量不确定与检查错误下的报童模型,并比较分析了检查机制、溯源机制以及组合机制(抽检-溯源)在分散式与集中式供应链中对零售商订购决策与质量控制效率的影响。王道平等[186]研究了供应链成员均为损失规避背景下的供应链质量控制与协调问题,构建了批发价格-质量成本分担下的供应链协调契约模型。单汩源等[187]则利用回购契约研究了随机需求下考虑质量控制与零售商损失规避的供应链协调契约模型问题。

回顾现有文献,众多学者对供应链中产品质量控制问题或顾客止步行为问题进行了深入研究,并取得了较为丰硕的成果,但鲜有学者将质量控制和止步行为同时纳入供应链协调问题中研究。基于此,本节假定所有顾客均具有止步行为的前提下,针对由一个风险中性的制造商与一个产品质量控制的零售商组成的二级供应链,分别探讨集中式和分散式决策下制造商的最优产品质量水平和零售商的最优订购策略,同时分析此二级供应链在回购契约下的协调情况,并构建了回购-质量成本分担契约来实现供应链协调,最后通过数值实验对止步概率和产品检验的合格率进行参数的灵敏度分析,进一步揭示了顾客止步行为和产品的质量控制对供应链的最优决策和收益的影响。

3.4.1 基本模型

3.4.1.1 问题描述与参数假设

考虑由风险中性的制造商和具有顾客止步行为的零售商组成的二级供应链,在销售季节来临前,双方签订回购契约。假设制造商将单位生产成本 c 的商品以批发价格 w 提供给零售商,零售商的订购量为 q 并以销售价格 p 出售给消费者,假定此二级供应链信息完全对称,且所有顾客均具有止步行为,即在整个销售期内消费者能够准确了解所售商品的库存情况,一旦发现该商品的库存数量达到或低于某一临界值(或阀值) $t(0 \leqslant t \leqslant q)$ 时,就会以概率 $\theta(0 < \theta \leqslant 1)$ 购买该商品,或者以 $(1-\theta)$ 的概率放弃购买,并在该销售周期内不会再来;在销售季中若出现缺货情形,则制造商和零售商的单位产品的缺货惩罚分别为 g_s 和 g_r,令 $g = g_s + g_r$;销售季末,若产品仍未售完,则由制造商以单位价格 b 进行回购,并将回购的剩余产品统一进行季末处理,且单位剩余产品的净残值为 v。不失一般性,可假设 $p > w > c > v > 0, w > b > v > 0, g_s, g_r > 0$。

为提升产品销量,制造商会采取一些相关措施来提高单位产品的质量水平 e,但要为此付出一定的质量努力成本 $h(e)$,参照刘云志和樊治平[140]等做法,不妨假设 $h(0) = 0, h'(e) > 0, h''(e) > 0$。商品的市场随机需求为 $D, E(D) = \mu$,且其条件概率分布函数和密度函数分别为 $F(x|e)$ 和 $f(x|e)$,因制造商提高产品质量水平能够提升产品的市场需求,故假设 $\partial F(x|e)/\partial e < 0$,由于消费者数量有限,需求增加的速度会逐渐变小,因此 $(\partial^2 F(x|e))/\partial e^2 > 0$。同时,为控制产品质量,零售商将对制造商生产的产品进行检测,设其产品检验的合格率为 $\delta(0 < \delta \leqslant 1)$,检验的单位成本为 m,对于检验不合格的产品,制造商需赔偿零售商的损失,设单位不合格产品的赔偿金额为 n。

假设零售商期望的销售量用 $S(q,e)$ 表示,则

$$S(q,e) = \int_0^{q\delta-t} xf(x|e)dx$$
$$+ \int_{q\delta-t}^{q\delta-t+\frac{t}{\theta}} [(q\delta-t) + \theta(x-q\delta+t)]f(x|e)dx$$
$$+ \int_{q\delta-t+\frac{t}{\theta}}^{\infty} q\delta f(x|e)dx \quad (3.79)$$

在式(3.79)右端,第一部分表示市场需求在 0 到 $q\delta-t$ 之间的销售量,因市场需求较小,没有发生止步现象;第二部分表示市场需求在 $q\delta-t$ 到 $q\delta-t+\frac{t}{\theta}$ 时的期望销售量,因市场需求增大,使得产品库存量降到临界值 t 以下,止步现象已经发生;第三部分表示市场需求大于 $q\delta-t+\frac{t}{\theta}$ 时的平均销售量,此时市场需求过大,尽管有止步现象发生,但所有商品仍然可以销售完。经整理,式(3.79)可化为

$$S(q,e) = q\delta - \int_0^{q\delta-t} F(x|e)dx - \theta \int_{q\delta-t}^{q\delta-t+\frac{t}{\theta}} F(x|e)dx \quad (3.80)$$

假设商品的期望库存量用 $I(q,e)$ 表示,则

$$I(q,e) = q\delta - S(q,e) = \int_0^{q\delta-t} F(x|e)dx + \theta \int_{q\delta-t}^{q\delta-t+\frac{t}{\theta}} F(x|e)dx \quad (3.81)$$

令 $L(q,e)$ 表示商品的期望缺货量,则

$$L(q,e) = \mu - S(q,e) = \mu - q\delta + \int_0^{q\delta-t} F(x|e)dx + \theta \int_{q\delta-t}^{q\delta-t+\frac{t}{\theta}} F(x|e)dx \quad (3.82)$$

3.4.1.2 分散决策模型

在分散式供应链中,零售商和制造商是相互独立的经济个体,分别依据期望收益最大化准则做出最优决策,零售商决定产品的最优订购量 q^*,而制造商则确定产品的最优质量水平 e^*。在分散式决策下,零售商和制造商的期望利润函数分别为

$$\pi_r(q) = pS(q,e) + bI(q,e) + nq(1-\delta) - g_r L(q,e) - wq - mq$$
$$= (p-b+g_r)S(q,e) + [n(1-\delta) - w - m + b\delta]q - g_r\mu \quad (3.83)$$
$$\pi_s(e) = (w-c)q - (b-v)I(q,e) - nq(1-\delta) - g_s L(q,e) - h(e)$$
$$= (b-v+g_s)S(q,e) + [w-c-(b-v)\delta - n(1-\delta)]$$
$$q - g_s\mu - h(e) \quad (3.84)$$

对 $\forall e \in [0, +\infty)$,分别求式(3.83)关于 q 的一阶和二阶导数,得

$$\frac{\partial \pi_r(q)}{\partial q} = (p - b + g_r)\frac{\partial S(q,e)}{\partial q} + n(1-\delta) - w - m + b\delta \qquad (3.85)$$

$$\frac{\partial^2 \pi_r(q)}{\partial q^2} = (p - b + g_r)\frac{\partial^2 S(q,e)}{\partial q^2} \qquad (3.86)$$

因为 $\frac{\partial^2 S(q,e)}{\partial q^2} = -\delta^2 [\theta f(q\delta - t + \frac{t}{\theta}|e) + (1-\theta)f(q\delta - t|e)] < 0$，且 $p - b + g_r > 0$，所以 $\frac{\partial^2 \pi_r(q)}{\partial q^2} < 0$，这表明 $\pi_r(q)$ 是关于 q 的严格凹函数，零售商存在唯一的最优订购量 q^* 需满足一阶条件 $\frac{\partial \pi_r(q)}{\partial q} = 0$，即

$$\frac{\partial S(q,e)}{\partial q}\Big|_{q=q^*} = \frac{w + m - n(1-\delta) - b\delta}{p - b + g_r} \qquad (3.87)$$

考虑到 $\frac{\partial^2 F(x|e)}{\partial e^2} > 0$，同理可得 $\frac{\partial^2 \pi_s(e)}{\partial e^2} < 0$，即给定零售商的产品订购量 q，可得制造商的最优产品质量水平 e^* 满足如下一阶条件

$$\frac{\partial \pi_s(e)}{\partial e}\Big|_{e=e^*} = (b - v + g_s)\frac{\partial S(q,e)}{\partial e}\Big|_{e=e^*} - h'(e^*) = 0 \qquad (3.88)$$

命题3.1 在分散决策下，零售商订购量的最优反应函数 $q(e)$ 是关于产品质量水平 e 的严格增函数；制造商产品质量水平的最优反应函数 $e(q)$ 也是关于订购量 q 的严格递增函数。

证明：由于零售商订购量的最优反应函数 $q(e)$ 和制造商的产品质量水平的最优反应函数 $e(q)$ 分别满足式(3.87)和式(3.88)，根据隐函数定理，有

$$\frac{\mathrm{d}q(e)}{\mathrm{d}e} = -\frac{\frac{\partial^2 \pi_r(q)}{\partial q \partial e}}{\frac{\partial^2 \pi_r(q)}{\partial q^2}} = -\frac{(p - b + g_r)\frac{\partial^2 S(q,e)}{\partial q \partial e}}{(p - b + g_r)\frac{\partial^2 S(q,e)}{\partial q^2}} = -\frac{\frac{\partial^2 S(q,e)}{\partial q \partial e}}{\frac{\partial^2 S(q,e)}{\partial q^2}} \qquad (3.89)$$

$$\frac{\mathrm{d}e(q)}{\mathrm{d}q} = -\frac{\frac{\partial^2 \pi_s(e)}{\partial q \partial e}}{\frac{\partial^2 \pi_s(e)}{\partial e^2}} = -\frac{(b - v + g_s)\frac{\partial^2 S(q,e)}{\partial q \partial e}}{\frac{\partial^2 \pi_s(e)}{\partial e^2}} \qquad (3.90)$$

注意到 $\frac{\partial^2 S(q,e)}{\partial q \partial e} = -\delta \left[\theta \frac{\partial F(q\delta - t + \frac{t}{\theta}|e)}{\partial e} + (1-\theta)\frac{\partial F(q\delta - t|e)}{\partial e} \right] > 0$，

$$\frac{\partial^2 S(q,e)}{\partial q^2}<0, \frac{\partial^2 \pi_s(e)}{\partial e^2}<0,\text{且}\, b-v+g_s>0,\text{不难得出}\, \frac{\mathrm{d}q(e)}{\mathrm{d}e}>0, \frac{\mathrm{d}e(q)}{\mathrm{d}q}>0.$$

命题3.1表明,在分散式决策下,考虑顾客止步行为的零售商的订购量与制造商产品的质量水平正相关,制造商产品质量水平的提升可以促使零售商增加订购量,零售商订购量的提高也有助于制造商提升产品的质量水平。

命题3.2 在分散决策下,对于 $\forall q \in [0,+\infty)$,都有 $\frac{\mathrm{d}e^*}{\mathrm{d}\delta}>0$。

证明: 根据隐函数定理可知

$$\frac{\mathrm{d}e^*}{\mathrm{d}\delta}=-\frac{\frac{\partial^2 \pi_s(e)}{\partial e \partial \delta}}{\frac{\partial \pi_s(e)}{\partial e^2}}\bigg|_{e=e^*} \tag{3.91}$$

其中 $\frac{\partial^2 \pi_s(e)}{\partial e \partial \delta}=-(b-v+g_s)\left[\theta q \frac{\partial F\left(q\delta-t+\frac{t}{\theta}|e\right)}{\partial e}+(1-\theta)q\frac{\partial F(q\delta-t|e)}{\partial e}\right]$,

考虑到 $\frac{\partial F(x|e)}{\partial e}<0$,故有 $\frac{\partial^2 \pi_s(e)}{\partial e \partial \delta}>0$。又因为 $\frac{\partial^2 \pi_s(e)}{\partial e^2}\big|_{e=e^*}<0$,所以 $\frac{\mathrm{d}e^*}{\mathrm{d}\delta}>0$。

命题3.2表明在给定零售商的任意订购量前提下,制造商的最优产品质量水平 e^* 与检测合格率 δ 之间呈显著的正相关关系。这说明要想提高产品的合格率,制造商需付出更高的质量水平,显然,这一结论是符合我们直觉的。

在分散式决策下,考虑顾客止步行为的零售商的最优订购量 q^* 和制造商的最优产品质量水平 e^* 为式(3.87)和式(3.88)所构成方程组的解,即

$$\begin{cases}\dfrac{\partial S(q,e)}{\partial q}=\dfrac{w+m-n(1-\delta)-b\delta}{p-b+g_r} \\ \dfrac{\partial S(q,e)}{\partial e}=\dfrac{h'(e)}{b-v+g_s}\end{cases} \tag{3.92}$$

3.4.1.3 集中决策模型

在集中决策情形下,制造商和零售商作为统一的经济个体,其目标是确定最优策略以实现整体期望利润的最大化。此时供应链系统的期望利润可以表示为

$$\begin{aligned}\pi(q,e)&=pS(q,e)+vI(q,e)-gL(q,e)-cq-h(e)-mq \\ &=(p-v+g)S(q,e)+(v\delta-c-m)q-g\mu-h(e)\end{aligned} \tag{3.93}$$

根据式(3.93),类似于式(3.87)和式(3.88)的推导,可得集中决策下零售商的

最优订购量 q^0 和制造商的最优产品质量水平 e^0 应分别满足式(3.94)和式(3.95),即

$$\frac{\partial \pi(q,e)}{\partial q} = (p-v+g)\frac{\partial S(q,e)}{\partial q} + v\delta - c - m = 0 \quad (3.94)$$

$$\frac{\partial \pi(q,e)}{\partial e} = (p-v+g)\frac{\partial S(q,e)}{\partial e} - h'(e) = 0 \quad (3.95)$$

命题3.3 在集中决策下,零售商订购量的最优反应函数 $q^0(e)$ 是关于产品质量水平 e 的严格增函数;制造商产品质量水平的最优反应函数 $e^0(q)$ 也是关于订购量 q 的严格递增函数。

命题3.3的证明与命题3.1证明类似,此处不再赘述。

命题3.4 在集中式决策情形下,对于 $\forall t \in [0, q^0]$, 至少存在一点 $\xi \in (q^0\delta - t, q^0\delta - t + \frac{t}{\theta})$, 当 $f(\xi|e) - f(q^0\delta - t + \frac{t}{\theta}|e) > 0$ 时, $\frac{\mathrm{d}q^0}{\mathrm{d}\theta} < 0$; 当 $f(\xi|e) - f(q^0\delta - t + \frac{t}{\theta}|e) = 0$ 时, $\frac{\mathrm{d}q^0}{\mathrm{d}\theta} = 0$; 当 $f(\xi|e) - f(q^0\delta - t + \frac{t}{\theta}|e) < 0$ 时, $\frac{\mathrm{d}q^0}{\mathrm{d}\theta} > 0$。

证明: 由隐函数定理可知

$$\frac{\mathrm{d}q^0}{\mathrm{d}\theta} = -\frac{\frac{\partial^2 \pi(q,e)}{\partial q \partial \theta}}{\frac{\partial^2 \pi(q,e)}{\partial q^2}}\bigg|_{q=q^0} \quad (3.96)$$

其中 $\frac{\partial^2 \pi(q,e)}{\partial q \partial \theta} = -(p-v+g)\delta\left[F\left(q\delta - t + \frac{t}{\theta}|e\right) - F(q\delta - t|e) - \frac{t}{\theta}f\left(q\delta - t + \frac{t}{\theta}|e\right)\right]$。

由拉格朗日中值定理知,至少存在一点 $\xi \in (q\delta - t, q\delta - t + \frac{t}{\theta})$, 使得

$$F\left(q\delta - t + \frac{t}{\theta}|e\right) - F(q\delta - t|e) = f(\xi|e)\frac{t}{\theta} \quad (3.97)$$

故 $\frac{\partial^2 \pi(q,e)}{\partial q \partial \theta} = -(p-v+g)\delta\frac{t}{\theta}\left[f(\xi|e) - f\left(q\delta - t + \frac{t}{\theta}|e\right)\right]$, $\xi \in (q\delta - t, q\delta - t + \frac{t}{\theta})$。

又因为 $\frac{\partial^2 \pi(q,e)}{\partial q^2}\bigg|_{q=q^0} < 0$, 所以 $\frac{\mathrm{d}q^0}{\mathrm{d}\theta}$ 与 $[f(\xi|e) - f(q^0\delta - t + \frac{t}{\theta}|e)]$ 的符号相反:

当 $f(\xi|e) - f(q^0\delta - t + \frac{t}{\theta}|e) > 0$ 时, $\frac{\mathrm{d}q^0}{\mathrm{d}\theta} < 0$, 这说明当顾客发生止步行为

时，q^0随着θ的增大而减小，系统最优订购量要大于无止步行为发生时的最优订购量。

当$f(\xi|e) - f\left(q^0\delta - t + \dfrac{t}{\theta}|e\right) = 0$时，$\dfrac{\mathrm{d}q^0}{\mathrm{d}\theta} = 0$，此时消费者的止步行为对系统的最优订购量没有影响。

当$f(\xi|e) - f\left(q^0\delta - t + \dfrac{t}{\theta}|e\right) < 0$时，$\dfrac{\mathrm{d}q^0}{\mathrm{d}\theta} > 0$，表明当顾客发生止步行为时，$q^0$随着$\theta$的增大而增大，系统最优订购量将小于无止步行为发生时的最优订购量。

命题3.4揭示了在给定任意止步临界值的前提下，零售商的最优订购量q^0与止步概率θ之间正负关系主要取决于市场随机需求的条件概率密度$f(x|e)$。

在集中决策下，考虑顾客止步行为的零售商的最优订购量q^0和制造商的最优产品质量水平e^0为式(3.94)和式(3.95)所构成方程组的解，即

$$\begin{cases} \dfrac{\partial S(q,e)}{\partial q} = \dfrac{c+m-v\delta}{p-v+g} \\ \dfrac{\partial S(q,e)}{\partial e} = \dfrac{h'(e)}{p-v+g} \end{cases} \quad (3.98)$$

命题3.5 顾客止步行为下考虑产品质量控制的二级供应链在批发价格契约下无法达到协调。

证明： 要使供应链达到协调，则需同时满足$q^* = q^0, e^* = e^0$。现假设$e^* = e^0$，则由式(3.92)和式(3.98)可得

$$\dfrac{h'(e)}{p-v+g} = \dfrac{h'(e)}{b-v+g_s} \quad (3.99)$$

此即要求$p - b + g_r = 0$。

因$p - b > 0, g_r > 0$，所以$p - b + g_r > 0$恒成立，故得出矛盾，即命题3.5成立。

3.4.2 供应链协调契约模型

基于上节分析可知，考虑顾客止步行为和产品质量控制的二级供应链在回购契约下无法达到协调，这主要是因为在分散式供应链中，制造商需要承担所有产品的质量努力成本，却只获得了供应链系统的部分收益，即制造商的边际收益低于其边际成本，导致其提升产品质量的积极性降低。为激励制造商提升

产品质量水平,实现供应链协调,考虑在传统回购契约基础上,由制造商和零售商共同承担产品质量努力成本,其中制造商分担的比例为$\lambda(0<\lambda<1)$,则零售商分担的比例为$(1-\lambda)$。在此回购-质量成本分担契约$\{w,b,\lambda\}$下,零售商和制造商的期望收益分别为

$$\begin{aligned}\pi_r(w,b,\lambda)&=pS(q,e)+bI(q,e)+nq(1-\delta)-g_rL(q,e)-wq\\&\quad-mq-(1-\lambda)h(e)\\&=(p-b+g_r)S(q,e)+[n(1-\delta)-w-m+b\delta]q\\&\quad-g_r\mu-(1-\lambda)h(e)\end{aligned}\quad(3.100)$$

$$\begin{aligned}\pi_s(w,b,\lambda)&=(w-c)q-(b-v)I(q,e)-nq(1-\delta)-g_sL(q,e)-\lambda h(e)\\&=(b-v+g_s)S(q,e)+[w-c-(b-v)\delta-n(1-\delta)]q\\&\quad-g_s\mu-\lambda h(e)\end{aligned}\quad(3.101)$$

由式(3.99)和式(3.100),可得基于成本分担的批发价格契约下零售商的最优订购量q^λ和制造商的最优产品质量水平e^λ满足下列方程组的解

$$\begin{cases}\dfrac{\partial S(q,e)}{\partial q}=\dfrac{w+m-n(1-\delta)-b\delta}{p-b+g_r}\\\dfrac{\partial S(q,e)}{\partial e}=\dfrac{\lambda h'(e)}{b-v+g_s}\end{cases}\quad(3.102)$$

命题3.6 顾客止步行为下考虑产品质量控制的二级供应链在回购-质量成本分担契约$\{w,b,\lambda\}$下可以达到协调,且w和b需满足式(3.103)。

$$\begin{cases}b=\lambda(p+g_r)+(1-\lambda)(v-g_s),\ b\in(v,w)\\w=\dfrac{(c+m-v\delta)(p-b+g_r)}{p-v+g}-m+n(1-\delta)+b\delta,\ w\in(c,p)\cap(b,p)\end{cases}\quad(3.103)$$

其中q^λ和e^λ同时满足式(3.98)和式(3.102)。

证明: 根据供应链协调定义,有$q^\lambda=q^0,e^\lambda=e^0$,故由式(3.92)和式(3.102)可得

$$\begin{cases}\dfrac{c+m-v\delta}{p-v+g}=\dfrac{w+m-n(1-\delta)-b\delta}{p-b+g_r}\\\dfrac{h'(e)}{p-v+g}=\dfrac{\lambda h'(e)}{b-v+g_s}\end{cases}\quad(3.104)$$

对方程组(3.104)求解w和b即得式(3.103)。

命题3.6给出了回购-质量成本分担契约在协调顾客止步行为下考虑产品质量控制的二级供应链时,单位产品的回购价格b与批发价格w应满足的条

件:单位产品的回购价格 b 与单位产品的批发价格、生产成本、产品的质量控制以及顾客止步行为无关,单位产品批发价格 w 也仅与模型中涉及的参数和产品的质量控制相关,与顾客止步行为无关。由此带给我们一些启示:① 在回购-质量成本分担契约下,考虑顾客止步行为与产品质量控制的二级供应链可达到协调,供应链的整体利润得到改进,且经过合理的参数设置可实现供应链双方收益的帕累托优化;② 制造商在设计回购-质量成本分担契约时,无需考虑顾客止步行为对契约参数 $\{w,b,\lambda\}$ 的影响,只需考虑模型中涉及的参数以及产品的质量控制对契约参数 $\{w,b,\lambda\}$ 的影响即可。

3.4.3 算例分析

本节将利用 MATLAB 软件对上述模型进行算例分析,具体检验回购-质量成本分担契约协调供应链的效率问题,并对顾客止步行为和产品的质量控制对供应链的最优决策和收益影响进行数值分析。类似于文献[140,186]等的做法,假设 $D=20e^{0.5}+\varepsilon$,其中 $\varepsilon \sim U[0,100]$,$h(e)=25e^2$,其余各参数设置如表 3-9 所示。

表 3-9 参数设置

参数	p	w	c	g_r	g_s	b	v	m	n	t	λ	θ	δ
取值	35	20.4	15	2	2	17	10	0.1	10	5	0.31	0.5	0.95

3.4.3.1 契约协调效果分析

根据上述建立模型,可以计算在集中决策、分散决策和引入回购-质量成本分担契约 3 种情况下的契约参数值、最优决策变量、零售商、制造商和供应链的期望收益,所得结果如表 3-10 所示。

表 3-10 不同决策模式下决策变量和期望收益比较

决策模式	e	q	$\pi_r(q)$	$\pi_s(e)$	$\pi(q,e)$
集中决策	3.60	124	—	—	1480
分散决策	1.51	108	987	330	1317
契约模式	3.60	124	1060	420	1480

从表 3-10 可以看出,在分散决策时,因双重边际化效应,导致零售商的订购量比集中决策下减少 12.9%。当供应链中引入回购-质量成本分担契约时,整个供应链的期望收益达到了集中决策下的收益,产品质量水平也由分散决策下的 1.51 提高到集中决策下的 3.60,同时制造商的期望收益提高了 27.3%,零

售商的期望收益提高了7.4%,整个供应链期望收益比分散决策时提高了12.4%。因此,回购-质量成本分担契约的实施不仅提高了整个供应链的期望收益,而且实现了制造商和零售商双方收益的帕累托优化,从而能够激励供应链双方成员主动地签订回购-质量成本分担契约。

3.4.3.2 集中和分散决策止步概率灵敏度分析

对顾客止步行为进行灵敏度分析,研究集中和分散决策模型中止步概率对供应链最优决策和收益的影响。将止步概率 θ 视为变量,进行相关的数值实验。

考察参数 θ 的变化(令 θ 从0.1变化到1)对集中和分散决策下最优产品质量水平与最优订购量的影响,数值实验的结果如图3-6和3-7所示。由图3-6和3-7可知,随着止步概率的增加,最优产品质量水平与最优订购量在集中和分散式决策下均是不变的。这是因为在随机需求是均匀分布的条件下,式(3.91)和式(3.97)中均不含有参数 θ,所以最优产品质量水平与最优订购量的取值与止步概率 θ 的变化无关。结合命题3.4的结论可知,如果市场随机需求是其他分布,如指数分布、正态分布等,最优产品质量水平与最优订购量可能会随着参数 θ 的变化而变化。

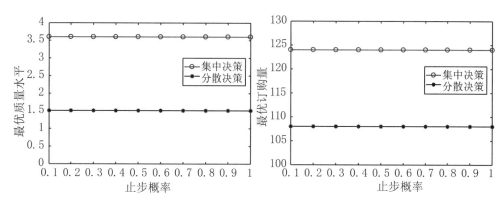

图3-6 止步概率与最优质量水平关系　　图3-7 止步概率与最优订购量关系

考察参数 θ 的变化(令 θ 从0.1变化到1)对集中和分散决策下供应链收益的影响,数值实验的结果如图3-8所示。由图3-8可知,随着止步概率的增大,集中决策下整个供应链收益以及分散决策下零售商和制造商的收益均是增加的且变化相对不敏感。这是因为,止步概率增大意味着顾客发生止步行为时,其购买产品的概率增加,进而导致供应链收益增加,但在均匀分布条件下,制造商最优产品质量水平与零售商最优订购量并没有发生变化,因此收益增加的幅度并不明显。

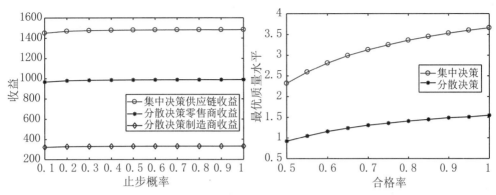

图3-8 止步概率对供应链收益的影响　　图3-9 产品合格率与最优质量水平关系

3.4.3.3 集中和分散决策产品合格率灵敏度分析

对产品的质量控制进行灵敏度分析，研究集中和分散决策模型中产品合格率对供应链最优决策和收益的影响。将产品合格率δ视为变量，进行相关的数值实验。

考察参数δ的变化(令δ从0.5变化到1)对集中和分散决策下最优产品质量水平与最优订购量的影响，算例分析的结果如图3-9和图3-10所示。从图3-9可以看出，无论是集中决策还是分散决策下，产品合格率越高，制造商的最优产品质量水平就越高，且从曲线的变化趋势上看，产品合格率对集中决策下的最优产品质量水平变化更敏感些。图3-10表明零售商的最优订购量并非随着产品合格率的提高而一直增加，二者呈现先增后降的关系，但在相同产品合格率下，零售商集中决策的最优订购量要大于分散决策下的最优订购量。当检验合格率达到某一值后，随着产品合格率的增加，零售商的最优订购量反而会有所下降，原因可能是当产品检验的合格率较高时，零售商订购产品中的不合格品的数量减少，即订购量中包含的需退货产品数量随之降低，进而导致其最优订购量的下降。此外，当产品检验合格率较高时，制造商对不合格品的赔偿减少，导致零售商对制造商产品质量控制的单位成本增加，零售商质量控制策略作用将会随之变弱。

考察参数δ的变化(令δ从0.5变化到1)对集中和分散决策下供应链收益的影响，数值分析的结果如图3-11所示。从图3-11可以看出，无论是集中决策还是分散决策，制造商、零售商和供应链的整体收益都随着检测合格率的增加而呈现上升趋势，且从曲线的变化趋势上看，产品合格率对集中决策下的供应链整体收益变化更加敏感，这一结论显然是符合常识的。

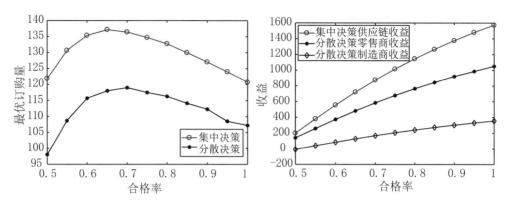

图3-10 产品合格率与最优订购量关系　　图3-11 产品合格率对供应链收益的影响

【本章小结】

顾客的止步行为在具有易逝品特征的生鲜与服装等行业中比较常见,而报童模型及其延伸的供应链模型就是易逝品经销商面对随机市场需求时的最优决策与协调模型,因此本章将二者有机结合,主要研究顾客止步行为下的供应链决策与协调问题。现将本章主要研究结论总结如下:

(1) 当顾客发生止步行为时,会导致一部分潜在的顾客流失,造成收益的下降。因此,本章首先把更加符合现实的止步惩罚引入自由分布的报童模型中,根据有无随机产出因素的影响构建出两种模型,并在市场随机需求为最坏分布的情况下,求出了零售商的最优决策,同时分别探讨了止步惩罚、缺货损失以及随机产出对零售商最优订货量的影响。对比经典报童模型,算例分析进一步验证了本章所建模型的稳健性和有效性。在随机市场需求分布未知且顾客发生止步行为下,将止步惩罚和随机产出结合在一起考虑,是对经典库存理论的一种重要的扩展和提升。

(2) 本章接着把日常生活中普遍存在的止步行为引入具有促销努力的VMI供应链中,同时考虑顾客止步行为和零售商促销努力对VMI供应链的成员决策和协调性的影响。研究发现,当随机市场需求是努力水平与随机因素的加法形式,顾客止步行为的发生将引起供应链系统的期望利润减少,然而系统的最优努力水平却不受顾客止步行为影响(系统的最优供货量大小则与市场需求随机因素的分布函数有关),并在传统的批发价格契约基础上,设计出零售商分摊滞销成本和供应商分摊促销成本的策略完美协调该供应链。再者,算例分析表明随着顾客止步临界值的增大,零售商遭受比供应商更大的利润削减,启示了通过成本分摊等策略实现供应链协调的可行性。

(3) 本章最后把顾客止步行为纳入需求依赖于价格的VMI供应链中,并研究顾客的止步行为对VMI供应链的成员决策和系统协调性的影响。结合传统的批发价格契约,提出了零售商分摊滞销成本的策略,通过设置不同的契约参数不仅能使供应链的收益达到了集中式供应链系统的最优值,而且能够帕累托改进零售商和供应商的收益。进一步地,当随机市场需求是零售价格与随机因素的加法形式时,通过定义具有止步行为需求分布的递增失败率,本章给出了供应链系统存在唯一最优的零售价格和库存因子的充分条件。最后证明了在一定条件下,VMI供应链系统的最优库存因子、最优零售价格和期望收益都随着止步临界值的增加而减小。此外,算例分析还表明了系统的最优供货量随着止步临界值的增加而增加。

(4) 本章在考虑顾客止步行为和产品质量控制的基础上研究供应链协调问题,建立集中和分散两种情形下供应链决策模型,引入回购-质量成本分担契约协调供应链,并对止步概率和产品合格率等参数进行灵敏度分析,揭示了顾客止步行为和质量控制等因素与最优产品质量水平和最优订购量之间的关系。研究结果表明,单纯的回购契约无法协调顾客止步行为下考虑质量控制的供应链,但通过引入零售商分担质量努力成本的策略后,回购-质量成本分担契约就能购完美协调此供应链。

【本章附录】

式(3.3)中 $\pi^F(Q)$ 的推导。

我们可以将式 (3.1) 等号右侧的三部分改写成如下形式:

$$\int_0^{Q-K}[pD+v(Q-D)]f(D)\mathrm{d}D-cQ$$
$$=(p-v)(\mu-Q+K)-(p-v)E(D-Q+K)^+$$
$$+(pQ-pK+vK)F(Q-K)-cQ \tag{A3.1}$$

$$\int_{Q-K}^{Q-K+K/\theta}\left[\begin{array}{c}p(Q-K+\theta(D-Q+K))+v(K-\theta(D-Q+K))\\-l_1(1-\theta)(D-Q+K)\end{array}\right]f(D)\mathrm{d}D$$
$$=(\theta p-\theta v)E(D-Q+K)^+-(\theta p-\theta v)E(D-Q+K-K/\theta)^+$$
$$-\int_{Q-K}^{Q-K+K/\theta}l_1(1-\theta)(D-Q+K)F(D)\mathrm{d}D$$
$$+(pQ-pK+vK)[1-F(Q-K)]$$
$$-pQ[1-F(Q-K+K/\theta)] \tag{A3.2}$$

$$\int_{Q-K+K/\theta}^{\infty} \left[pQ - l\theta(D-(Q-K+K/\theta)) - l_1(1-\theta)(D-Q+K) \right] f(D) \mathrm{d}D$$

$$= pQ[1 - F(Q-K+K/\theta)] - l\theta E(D-Q+K-K/\theta)^+$$

$$- \int_{Q-K+K/\theta}^{\infty} l_1(1-\theta)(D-Q+K) f(D) \mathrm{d}D \tag{A3.3}$$

将上面三式(A3.1),(A3.2)和(A3.3)相加并化简,即可得到$\pi^F(Q)$,如文中的式(3.3)所示。

第4章　基于公平偏好的供应链决策与协调研究

在传统供应链管理研究中,假设决策者通常是完全理性的,行为和心理学研究则表明,在现实社会生活中人们往往表现出公平偏好的倾向,即在分配中人们不仅关注自身的收益的绝对高低,还将选择其他一些人的收益作为参照[115]。在公平偏好的作用下,当感到自身受到不公平待遇时,人们甚至有可能会以己方利益受损为代价采取一些行动,以达到惩罚对方的目的。古人云"不患寡而患不均"(《论语·季氏》),意思是不担心分的少,而是担心分配得不够均匀,即体现了分配公平的重要性。Ruffle[188]通过最后通牒博弈研究表明,如果认为提议方的分配方案不公平,接受方就会选择拒绝该方案。Kahneman等[189]发现,在市场交易中,员工与顾客都存在公平偏好的心理,他们还证实了在很多情况下,组织也会像个体一样受到公平偏好的驱使。

目前关于公平偏好的文献基本上都是假定供应商的供应能力是无限的,在确定性市场需求或者随机市场需求下进行协调分析,很少关注到供应也有随机性的问题,而考虑供应链随机供应问题的文献大都是从零售商单独决策的角度进行分析的,并没有考虑随机供应对整个供应链系统的影响,也没有引入公平偏好行为因素,本章综合考虑公平偏好的供应链在随机供需下的决策与协调问题。传统的公平参考框架往往是以对方的收益作为公平参考点的,只考虑到收益的绝对公平,然而在现实生活中公平具有相对性,实力较强方或者贡献较大方是不会认同利益的平均分配是公平的,因此本章以Fehr和Schmidt[14]的不公平厌恶模型为基础,通过改进零售商的公平参考点来构建体现相对公平的公平偏好框架,从而更加符合实际,并以此为基础,建立随机供需下的批发价格契约模型,不仅求出零售商在不同情境下的最优订购量,而且分别探讨了零售商劣势不公平厌恶和优势不公平厌恶行为对供应链成员决策与协调的影响。

4.1 公平偏好和随机供需下供应链批发价契约研究

近十年来,不确定性环境下的供应链决策与协调问题成为研究热点之一。其中大量研究只关注了需求的随机性,而假设供应是确定的,如文献[190—193]等。事实上,在现实管理实践中,除了需求具有不确定性外,供应商供应的随机性也是不确定性的一个重要方面。比如:在农业种植和化工行业中,最终的有效产出存在一定的随机性[194];在电子和半导体制造业中,合格电子产品的产量也具有随机性[97];另外,运输配送环节也可能会发生商品的损坏,进而导致产品供应具有随机性[89]。当供应商产品供应随机时,零售商最终所获得产品数量就是不确定的。通常供应商产品供应的随机性包含两种类型[90],一种是随机产出(random yield),另一种是随机供应(random capacity)。本节主要研究供应链的随机供应问题。

本节研究了公平偏好对随机供应和随机需求下的供应链的影响。基于劣势不公平厌恶和优势不公平厌恶两种情况,建立了随机供需下的批发价格模型,求出了零售商在不同情境下的最优订购量,分析了公平偏好对零售商的最优订购量和供应链协调性的影响,理论分析的结果用算例分析得到了验证。研究表明,当零售商公平中性时,批发价契约无法协调供应链,但当零售商优势不公平厌恶程度逐渐增强时,批发价格契约可以提高供应链的整体利润并更好地协调供应链,从而推广了传统的批发价格契约协调供应链的理论和应用。

4.1.1 基本模型

本节基于传统的报童模型,考虑由单个零售商和供应商组成的二级供应链,但该供应链受到供应商随机供应的约束,即假设零售商的订购量是 q 单位,由于受到供应商产品供应能力 K(K 为随机变量)的限制,零售商实际收到的产品数量为 $Q = \min\{K, q\}$。

本节所涉及的主要参数符号规定如下:D 表示产品面临的随机市场需求,$D > 0$ 且 $E(D) = \mu$,分布函数和密度函数分别为 $F(x)$ 和 $f(x)$,其中 $F(x)$ 单调递增可微,$f(x) > 0$,$F(0) = 0$,定义 $\bar{F}(\cdot) = 1 - F(\cdot)$;$K$ 表示供应商的最大供应能力,$K > 0$ 且为随机变量,分布函数和密度函数分别为 $G(y)$ 和 $g(y)$,$G(y)$ 单调递增可微，$g(y)>0$，$G(0)=0$，定义 $\bar{G}(\cdot)=1-G(\cdot)$；$p$ 为产品的零售价格；q 为零售商的订购量；供应商的单位生产成本和零售商的单位边际成本分别为 c_s 和 c_r，且 $c=c_s+c_r<p$；α 和 β 分别表示零售商和供应商的缺货惩罚成本，令 $\gamma=\alpha+\beta$；当销售季节结束以后，假设由零售商来处理剩余产品，单位产品的净残值为 v，$v<c$。

本节假设随机变量 K 和 D 是相互独立的[90]，并用 $S(K,q)$ 表示期望销售量，$I(K,q)$ 表示期望剩余库存量，$L(K,q)$ 表示期望缺货量，则有

$$S(K,q)=E\big(\min\{D,K,q\}\big)$$
$$=\int_0^\infty \left(\int_0^{\min\{y,q\}} x\mathrm{d}F(x)+\min\{y,q\}\int_{\min\{y,q\}}^\infty \mathrm{d}F(x)\right)\mathrm{d}G(y)$$
$$=\begin{cases}\int_0^q x\mathrm{d}F(x)+q\int_q^\infty \mathrm{d}F(x) & y>q \\ \int_0^y x\mathrm{d}F(x)+y\int_y^\infty \mathrm{d}F(x) & y\leqslant q\end{cases} \quad (4.1)$$

$$I(K,q)=E\big(\min\{K,q\}-D\big)^+=E\big(\min\{K,q\}\big)-S(K,q) \quad (4.2)$$

$$L(K,q)=E\big(D-\min\{K,q\}\big)^+=\mu-S(K,q) \quad (4.3)$$

批发价格契约是比较简单的一种契约形式，这种契约形式通常会带来"双重边际化"，因此不能实现供应链的协调。但由于它比较容易管理和实施，在现实经济生活中也广泛使用。假设单位产品批发价为 w，则零售商给供应商的期望转移支付为 $T(K,q)=wE\big(\min\{K,q\}\big)$，因此

零售商的期望利润为

$$\pi_r(q)=pS(K,q)+vI(K,q)-c_rE\big(\min\{K,q\}\big)-\alpha L(K,q)$$
$$-wE\big(\min\{K,q\}\big)$$
$$=(p-v+\alpha)S(K,q)-(c_r-v+w)E\big(\min\{K,q\}\big)-\alpha\mu \quad (4.4)$$

供应商的期望利润为

$$\pi_s(q)=wE\big(\min\{K,q\}\big)-c_sE\big(\min\{K,q\}\big)-\beta L(K,q)$$
$$=(w-c_s)E\big(\min\{K,q\}\big)-\beta\mu+\beta S(K,q) \quad (4.5)$$

整个供应链的期望利润为

$$\pi(q)=(p-v+\gamma)S(K,q)-(c-v)E\big(\min\{K,q\}\big)-\gamma\mu \quad (4.6)$$

其中，$E\big(\min\{K,q\}\big)=\int_0^q yg(y)\mathrm{d}y+q\int_q^\infty g(y)\mathrm{d}y$，对 q 求偏导，显然有

$$\frac{\partial E\big(\min\{K,q\}\big)}{\partial q}=\bar{G}(q) \quad (4.7)$$

对 $S(K,q)$ 关于 q 求偏导

$$\frac{\partial S(K,q)}{\partial q} = \begin{cases} \int_q^\infty \mathrm{d}F(x), & y>q \\ 0, & y\leqslant q \end{cases} = \int_q^\infty \mathrm{d}F(x) \int_q^\infty \mathrm{d}G(y) = \bar{F}(q)\bar{G}(q) \quad (4.8)$$

令 q^0 表示供应链系统的最优订购量，即 $q^0 = \mathrm{argmax}\pi(q)$。供应链系统期望利润函数一阶条件是

$$\frac{\partial \pi(q)}{\partial q} = (p-v+\gamma)\bar{F}(q)\bar{G}(q) - (c-v)\bar{G}(q) = 0$$

不失一般性，可设 $\bar{G}(q)>0$，则由上式知 $F(q) = \dfrac{p-c+\gamma}{p-v+\gamma}$，即 $q = F^{-1}\left(\dfrac{p-c+\gamma}{p-v+\gamma}\right)$。

显然，当 $q > F^{-1}\left(\dfrac{p-c+\gamma}{p-v+\gamma}\right)$ 时 $\dfrac{\partial \pi(q)}{\partial q}<0$，当 $q < F^{-1}\left(\dfrac{p-c+\gamma}{p-v+\gamma}\right)$ 时 $\dfrac{\partial \pi(q)}{\partial q}>0$，$\pi(q)$ 是关于 q 的严格凹函数，整个供应链系统存在唯一的最优订购量

$$q^0 = F^{-1}\left(\frac{p-c+\gamma}{p-v+\gamma}\right) \quad (4.9)$$

在传统的供应链中，相当于 K 取值固定且趋于无穷，即零售商的订购量总能满足，此时整个供应链系统的存在唯一的最优订购量[58]仍然是式(4.9)。因此供应商供应的随机性并不会影响整个供应链系统的最优决策。事实上，这个结果也很容易理解，因为在随机供应能力下，整个系统订购量大于式(4.9)并不能获得更多收益，订购量小于式(4.9)可能会降低利润。

4.1.2 公平中性的情形

作为比较的标准，我们首先给出公平中性的供应链在随机供应下的批发价契约的协调问题。令 q^* 表示零售商的最优订购量，即 $q^* = \mathrm{argmax}\pi_r(q)$。供应链协调的目的是消除"双重边际化"效应，使得在分散决策下也能达到整个供应链系统利润最大化，即当 $q^* = q^0$ 时，供应链达到协调状态。

零售商的期望利润的一阶条件是

$$\frac{\partial \pi_r(q)}{\partial q} = (p-v+\alpha)\bar{F}(q)\bar{G}(q) - (c_r-v+w)\bar{G}(q) = 0 \quad (4.10)$$

仿照式(4.9)的证明由式(4.10)可得零售商唯一的最优订购量q^*满足

$$q^* = F^{-1}\left(\frac{p+\alpha-c_r-w}{p-v+\alpha}\right) \tag{4.11}$$

式(4.11)说明对于公平中性的零售商而言,供应的不确定性并不影响其最优的订购数量,Wu等[95]在不考虑缺货损失的情况下也得到类似的结论。

定理4.1 批发价格契约不能协调公平中性下随机供需的供应链。

证明: 只有当$q^* = q^0$,供应链才能协调,从式(4.9)和(4.11)不难得出

$$\begin{aligned} w &= \frac{p-v+\alpha}{p-v+\gamma}(c-v)-(c_r-v) \\ &= \frac{p-v+\alpha}{p-v+\alpha+\beta}(c-v)-(c_r-v) \\ &\leqslant (c-v)-(c_r-v) = c_s \end{aligned} \tag{4.12}$$

式(4.12)说明要满足供应链的协调要求,供应商的利润就是非正的,故此时无法实现供应链的协调。

4.1.3 公平偏好的情形

描述人们公平偏好心理的模型有很多,其中较常见的有FS模型[14],Rabin模型[115]、DK模型[117]和ERC模型[118]等。本节将以FS模型的为基础,对其做出改进。我们使用的是相对公平参考点来描述零售商的公平偏好行为,更加符合实际情况。

4.1.3.1 不公平厌恶模型

Fehr和Schmidt于1999年提出了不公平厌恶模型(简称FS模型)来描述所有参与者的公平偏好情况。该模型假定,除了纯粹利己的受试者外,还有某些受试者不喜欢不公平的结果。这种不公平既包括收入低于别人的情形,也包括收入高于别人的情形。因此,个体的效应函数不但依赖于他们自己的货币收入,还依赖于这些收入与其他人收入的差异。这一情形可以建模如下:假定由n名参与者构成的集合中,社会分配收入向量表示为$x=(x_1,x_2,\cdots,x_n)$,则参与者i的效用函数为

$$u_i(x) = x_i - a_i \frac{1}{n-1}\sum_{j=1}^{n}\max(x_j-x_i,0) - b_i\frac{1}{n-1}\sum_{j=1}^{n}\max(x_i-x_j,0), i\neq j \tag{4.13}$$

其中,a_i衡量的是参与者i对劣势不公平的厌恶程度,而b_i衡量的是参与者i对优势不公平的厌恶程度。因此,式(4.13)中的第二项和第三项分别表示劣势不

公平和优势不公平所引起效用损失。Loewenstein等[195]验证了优势不公平给参与者带来的效用损失要低于劣势不公平带来的效用损失,即$a_i \geqslant b_i$。当$b_i > 1$是不合常理的[127],因此假设$0 \leqslant b_i \leqslant 1$。当参与者的人数为2时,公式(4.13)简化为

$$u_i(x) = x_i - a_i \max(x_j - x_i, 0) - b_i \max(x_i - x_j, 0), \quad i \neq j \tag{4.14}$$

本节考虑把不公平厌恶模型应用到上述两层供应链中,考虑供应商是公平中性的,而零售商是不公平厌恶的,其劣势不公平的厌恶系数为a,优势不公平厌恶系数为b。如果式(4.14)中零售商以供应商的利润作为公平参考点,则要求的是绝对公平,这在现实中恐怕难以实现。考虑到双方地位和对整个供应链所贡献的利润不同,零售商不应该以供应商的利润作为公平参考点,而应该使用供应链利润的某一比例作为公平参考点。假设零售商应得的利润为$\theta\pi(q), 0 \leqslant \theta \leqslant 1$,以此作为零售商的公平参考点,体现的是相对公平,显然更符合现实。此时,零售商的效用函数可以写成如下分段函数的形式

$$u_r(\pi) = \begin{cases} \pi_r - a(\theta\pi - \pi_r) & \theta\pi \geqslant \pi_r \\ \pi_r + b(\theta\pi - \pi_r) & \theta\pi < \pi_r \end{cases} \tag{4.15}$$

显然,当$\theta\pi \geqslant \pi_r$时,零售商将会出现劣势不公平厌恶,对其产生负效用,此时$a \geqslant 0$,其中$a = 0$表示零售商为公平中性;当$\theta\pi < \pi_r$时,零售商的优势不公平厌恶发生负效用,此时$0 \leqslant b \leqslant 1$,其中$b = 0$表示零售商为公平中性,而$b = 1$则表明零售商具有极度优势不公平厌恶。

4.1.3.2 劣势不公平厌恶

当$\theta\pi \geqslant \pi_r$时,零售商存在劣势不公平厌恶,此时零售商的效用函数为

$$u_r(\pi) = (1+a)\pi_r - a\theta\pi, a \geqslant 0$$

把式(4.4)和式(4.6)代入上式得

$$\begin{aligned} u_r(\pi) = &[(1+a)(p-v+\alpha) - a\theta(p-v+\gamma)]S(K,q) \\ &+ [a\theta(c-v) - (1+a)(c_r-v+w)]E(\min\{K,q\}) \\ &+ [a\theta\gamma\mu - (1+a)\alpha\mu] \end{aligned} \tag{4.16}$$

定理4.2 当厌恶系数a满足$\dfrac{a}{1+a} < \dfrac{p-v+\alpha}{\theta(p-v+\gamma)}$条件时,劣势不公平厌恶的零售商在随机供应的条件下,存在唯一的最优订购量

$$q^* = F^{-1}\left(\frac{(1+a)(p+\alpha-c_r-w) - a\theta(p-c+\gamma)}{(1+a)(p-v+\alpha) - a\theta(p-v+\gamma)}\right)$$

证明: 零售商的效用函数$u_r(\pi)$关于q的一阶条件为

$$\frac{\partial u_r(\pi)}{\partial q} = [(1+a)(p-v+\alpha) - a\theta(p-v+\gamma)]\bar{F}(q)\bar{G}(q)$$
$$+ [a\theta(c-v) - (1+a)(c_r-v+w)]\bar{G}(q) = 0 \quad (4.17)$$

求解上式得零售商的订购量为

$$q^* = F^{-1}\left(\frac{(1+a)(p+\alpha-c_r-w) - a\theta(p-c+\gamma)}{(1+a)(p-v+\alpha) - a\theta(p-v+\gamma)}\right)$$

事实上,若记

$$\frac{\partial u_r(\pi)}{\partial q} = \{[(1+a)(p-v+\alpha) - a\theta(p-v+\gamma)]\bar{F}(q)$$
$$+ [a\theta(c-v) - (1+a)(c_r-v+w)]\}\bar{G}(q)$$
$$= \tau(q)\bar{G}(q)$$

则当劣势不公平的厌恶系数 a 满足 $\dfrac{a}{1+a} < \dfrac{p-v+\alpha}{\theta(p-v+\gamma)}$ 时,$\dfrac{\partial \tau(q)}{\partial q} < 0$,而 $\bar{G}(q) > 0$,故

当 $q > F^{-1}\left(\dfrac{(1+a)(p+\alpha-c_r-w) - a\theta(p-c+\gamma)}{(1+a)(p-v+\alpha) - a\theta(p-v+\gamma)}\right)$ 时,$\dfrac{\partial u_r(\pi)}{\partial q} < 0$,

当 $q < F^{-1}\left(\dfrac{(1+a)(p+\alpha-c_r-w) - a\theta(p-c+\gamma)}{(1+a)(p-v+\alpha) - a\theta(p-v+\gamma)}\right)$ 时,$\dfrac{\partial u_r(\pi)}{\partial q} > 0$。

从而 $q^* = F^{-1}\left(\dfrac{(1+a)(p+\alpha-c_r-w) - a\theta(p-c+\gamma)}{(1+a)(p-v+\alpha) - a\theta(p-v+\gamma)}\right)$ 是零售商唯一的最优订购量。

当厌恶系数 a 不满足定理 4.2 的条件时,$\dfrac{\partial \tau(q)}{\partial q} < 0$ 是不成立的,此时无法证明零售商的效用函数是 q 的严格凹函数,从而也就得不到零售商唯一的最优订购量。

性质 4.1 当厌恶系数 a 满足 $\dfrac{a}{1+a} < \dfrac{p-v+\alpha}{\theta(p-v+\gamma)}$ 条件时,劣势不公平厌恶的零售商在随机供应的情景下,其最优订购量不大于公平中性的零售商的最优订购量,且随着 a 的取值增大,其最优订购量 q^* 就越小。

证明:由链式法则,求 q^* 关于 a 的一阶导数,

$$\frac{\partial q^*}{\partial a} = \frac{\mathrm{d}F^{-1}}{\mathrm{d}x} \cdot \frac{\partial x}{\partial a}$$

其中 $x = \dfrac{(1+a)(p+\alpha-c_r-w) - a\theta(p-c+\gamma)}{(1+a)(p-v+\alpha) - a\theta(p-v+\gamma)}$

由于$F(x)$单调递增,且$F(x)$与$F^{-1}(x)$单调性相同,故$\dfrac{\mathrm{d}F^{-1}}{\mathrm{d}x}>0$,而

$$\frac{\partial x}{\partial a}=-\frac{\theta(p-v+\alpha)(w-c_s)+\theta\beta(c_r-v+w)}{[(1+a)(p-v+\alpha)-a\theta(p-v+\gamma)]^2}<0$$

由此可知$\dfrac{\partial q^*}{\partial a}=\dfrac{\mathrm{d}F^{-1}}{\mathrm{d}x}\dfrac{\partial x}{\partial a}<0$,即零售商的劣势不公平厌恶系数越高,其最优订购量$q^*$越小。

当$a=0$时即为公平中性的零售商的最优订购量,因为q^*与a负相关,从而

$$q^*=F^{-1}\left(\frac{(1+a)(p+\alpha-c_r-w)-a\theta(p-c+\gamma)}{(1+a)(p-v+\alpha)-a\theta(p-v+\gamma)}\right)\leqslant F^{-1}\left(\frac{p+\alpha-c_r-w}{p-v+\alpha}\right)$$

结合式(4.11)可知性质4.1结论成立。

性质4.1说明与只关注利润的零售商相比,劣势不公平厌恶的零售商最优订购量趋于保守。这是因为当利润低于心目中的公平参考点时,零售商会产生一种"嫉妒"的心理,于是通过减少最优订购量使供应链利润降低,同时零售商获得效用的补偿。

定理4.3 即使厌恶系数a满足$\dfrac{a}{1+a}<\dfrac{p-v+\alpha}{\theta(p-v+\gamma)}$的条件时,劣势不公平厌恶的零售商在随机供应的条件下,批发价契约仍然不能协调供应链。

证明: 若要促成供应链协调,当且仅当$q^*=q^0$,即

$$F^{-1}\left(\frac{(1+a)(p+\alpha-c_r-w)-a\theta(p-c+\gamma)}{(1+a)(p-v+\alpha)-a\theta(p-v+\gamma)}\right)=F^{-1}\left(\frac{p-c+\gamma}{p-v+\gamma}\right) \quad (4.18)$$

求解上式关于w的方程:当$a=-1$时,式(4.18)恒成立,但a的取值非负,故舍去这一情况;当$a\geqslant 0$时,解得

$$w=c_s-\frac{(c-v)}{p+\gamma-v}\beta<c_s$$

在批发价契约中,供应商的批发价格w不可能小于其单位边际成本c_s,故此时批发价契约不能协调供应链。

同毕功兵等[127]相比,本节改进了公平参考点和引入了随机供应因素,上述三个结论的成立增加了对劣势不公平厌恶系数a的限制条件。

4.1.3.3 优势不公平厌恶

当$\theta\pi<\pi_r$时,零售商存在优势不公平厌恶,此时零售商的效用函数为

$$u_r(\pi)=(1-b)\pi_r+b\theta\pi, 0\leqslant b\leqslant 1$$

把式(4.4)和式(4.6)代入上式得零售商的效用函数为

$$u_r(\pi) = [(1-b)(p-v+\alpha) + b\theta(p-v+\gamma)]S(K,q)$$
$$- [(1-b)(c_r-v+w) + b\theta(c-v)]$$
$$E(\min\{K,q\}) - [(1-b)\alpha\mu + b\theta\gamma\mu] \quad (4.19)$$

定理4.4 优势不公平厌恶的零售商在随机供应的条件下,零售商效用函数是q的严格凹函数,此时存在唯一的最优订购量q^*满足$\frac{\partial u_r(\pi)}{\partial q}\big|_{q=q^*}=0$,且

$$q^* = F^{-1}\left(\frac{(1-b)(p+\alpha-c_r-w) + b\theta(p-c+\gamma)}{(1-b)(p-v+\alpha) + b\theta(p-v+\gamma)}\right)$$

证明: 零售商的效用函数$u_r(\pi)$关于q的一阶条件为

$$\frac{\partial u_r(\pi)}{\partial q} = [(1-b)(p-v+\alpha) + b\theta(p-v+\gamma)]\bar{F}(q)\bar{G}(q)$$
$$- [(1-b)(c_r-v+w) + b\theta(c-v)]\bar{G}(q) = 0$$

求解上式得零售商的订购量为

$$q^* = F^{-1}\left(\frac{(1-b)(p+\alpha-c_r-w) + b\theta(p-c+\gamma)}{(1-b)(p-v+\alpha) + b\theta(p-v+\gamma)}\right) \quad (4.20)$$

事实上,若记

$$\frac{\partial u_r(\pi)}{\partial q} = \{[(1-b)(p-v+\alpha) + b\theta(p-v+\gamma)]\bar{F}(q)$$
$$- [(1-b)(c_r-v+w) + b\theta(c-v)]\}\bar{G}(q)$$
$$= \tau(q)\bar{G}(q)$$

则$\frac{\partial \tau(q)}{\partial q} = -[(1-b)(p-v+\alpha) + b\theta(p-v+\gamma)]f(q) < 0$,而$\bar{G}(q) > 0$,故

当$q > F^{-1}\left(\frac{(1-b)(p+\alpha-c_r-w) + b\theta(p-c+\gamma)}{(1-b)(p-v+\alpha) + b\theta(p-v+\gamma)}\right)$时,$\frac{\partial u_r(\pi)}{\partial q} < 0$,

当$q < F^{-1}\left(\frac{(1-b)(p+\alpha-c_r-w) + b\theta(p-c+\gamma)}{(1-b)(p-v+\alpha) + b\theta(p-v+\gamma)}\right)$时,$\frac{\partial u_r(\pi)}{\partial q} > 0$,

即零售商的效用函数是q的严格凹函数,且存在唯一的最优订购量q^*满足式(4.20)。

性质4.2 优势不公平厌恶的零售商在随机供应的条件下,其最优订购量不小于公平中性的零售商的最优订购量,且随着b的取值增大,其最优订购量q^*就越大。

证明: 由链式法则,求q^*关于b的一阶导数,

$$\frac{\partial q^*}{\partial b} = \frac{\mathrm{d}F^{-1}}{\mathrm{d}x}\frac{\partial x}{\partial b}$$

其中 $x = \dfrac{(1-b)(p+\alpha-c_r-w)+b\theta(p-c+\gamma)}{(1-b)(p-v+\alpha)+b\theta(p-v+\gamma)}$

由于 $F(x)$ 单调递增,且 $F(x)$ 与 $F^{-1}(x)$ 单调性相同,故 $\dfrac{\mathrm{d}F^{-1}}{\mathrm{d}x}>0$,而

$$\frac{\partial x}{\partial b} = \frac{\theta(p-v+\alpha)(w-c_s)+\theta\beta(c_r-v+w)}{\left[(1-b)(p-v+\alpha)+b\theta(p-v+\gamma)\right]^2}>0$$

由此可知 $\dfrac{\partial q^*}{\partial b} = \dfrac{\mathrm{d}F^{-1}}{\mathrm{d}x}\dfrac{\partial x}{\partial b}>0$,即零售商的优势不公平厌恶系数越高,其最优订购量 q^* 越大。

$b=0$ 时即为公平中性的零售商的最优订购量,因为 q^* 与 b 正相关,所以

$$q^* = F^{-1}\left(\frac{(1-b)(p+\alpha-c_r-w)+b\theta(p-c+\gamma)}{(1-b)(p-v+\alpha)+b\theta(p-v+\gamma)}\right) \geqslant F^{-1}\left(\frac{p+\alpha-c_r-w}{p-v+\alpha}\right)$$

由式(4.11)可知优势不公平厌恶的零售商最优订购量不小于公平中性的零售商的最优订购量。

性质4.2说明与只关注利润的零售商相比,优势不公平厌恶的零售商最优订购量将会增大。这是因为当利润高于心目中的公平参考点时,零售商会产生一种"同情"的心理,于是通过增大最优订购量使供应链利润增加,同时零售商将获得效用的补偿。

定理4.5 优势不公平厌恶的零售商在随机供应的条件下,批发价格契约也不能实现供应链的协调,但是当零售商具有极度优势不公平厌恶,即 $b=1$ 时,供应链趋于协调状态。

证明: 当且仅当 $q^* = q^0$ 时,供应链才会达到协调状态,即

$$F^{-1}\left(\frac{(1-b)(p+\alpha-c_r-w)+b\theta(p-c+\gamma)}{(1-b)(p-v+\alpha)+b\theta(p-v+\gamma)}\right) = F^{-1}\left(\frac{p-c+\gamma}{p-v+\gamma}\right) \quad (4.21)$$

求解上式关于 w 的方程可得

$$w = c_s - \frac{(c-v)}{p+\gamma-v}\beta < c_s$$

在批发价契约中,由于批发价格 w 不可能小于单位边际成本 c_s,故此时供应链无法协调。

但当 $b=1$ 时,

$$F^{-1}\left(\frac{(1-b)(p+\alpha-c_r-w)+b\theta(p-c+\gamma)}{(1-b)(p-v+\alpha)+b\theta(p-v+\gamma)}\right) = F^{-1}\left(\frac{p-c+\gamma}{p-v+\gamma}\right)$$

故对任意批发价格$w\in[c_s, p-c_r]$,都有$q^*=q^0$,即供应链趋于协调状态。

毕功兵等[127]指出只有当优势不公平厌恶系数$b=0.5$时,批发价格契约才能协调供应链,而本书的结论是只有当$b=1$时,供应链才会趋于协调状态。原因是毕功兵等[127]中零售商的公平参考点是供应商的利润,在供应链利润不变的情况下,零售商利润的增加(降低)意味着供应商利润的降低(增加),即零售商的公平参考点是变化的,而本书的公平参考点是固定的,不会因零售商和供应商利润分配的变化而改变。因此在同样的利润分配情况下,本书零售商的不公平厌恶程度只有毕功兵等[127]的一半,所以在毕功兵等[127]中,当$b=0.5$时就能实现的供应链协调,在本书只有当$b=1$时才能实现。这说明我们要根据实际情况来选择公平偏好的效用函数,因为选择的标准不同,对供应链双方的决策结果将会产生重要的影响。

4.1.4 算例分析

为了更好地说明模型的结论,下面用具体的算例对本节的结论进行验证分析。

4.1.4.1 劣势不公平厌恶

除了K的分布和θ的取值之外,本节算例参照毕功兵等[127]中的参数设置。假设市场需求服从正态分布,即$D\sim N(500,100^2)$,而$K\sim U(400,900)$;售价$p=55$;$\alpha=\beta=10$,则$\gamma=20$;$c_r=5$,$c_s=30$,则$c=35$;$v=10$;$\theta=0.5$;批发价格$w=40$。显然,对任意$a\geqslant 0$都有条件$\dfrac{a}{1+a}<\dfrac{p-v+\alpha}{\theta(p-v+\gamma)}$成立。根据公式(4.9)可得$q^0=529$,代入式(4.6)可知整个供应链系统的利润为7360。再令a取不同的数值,由定理4.2求得劣势不公平厌恶的零售商的最优订购量,代入各利润函数和效用函数得到表4-1,并绘制成图4-1、图4-2和图4-3。

由表4-1可以看出,此时为零售商为劣势不公平厌恶的情形(零售商的利润小于供应链总利润的一半)。当零售商公平中性(即$a=0$)时,$q^*=465$,此时$q^*<q^0=529$,批发价契约无法协调供应链。由图4-1和图4-2知,当a的取值从0.1增加到8时,零售商的最优订购量从465逐渐减少到362,供应链的总利润从6837.8下降到4247,这种情况显然不能协调供应链。伴随而来的是零售商的效用从2865.5下降到1577.6,下降的幅度超过零售商利润的下降幅度。结合图4-3可以看出当零售商的利润低于心目中的参考点时,随着劣势不公平厌恶程度的增加,出于"嫉妒"心理,零售商宁愿牺牲自己的利益(通过订购小于q^*的

产品导致自己利润和效用都降低)来惩罚供应商(供应商利润下降),由于供应商的利润下降地更快,使得零售商和供应商的利润差距逐渐缩小,但此时会导致供应链效率的下降(供应链利润降低)。

表4-1　零售商劣势不公平厌恶对供应链的影响

a取值	订购量	零售商利润	供应商利润	供应链利润	零售商效用
0	465	2917.6	3979.6	6897.2	—
0.1	461	2915.8	3922.0	6837.8	2865.5
0.3	454	2906.1	3818.8	6724.9	2769.1
0.7	443	2872.8	3650.4	6523.2	2600.6
1	435	2836.3	3523.0	6359.3	2493.0
1.5	425	2772.6	3357.6	6130.2	2333.9
2	416	2702.0	3203.4	5905.4	2200.5
3	402	2563.8	2953.4	5517.2	1979.6
4	391	2437.8	2749.2	5187.0	1815.0
5	382	2329.0	2578.2	4907.2	1706.2
6	375	2240.1	2442.6	4682.7	1632.6
7	368	2147.2	2304.6	4451.8	1596.6
8	362	2062.8	2184.2	4247.0	1577.6

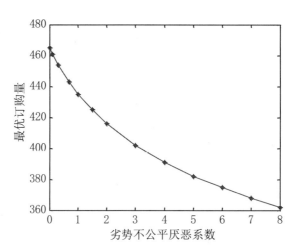

图4-1　a对最优订购量的影响

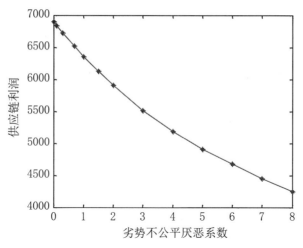

图4-2 a对供应链利润的影响

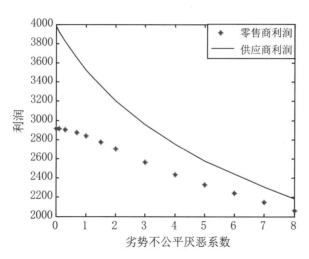

图4-3 a对零售商和供应商利润的影响

4.1.4.2 优势不公平厌恶

本小节沿用4.1.4.1节的假设,只需将零售价格提高到$p=70$,其他部分都保持不变(提高了零售价格,零售商将从原来的劣势不公平厌恶变为优势不公平厌恶)。根据公式(4.9)可得$q^0=549$,代入式(4.6)可知整个供应链系统的利润为14333。再令b取不同的值,由定理4.4求得优势不公平厌恶的零售商的最优订购量,代入各利润函数和效用函数得到表4-2,并绘制成图4-4、图4-5和图4-6。

由表4-2可以看出,此时为零售商为优势不公平厌恶的情形(零售商的利润大于供应链总利润的一半)。当零售商公平中性(即$b=0$)时,其最优订购量为

500，小于供应链系统的最优订购量549，批发价契约无法协调供应链。由图4-4和图4-5知，当b的取值从0.1逐渐增加到0.99，零售商的最优订购量则从503逐渐增加到548，供应链的总利润也从14057.2增加到14332.4，这说明当零售商具有极度优势不公平厌恶，即$b \to 1$时，供应链系统将会趋于协调状态。伴随而来的是供应商的利润在增加，而零售商的利润和效用都在下降，但是下降的幅度较小。结合图4-6可以看出当零售商的利润高于心目中的参考点时，随着优势不公平厌恶程度的增加，出于"同情"心理，零售商宁愿牺牲自己的利益(通过订购大于q^*的产品导致自己利润和效用都降低)来弥补供应商(供应商利润提高)，使得零售商和供应商的利润差距逐渐缩小，但此时有利于供应链效率的提高(供应链利润提高)。

表4-2 零售商优势不公平厌恶对供应链的影响

b取值	订购量	零售商利润	供应商利润	供应链利润	零售商效用
0	500	9618.8	4438.4	14057.2	—
0.1	503	9617.4	4474.2	14091.6	9360.2
0.2	506	9614.5	4509.2	14123.7	9103.9
0.3	509	9610.4	4544.0	14154.4	8850.4
0.4	513	9600.6	4589.4	14190.0	8598.4
0.5	517	9586.6	4633.6	14220.2	8348.4
0.6	522	9567.1	4687.8	14254.9	8103.3
0.7	527	9540.4	4740.4	14280.8	7860.4
0.8	533	9504.0	4801.8	14305.8	7623.1
0.9	540	9453.6	4870.8	14324.4	7391.3
0.93	543	9429.8	4899.8	14329.6	7323.4
0.95	545	9412.3	4918.6	14330.9	7277.8
0.99	548	9385.84	4946.56	14332.4	7188.4

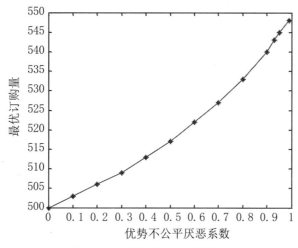

图4-4 b对最优订购量的影响

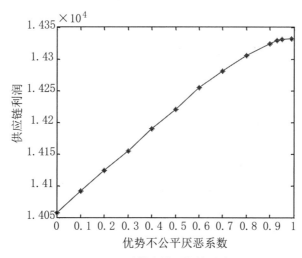

图4-5 b对供应链利润的影响

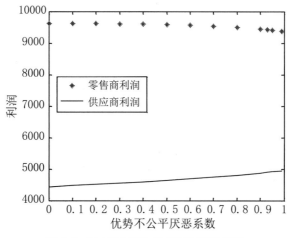

图4-6 b对零售商和供应商利润的影响

4.2 不公平厌恶和随机产出下供应链批发价格契约研究

本节研究不公平厌恶对随机需求和随机产出下的供应链的影响。基于劣势不公平厌恶和优势不公平厌恶两种情况,建立了产出和需求均为随机的批发价格模型。本节与上节的区别就在于所建的模型不同,上节研究随机供应模型,本节研究随机产出模型,但研究的方法和研究的结论具有很大的相似性。

4.2.1 基本模型

本节是在第4.1节背景下进行研究的,区别就在于本节研究的是随机产出模型,即假设零售商产品的订购量为q,但由于供应商产出的不确定性,导致零售商实际收到的产品的数量为$Q(q)=Kq$,其中K是一个取值范围在$[0,1]$的随机变量,其概率分布函数和概率密度函数分别为$G(y)$和$g(y)$,$G(y)$单调递增可微,$g(y)>0$,$G(0)=0$,$\bar{G}(\cdot)=1-G(\cdot)$。其他假设和符号说明与第4.1节相同,本节不再赘述。

本节同样假设随机变量K和D是相互独立的[90],并用$S(D,Q)$表示期望销售量,$I(D,Q)$表示期望剩余库存量,$L(D,Q)$表示期望缺货量,则有

$$S(D,Q)=E\big(\min\{D,Q\}\big)$$
$$=\int_0^1\left(\int_0^Q x\mathrm{d}F(x)+\int_Q^\infty Q\mathrm{d}F(x)\right)\mathrm{d}G(y)$$
$$=\int_0^1\left(\int_0^{yq} x\mathrm{d}F(x)+\int_{yq}^\infty yq\mathrm{d}F(x)\right)\mathrm{d}G(y)$$
$$I(D,Q)=E(Q-D)^+=qE(K)-S(D,Q)$$
$$L(D,Q)=E(D-Q)^+=\mu-S(D,Q) \tag{4.22}$$

在批发价格契约下,假设单位产品批发价格为w,则有零售商的期望利润为

$$\pi_r(q)=pS(D,Q)+vI(D,Q)-c_rE(Q)-\alpha L(D,Q)-wE(Q)$$
$$=(p-v+\alpha)S(D,Q)-(c_r-v+w)qE(K)-\alpha\mu \tag{4.23}$$

供应商的期望利润为

$$\begin{aligned}\pi_s(q) &= wE(Q) - c_s E(Q) - \beta L(D,Q) \\ &= (w-c_s)qE(K) - \beta\mu + \beta S(D,Q)\end{aligned} \quad (4.24)$$

整个供应链的期望利润为

$$\pi(q) = (p-v+\gamma)S(D,Q) - (c-v)qE(K) - \gamma\mu \quad (4.25)$$

对 $S(D,Q)$ 关于 q 求偏导

$$\frac{\partial S(D,Q)}{\partial q} = \int_0^1 y \left(\int_{qy}^{\infty} f(x)\mathrm{d}x\right)\mathrm{d}G(y) = E(K \cdot \bar{F}(Kq)) \quad (4.26)$$

令 q^0 表示供应链系统的最优订购量，即 $q^0 = \arg\max\pi(q)$。供应链系统期望利润函数一阶条件是

$$\begin{aligned}\frac{\partial \pi(q)}{\partial q} &= (p-v+\gamma)E\big(K \cdot (1-F(Kq))\big) - (c-v)E(K) \\ &= (p-c+\gamma)E(K) - (p-v+\gamma)E\big(K \cdot F(Kq)\big) \\ &= 0\end{aligned} \quad (4.27)$$

对供应链系统利润函数 $\pi(q)$ 关于 q 求二阶导

$$\frac{\partial^2 \pi(q)}{\partial q^2} = -(p-v+\gamma)\frac{\partial E(K \cdot F(Kq))}{\partial q}$$

对任意的 $K>0$，$E(K \cdot F(Kq))$ 是关于 q 单调递增函数，即 $\frac{\partial E(K \cdot F(Kq))}{\partial q} > 0$，从而 $\frac{\partial^2 \pi(q)}{\partial q^2} < 0$。因此 $\pi(q)$ 是关于 q 的严格凹函数，由式 (4.27) 可得整个供应链系统存在唯一的最优订购量 q^0 满足

$$\frac{E(K \cdot F(Kq^0))}{E(K)} = \frac{p-c+\gamma}{p-v+\gamma} \quad (4.28)$$

4.2.2 公平中性的情形

令 q^* 表示零售商的最优订购量，即 $q^* = \arg\max\pi_r(q)$。供应链协调的目的是消除"双重边际化"效应，使得在分散决策下也能达到整个供应链系统利润最大化，即当 $q^* = q^0$ 时，供应链达到协调状态。

零售商的期望利润的一阶条件是

$$\begin{aligned}\frac{\partial \pi_r(q)}{\partial q} &= (p-v+\alpha)E\big(K \cdot \bar{F}(Kq)\big) - (c_r-v+w)E(K) \\ &= -(p-v+\alpha)E\big(K \cdot F(Kq)\big) + (p+\alpha-c_r-w)E(K) \\ &= 0\end{aligned} \quad (4.29)$$

仿照式(4.28)的证明由式(4.29)可得零售商唯一的最优订购量q^*满足

$$\frac{E(K \cdot F(Kq^*))}{E(K)} = \frac{p-c_r-w+\alpha}{p-v+\alpha} \tag{4.30}$$

若要促成供应链协调,必须满足$q^*=q^0$,从式(4.28)和式(4.30)不难得出

$$\begin{aligned} w &= \frac{p-v+\alpha}{p-v+\gamma}(c-v)-(c_r-v) \\ &= \frac{p-v+\alpha}{p-v+\alpha+\beta}(c-v)-(c_r-v) \\ &\leqslant (c-v)-(c_r-v) = c_s \end{aligned} \tag{4.31}$$

式(4.31)说明要满足供应链的协调,供应商的利润就是非正的,故此时批发价格契约不能协调供应链。

4.2.3 公平偏好的情形

本节仍将使用4.1节不公平厌恶模型来描述零售商的公平偏好行为,研究公平偏好行为对具有随机产出的供应链的影响。根据式(4.15),我们同样在劣势和优势两种不公平厌恶基础上分别讨论随机供应和随机产出下的供应链决策与协调问题。

4.2.3.1 劣势不公平厌恶

当$\theta\pi \geqslant \pi_r$时,零售商是劣势不公平厌恶,则零售商的效用函数为

$$u_r(\pi) = (1+a)\pi_r - a\theta\pi, a \geqslant 0$$

把式(4.23)和式(4.25)代入上式得

$$\begin{aligned} u_r(\pi) &= [(1+a)(p-v+\alpha)-a\theta(p-v+\gamma)]S(D,Q) \\ &+ [a\theta(c-v)-(1+a)(c_r-v+w)]qE(K) \\ &+ [a\theta\gamma\mu-(1+a)\alpha\mu] \end{aligned} \tag{4.32}$$

定理4.5 当零售商的劣势不公平厌恶系数a和θ满足$\dfrac{a}{1+a} < \dfrac{p-v+\alpha}{\theta(p-v+\gamma)}$和$\theta\pi \geqslant \pi_r$条件时,零售商存在唯一的最优订购量$q^*$满足

$$\frac{E(K \cdot F(Kq^*))}{E(K)} = \frac{(1+a)(p+\alpha-c_r-w)-a\theta(p-c+\gamma)}{(1+a)(p-v+\alpha)-a\theta(p-v+\gamma)} \tag{4.33}$$

证明:零售商的效用函数$u_r(\pi)$关于q的一阶条件为

$$\frac{\partial u_r(\pi)}{\partial q} = \left[(1+a)(p-v+\alpha) - a\theta(p-v+\gamma)\right]E(K \cdot \bar{F}(Kq))$$
$$+ \left[a\theta(c-v) - (1+a)(c_r-v+w)\right]E(K)$$
$$= 0 \qquad (4.34)$$

对供应链系统利润函数 $u_r(\pi)$ 关于 q 求二阶导,

$$\frac{\partial^2 \pi(q)}{\partial q^2} = -\left[(1+a)(p-v+\alpha) - a\theta(p-v+\gamma)\right]\frac{\partial E(K \cdot F(Kq))}{\partial q}$$

对任意的 $K>0$, $E(K \cdot F(Kq))$ 是关于 q 单调递增函数,即 $\frac{\partial E(K \cdot F(Kq))}{\partial q} > 0$,故当劣势不公平的厌恶系数 a 满足 $\frac{a}{1+a} < \frac{p-v+\alpha}{\theta(p-v+\gamma)}$ 时,有 $\frac{\partial^2 \pi(q)}{\partial q^2} < 0$。因此 $u_r(\pi)$ 是关于 q 的严格凹函数,由式(4.34)可得零售商存在唯一的最优订购量 q^* 满足式(4.33)。

性质4.3 当厌恶系数 a 和 θ 满足 $\frac{a}{1+a} < \frac{p-v+\alpha}{\theta(p-v+\gamma)}$ 和 $\theta\pi \geqslant \pi_r$ 条件时,劣势不公平厌恶的零售商最优订购量不大于非劣势不公平厌恶的零售商的最优订购量,且随着 a 的取值增大,其最优订购量 q^* 就越小。

证明:对式(4.33)应用隐函数求导法则得

$$\frac{\partial\left[E(K \cdot F(Kq^*))/E(K)\right]}{\partial q^*}\frac{\partial q^*}{\partial a} = \frac{\partial x}{\partial a}$$

其中

$$x = \frac{(1+a)(p+\alpha-c_r-w) - a\theta(p-c+\gamma)}{(1+a)(p-v+\alpha) - a\theta(p-v+\gamma)}$$

由于 $\frac{\partial\left[E(K \cdot F(Kq^*))/E(K)\right]}{\partial q^*} > 0$,而

$$\frac{\partial x}{\partial a} = -\frac{\theta(p-v+\alpha)(w-c_s) + \theta\beta(c_r-v+w)}{\left[(1+a)(p-v+\alpha) - a\theta(p-v+\gamma)\right]^2} < 0$$

故 $\frac{\partial q^*}{\partial a} < 0$,即零售商的劣势不公平厌恶系数越高,其最优订购量 q^* 越小。

因为 q^* 与 a 负相关,即 a 的取值越小,零售商的最优订购量越大,而 a 的取值为非负数,故当 $a=0$ 时,零售商最优订购量最大,即劣势不公平厌恶的零售商的最优订购量不大于非劣势不公平厌恶的零售商的最优订购量。

性质4.3结论说明劣势不公平厌恶的存在会使零售商的订购量趋于保守,为激励零售商增加订购量,供应商可以采用对零售商进行补贴的方式。假设供

应商对零售商订购单位产品的补贴价格 m,则由式(4.32)知,此时零售商的期望效用为

$$u_r(\pi) = [(1+a)(p-v+\alpha) - a\theta(p-v+\gamma)]S(D,Q)$$
$$+ [a\theta(c-v) - (1+a)(c_r-v+w)]qE(K)$$
$$+ [a\theta\gamma\mu - (1+a)\alpha\mu] + mq$$

记 q_m^* 为零售商的最优订购量,类似定理4.5的证明,可得零售商的最优订购量 q_m^* 满足

$$\frac{E(K \cdot F(Kq_m^*))}{E(K)} = \frac{(1+a)(p+\alpha-c_r-w) - a\theta(p-c+\gamma) + m/E(K)}{(1+a)(p-v+\alpha) - a\theta(p-v+\gamma)}$$

对比上式和式(4.33),显然有

$$\frac{E(K \cdot F(Kq_m^*))}{E(K)} > \frac{E(K \cdot F(Kq^*))}{E(K)}$$

又因为 $\dfrac{\partial [E(K \cdot F(Kq))/E(K)]}{\partial q} > 0$,所以 $q_m^* > q^*$。

上式说明我们在制定契约时,供应商对零售商进行补贴方式可以激励零售商增加订购量,提高供应链的整体利润。

定理 4.6 即使零售商的劣势不公平厌恶系数 a 和 θ 满足 $\dfrac{a}{1+a} < \dfrac{p-v+\alpha}{\theta(p-v+\gamma)}$ 和 $\theta\pi \geq \pi_r$ 条件,批发价格契约仍不能实现供应链的协调。

证明:当且仅当 $q^* = q^0$ 时,供应链达到协调状态,从式(4.28)和式(4.33)可以看出即要满足式(4.35),

$$\frac{(1+a)(p+\alpha-c_r-w) - a\theta(p-c+\gamma)}{(1+a)(p-v+\alpha) - a\theta(p-v+\gamma)} = \frac{p-c+\gamma}{p-v+\gamma} \tag{4.35}$$

求解上式关于 w 的方程:当 $a=-1$ 时,式(4.35)恒成立,但 a 的取值非负,故舍去这一情况;当 $a \geq 0$ 时,解得

$$w = c_s - \frac{(c-v)}{p+\gamma-v}\beta < c_s$$

在批发价格契约中,供应商的批发价格 w 不可能小于其单位边际成本 c_s,故此时批发价格契约不能协调供应链。

4.2.3.2 优势不公平厌恶

当 $\theta\pi < \pi_r$ 时,零售商存在优势不公平厌恶,此时零售商的效用函数为

$$u_r(\pi) = (1-b)\pi_r + b\theta\pi, \quad 0 \leq b \leq 1$$

把式(4.23)和式(4.25)代入上式得零售商的效用函数为

$$\begin{aligned}u_r(\pi)=&[(1-b)(p-v+\alpha)+b\theta(p-v+\gamma)]S(D,Q)\\&-[(1-b)(c_r-v+w)+b\theta(c-v)]qE(K)\\&-[(1-b)\alpha\mu+b\theta\gamma\mu]\end{aligned} \quad (4.36)$$

定理4.7 当θ满足$\theta\pi<\pi_r$条件时,优势不公平厌恶的零售商的效用函数是q的严格凹函数,存在唯一的最优订购量q^*满足

$$\frac{E(K\cdot F(Kq^*))}{E(K)}=\frac{(1-b)(p+\alpha-c_r-w)+b\theta(p-c+\gamma)}{(1-b)(p-v+\alpha)+b\theta(p-v+\gamma)} \quad (4.37)$$

证明: 零售商的效用函数$u_r(\pi)$关于q的一阶条件为

$$\begin{aligned}\frac{\partial u_r(\pi)}{\partial q}=&[(1-b)(p-v+\alpha)+b\theta(p-v+\gamma)]E(K\cdot\bar{F}(Kq))\\&-[(1-b)(c_r-v+w)+b\theta(c-v)]E(K)\\=&0\end{aligned} \quad (4.38)$$

对零售商的效用函数$u_r(\pi)$关于q求二阶导

$$\frac{\partial^2\pi(q)}{\partial q^2}=-[(1-b)(p-v+\alpha)+b\theta(p-v+\gamma)]\frac{\partial E(K\cdot F(Kq))}{\partial q}$$

对任意的$K>0$,$E(K\cdot F(Kq))$是关于q单调递增函数,即$\frac{\partial E(K\cdot F(Kq))}{\partial q}>0$,而$[(1-b)(p-v+\alpha)+b\theta(p-v+\gamma)]>0$,故有$\frac{\partial^2\pi(q)}{\partial q^2}<0$。因此$u_r(\pi)$是关于$q$的严格凹函数,由式(4.38)可得零售商存在唯一的最优订购量q^*满足式(4.37)。

性质4.4 当θ满足$\theta\pi<\pi_r$条件时,优势不公平厌恶的零售商最优订购量大于等于非优势不公平厌恶的零售商的最优订购量,且随着b的取值增大,其最优订购量q^*就越大。

证明: 对式(4.37)应用隐函数求导法则得

$$\frac{\partial[E(K\cdot F(Kq^*))/E(K)]}{\partial q^*}\frac{\partial q^*}{\partial b}=\frac{\partial x}{\partial b}$$

其中

$$x=\frac{(1-b)(p+\alpha-c_r-w)+b\theta(p-c+\gamma)}{(1-b)(p-v+\alpha)+b\theta(p-v+\gamma)}$$

由于$\frac{\partial[E(K\cdot F(Kq^*))/E(K)]}{\partial q^*}>0$,而

$$\frac{\partial x}{\partial b} = \frac{\theta(p-v+\alpha)(w-c_s) + \theta\beta(c_r-v+w)}{\left[(1-b)(p-v+\alpha) + b\theta(p-v+\gamma)\right]^2} > 0$$

故 $\frac{\partial q^*}{\partial a} > 0$，即零售商的优势不公平厌恶系数越高，其最优订购量 q^* 越大。

因为 q^* 与 b 正相关，即 b 的取值越小，零售商的最优订购量越小，而 $0 \leqslant b \leqslant 1$，故当 $b=0$ 时，零售商最优订购量最小，即优势不公平厌恶的零售商最优订购量大于等于非优势不公平厌恶的零售商的最优订购量。

性质 4.4 结论说明优势不公平厌恶的存在会使零售商增加订购量，这说明优势不公平厌恶的零售商会通过牺牲自己的部分利益（参见第 4.2.4.2 节部分）来弥补供应商，此时假如供应商采取对零售商进行补贴的方式，可以激励零售商增加订购量，促进供应链的协调。

定理 4.8 当 θ 满足 $\theta\pi < \pi_r$ 条件，且零售商具有极度优势不公平厌恶的情况下，即 $b=1$ 时，单纯批发价格契约就可以实现供应链的协调。

证明：当且仅当 $q^* = q^0$，供应链才会达到协调状态，从式(4.28)和式(4.37)可以看出即要满足式(4.39)

$$\frac{(1-b)(p+\alpha-c_r-w) + b\theta(p-c+\gamma)}{(1-b)(p-v+\alpha) + b\theta(p-v+\gamma)} = \frac{p-c+\gamma}{p-v+\gamma} \quad (4.39)$$

当 $b \neq 1$ 时，求解上式关于 w 的方程可得

$$w = c_s - \frac{(c-v)}{p+\gamma-v}\beta < c_s$$

由于批发价格 w 不可能小于单位边际成本 c_s，故此时供应链无法协调。

但当零售商具有极度优势不公平厌恶，即 $b=1$ 时，式(4.39)恒成立，故对任意 $w \in [c_s, p-c_r]$，都有 $q^* = q^0$，即批发价格契约实现了供应链的协调。

毕功兵等[127]指出只有当优势不公平厌恶系数 $b=0.5$ 时，批发价格契约才能协调供应链，而本书的结论是只有当 $b=1$ 时，才能实现供应链协调，这是改进了公平参考点和引入了随机产出因素的结果。

4.2.4 算例分析

为了更好地说明模型的结论，下面用具体的算例对本节结论进行验证分析。

4.2.4.1 劣势不公平厌恶

假设某行业产品市场需求服从均匀分布，$D \sim U(100, 200)$；随机变量 K 也

服从均匀分布,即 $K \sim U[0,1]$。根据前文对模型的描述,不妨假设各参数的取值如下:售价 $p=65$；$\alpha=\beta=10$，则 $\gamma=20$；$c_r=5,c_s=20$，则 $c=25$；$v=10$；$\theta=0.6$；批发价格 $w=37$。显然,对任意 $a\geqslant 0$ 都有条件 $\dfrac{a}{1+a}<\dfrac{p-v+\alpha}{\theta(p-v+\gamma)}$ 成立。根据公式(4.28)可得供应链系统的最优订购量 $q^0=270$，代入式(4.25)求得供应链系统的利润为 2362.5。分别令 a 取不同的值,由定理4.6求得零售商的最优订购量,代入各利润函数和效用函数得到表4-3、图4-7和图4-8。

由表4-3可以看出,零售商的利润小于供应链总利润的60%,说明零售商是劣势不公平厌恶。当零售商非劣势不公平厌恶(即 $a=0$)时,其最优订购量为226,小于供应链系统的最优订购量270,批发价格契约无法协调供应链。结合图4-7和图4-8知,随着 a 的取值从0.1增加到5,零售商的最优订购量从223下降到166,供应链的总利润从2086.4下降到1010.5,劣势不公平厌恶程度的增加导致越来越偏离系统的最优订购量,也使供应链系统的利润进一步减少,这种情况明显不能协调供应链。伴随而来的是零售商的效用从743.5降为负效用,下降的幅度远超过零售商利润的下降幅度。这说明当零售商的利润低于心目中的参考点时,随着劣势不公平厌恶程度的增加,零售商宁愿牺牲自己的利益(通过订购小于 q^* 的产品导致自己利润和效用都降低)来惩罚供应商(供应商利润下降),从而导致供应链绩效的降低。

表4-3 零售商劣势不公平厌恶对供应链的影响

a取值	订购量	零售商利润	供应商利润	供应链利润	零售商效用
0	226	790.8	1329.7	2120.5	—
0.1	223	789.7	1296.7	2086.4	743.5
0.3	218	783.6	1240.9	2024.5	654.2
0.7	209	758.9	1138.5	1897.4	493.2
1	203	732.7	1068.7	1801.4	384.6
1.5	195	685.6	973.8	1659.4	220.6
2	189	641.2	901.2	1542.4	72.8
3	178	539.6	764.9	1304.5	−189.8
4	172	473.1	688.9	1162.0	−423.5
5	166	398.8	611.7	1010.5	−638.9

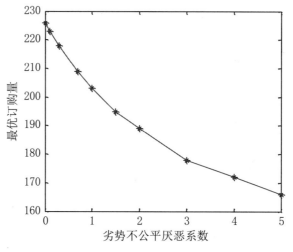

图 4-7 a 对最优订购量的影响

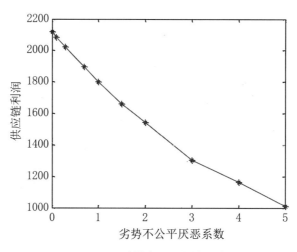

图 4-8 a 对供应链利润的影响

4.2.4.2 优势不公平厌恶

本小节沿用第 4.2.4.1 节的假设只需将批发价格降低到 $w=30$,其他部分都保持不变(降低了批发价格,将使零售商从原来的劣势不公平厌恶转化为优势不公平厌恶)。根据公式(4.28)可得 $q^0=270$,代入式(4.25)可知,供应链系统的整体利润仍然为 2362.5。令 b 取不同的值,根据定理 4.8 求得零售商的最优订购量,代入各利润函数和效用函数得到表 4-4、图 4-9 和图 4-10。

由表 4-4 可以看出,零售商的利润大于供应链系统利润 60%,说明零售商是优势不公平厌恶。当零售商非优势不公平厌恶(即 $b=0$)时,其最优订购量为 242,小于供应链系统的最优订购量 270,批发价格契约无法协调供应链。结合

图 4-9 和图 4-10 知,随着 b 的取值从 0.1 增加到 1,零售商的最优订购量从 244 逐渐增加到供应链系统的最优订购量 270,供应链的总利润也从 2278 增加到 2362.5,当零售商具有极度优势不公平厌恶,即 $b=1$ 时,供应链系统达到协调状态。伴随而来的是供应商的利润在增加,而零售商的利润和效用都在下降,但是下降的幅度较小。这说明当零售商的利润高于心目中的参考点时,随着 b 的取值增大,零售商宁愿牺牲自己的部分利益(通过订购大于 q^* 的产品导致自己的利润和效用都降低)来弥补供应商(供应商利润提高),从而有利于提高供应链的效率。

表 4-4 零售商优势不公平厌恶对供应链的影响

b 取值	订购量	零售商利润	供应商利润	供应链利润	零售商效用
0	242	1610.6	653.9	2264.5	—
0.1	244	1610.3	667.7	2278.0	1585.9
0.2	246	1609.1	681.4	2290.5	1562.1
0.3	249	1605.7	701.7	2307.4	1539.3
0.4	251	1602.4	715.0	2317.4	1517.6
0.5	254	1595.8	734.7	2330.5	1497.0
0.6	256	1590.3	747.7	2338.0	1477.8
0.7	259	1580.4	767.0	2347.4	1460.0
0.8	263	1564.2	792.2	2356.4	1443.9
0.9	266	1549.8	810.7	2360.5	1429.6
1	270	1527.5	835.0	2362.5	1417.5

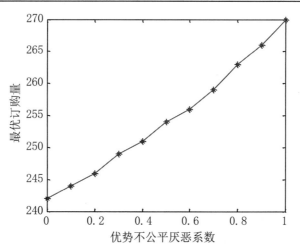

图 4-9 b 对最优订购量的影响

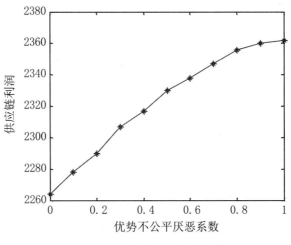

图 4-10 b 对供应链利润的影响

4.3 公平偏好的零售商在随机产出约束下的批发价契约研究

目前,关于公平偏好的文献基本上都是假定供应商的产出是无限的,在确定性市场需求或者随机市场需求下进行协调分析,很少关注到随机产出约束的问题。而考虑供应链的随机产出约束问题的文献都是从零售商单独决策的角度进行分析的,并没有考虑随机产出约束对整个供应链系统造成的影响,也没有考虑公平偏好行为的影响。本节则综合考虑公平偏好和随机产出约束对整个供应链系统的影响,以 ERC 公平偏好模型为基础,建立随机产出约束和随机需求下的批发价格契约模型,研究了零售商在公平偏好和随机产出约束条件下的最优订货策略,分析了零售商的公平偏好程度对零售商的最优订货策略的影响,并进一步研究了批发价格契约的协调问题。

4.3.1 基本模型

考虑一个零售商和一个供应商组成的两级供应链问题,零售商面对具有随机需求的销售市场,在每个销售季节开始之前开始订货,但由于一些客观条件的限制,供应商生产出的产品数量具有随机性,因此零售商实际收到的产品数是个随机变量。假设零售商的产品订购量是 q 单位,由于供应商产品的产出具有随机性,零售商实际获得的最终产品数量为 $Q(q)=Kq$,其中 K 是一个取值范围在 $(0,1]$ 的随机变量。

文中所涉及的主要参数符号规定如下:$D>0$ 表示产品面临的随机市场需求,其概率分布函数和概率密度函数分别为 $F(x)$ 和 $f(x)$,$F(x)$ 严格递增可微,$f(x)>0$,$\mu=E(D)$,$F(0)=0$,$\bar{F}(\cdot)=1-F(\cdot)$;$p$ 为产品的固定的销售价格;$K\in(0,1]$,其概率分布函数和概率密度函数分别为 $G(y)$ 和 $g(y)$,$G(y)$ 严格递增可微,$g(y)>0$,$G(0)=0$,$\bar{G}(\cdot)=1-G(\cdot)$;供应商的单位生产成本和零售商的单位边际成本分别为 c_s 和 c_r,且 $c=c_s+c_r<p$;α 和 β 分别表示零售商和供应商的缺货惩罚成本,令 $\gamma=\alpha+\beta$;在销售季节结束后,零售商会自行处理剩余产品,每单位产品的净残值为 v,$v<c$。

不失一般性,本节假设随机变量 K 和 D 相互独立。用 $S(D,Q)$ 表示零售商的期望销售量,$I(D,Q)$ 表示零售商的期望剩余库存量,$L(D,Q)$ 表示零售商的期望缺货量。则有

$$S(D,Q)=E(\min\{D,Q\})$$
$$=\int_0^1\left(\int_0^Q x\mathrm{d}F(x)+\int_Q^\infty Q\mathrm{d}F(x)\right)\mathrm{d}G(y)$$
$$=\int_0^1\left(\int_0^{yq} x\mathrm{d}F(x)+\int_{yq}^\infty yq\mathrm{d}F(x)\right)\mathrm{d}G(y)$$
$$I(D,Q)=E(Q-D)^+=qE(K)-S(D,Q)$$
$$L(D,Q)=E(D-Q)^+=\mu-S(D,Q) \tag{4.40}$$

在批发价格契约下,零售商向供应商支付单位产品批发价格为 w,零售商给供应商的期望转移支付为 $T(q)=wE(Q)$,因此

零售商的期望利润为
$$\pi_r(q)=pS(D,Q)+vI(D,Q)-c_rE(Q)-\alpha L(D,Q)-wE(Q)$$
$$=(p-v+\alpha)S(D,Q)-(c_r-v+w)qE(K)-\alpha\mu \tag{4.41}$$

供应商的期望利润为
$$\pi_s(q)=wE(Q)-c_sE(Q)-\beta L(D,Q)$$
$$=(w-c_s)qE(K)-\beta\mu+\beta S(D,Q) \tag{4.42}$$

整个供应链的期望利润为
$$\pi(q)=(p-v+\gamma)S(D,Q)-(c-v)qE(K)-\gamma\mu \tag{4.43}$$

对 $S(D,Q)$ 关于 q 求偏导
$$\frac{\partial S(D,Q)}{\partial q}=\int_0^1 y\left(\int_{qy}^\infty f(x)\mathrm{d}x\right)\mathrm{d}G(y)=E(K\cdot\bar{F}(Kq)) \tag{4.44}$$

令 q^0 表示供应链系统的最优订购量,即 $q^0 = \mathrm{argmax}\pi(q)$。供应链系统期望利润函数一阶条件是

$$\begin{aligned}\frac{\partial \pi(q)}{\partial q} &= (p-v+\gamma)E\big(K\cdot(1-F(Kq))\big)-(c-v)E(K) \\ &= (p-c+\gamma)E(K)-(p-v+\gamma)E\big(K\cdot F(Kq)\big) \\ &= 0\end{aligned} \quad (4.45)$$

对供应链系统利润函数 $\pi(q)$ 关于 q 求二阶导

$$\frac{\partial^2 \pi(q)}{\partial q^2} = -(p-v+\gamma)\frac{E\big(K\cdot F(Kq)\big)}{\partial q}$$

对任意的 $K>0$,$E\big(K\cdot F(Kq)\big)$ 是关于 q 严格递增函数,即 $\dfrac{E\big(K\cdot F(Kq)\big)}{\partial q}>0$,从而 $\dfrac{\partial^2 \pi(q)}{\partial q^2}<0$。因此 $\pi(q)$ 是关于 q 的严格凹函数,由式(4.45)可得整个供应链系统存在唯一的最优订购量 q^0 满足

$$\frac{E\big(K\cdot F(Kq^0)\big)}{E(K)} = \frac{p-c+\gamma}{p-v+\gamma} \quad (4.46)^{①}$$

4.3.2 公平中性的情形

作为比较的标准,我们首先给出公平中性下的供应链在随机产出约束下的批发价格契约的协调问题。令 q^* 表示零售商的最优订购量,即 $q^* = \mathrm{argmax}\pi_r(q)$。供应链协调的目的是消除"双重边际化"效应,使得在分散决策下也能达到整个供应链系统利润最大化,即当 $q^* = q^0$ 时,供应链达到协调状态。

零售商的期望利润的一阶条件是

$$\begin{aligned}\frac{\partial \pi_r(q)}{\partial q} &= (p-v+\alpha)E\big(K\cdot \bar{F}(Kq)\big)-(c_r-v+w)E(K) \\ &= -(p-v+\alpha)E\big(K\cdot F(Kq)\big)+(p+\alpha-c_r-w)E(K) \\ &= 0\end{aligned} \quad (4.47)$$

类似式(4.46)的证明可得零售商唯一的最优订购量 q^* 满足

---

① 在产出确定(即 $K=1$)的情况下,零售商的订购量总能满足,式(4.46)就退化成传统的供应链系统唯一的最优订购量[127]。这说明传统的供应链是我们研究具有随机产出约束的供应链的一种特例。

$$\frac{E(K \cdot F(Kq^*))}{E(K)} = \frac{p - c_r - w + \alpha}{p - v + \alpha} \tag{4.48}$$

命题 4.1 公平中性的供应链在随机产出约束的条件下，批发价格契约仍然不能实现供应链的协调。

证明： 若要促成供应链协调，必须满足 $q^* = q^0$，从式(4.46)和式(4.48)不难得出

$$w = \frac{p - v + \alpha}{p + \gamma - v}(c - v) - (c_r - v) \tag{4.49}$$

由式(4.49)可知 $w \leqslant c_s$，即要实现供应链的协调，必须要求供应商的利润是非正的，但是在现实的经济生活中，供应商要获得利润，都会收取高于生产成本的批发价格，故此时无法实现供应链协调。

命题4.1说明引入随机产出约束的条件并不会改变传统的批发价格契约不能协调供应链的结果，原因是通过式(4.46)和式(4.48)可知随机产出约束可能会导致零售商的最优订购量增加，但同时整个供应链系统最优订购量也要增加，二者增加的幅度相同，因此并不会改变批发价契约所造成的"双重边际化"效应。

4.3.3 公平偏好的情形

描述公平偏好心理的模型主要有FS模型[14]、DK模型[117]、Rabin模型[115]和ERC模型[118]等，本节将在ERC模型的基础上，建立具有随机产出约束和随机需求下的批发价契约模型。

Bolton和Ockenfels[118]提出的ERC公平偏好模型指出，博弈的参与者不仅关注绝对收益，还会考虑到公平，公平偏好使得参与者将自身的收益与所有参与者的平均收益相比较，进而影响博弈均衡的结果。当博弈参与的局中人只有两个时，局中人 i 既考虑绝对收益又具有公平偏好的效用函数为

$$u_i = a_i x_i - b_i \left(x_i - \frac{x_i + x_j}{2} \right) \tag{4.50}$$

其中，x_i 和 x_j 表示两个参与者的绝对收益，a_i 和 b_i 分别表示参与者 i 对自身绝对收益和相对公平的关注程度。$b_i \geqslant 0$，若 $b_i = 0$ 表示参与者是完全自利主义者。$a_i > 0$，若 $a_i = 0$ 则表示参与者是完全的公平主义者。用 b_i/a_i 来说明参与者 i 的公平偏好程度，b_i/a_i 越小则表明参与者越自利，越不具有公平偏好；b_i/a_i 越大则表明参与者越关注公平。

ERC公平偏好模型从博弈论的角度验证了现实中人们通常具有公平偏好,本节将继续拓展它的应用,将此模型加入具有随机产出约束的供应链中,实现其在现实经济生活中的应用。假设零售商是公平偏好的,用 a 和 b 分别表示零售商对自身收益和对公平的关注程度,零售商的效用函数用下式表示

$$u_r(\pi) = a\pi_r - b(\pi_r - \frac{\pi}{2}) \tag{4.51}$$

记 $\theta = b/a$ 来说明参与者 i 的公平偏好,$\theta \in [0, \infty)$,θ 越大则表明参与者越关注公平,越具有公平偏好;θ 越小则表明参与者越自利,越不具有公平偏好。

把式(4.41)和式(4.43)代入式(4.51)得零售商的效用函数为

$$\begin{aligned} u_r(\pi) = & [(a-b)(p-v+\alpha) + b(p-v+\gamma)/2] S(D, Q) \\ & - [(a-b)(c_r - v + w) + b(c-v)/2] q E(K) \\ & - [(a-b)\alpha\mu + b\gamma\mu/2] \end{aligned} \tag{4.52}$$

命题 4.2 公平偏好的零售商在随机产出约束条件下,当 $0 \leqslant \theta < \dfrac{2(p-v+\alpha)}{p-v-\gamma+2\alpha}$ 时,零售商的效用函数是 q 的严格凹函数,存在唯一的最优订购量 q^* 且满足下式

$$\frac{E(K \cdot F(Kq^*))}{E(K)} = \frac{(1-\theta)(p+\alpha-c_r-w) + \theta(p-c+\gamma)/2}{(1-\theta)(p-v+\alpha) + \theta(p-v+\gamma)/2} \tag{4.53}$$

证明: 零售商的效用函数 $u_r(\pi)$ 关于 q 的一阶条件为

$$\begin{aligned} \frac{\partial u_r(\pi)}{\partial q} = & [(a-b)(p-v+\alpha) + b(p-v+\gamma)/2] E(K \cdot \bar{F}(Kq)) \\ & - [(a-b)(c_r - v + w) + b(c-v)/2] E(K) \\ = & 0 \end{aligned} \tag{4.54}$$

对零售商的效用函数 $u_r(\pi)$ 关于 q 求二阶导

$$\frac{\partial^2 \pi(q)}{\partial q^2} = -[(a-b)(p-v+\alpha) + b(p-v+\gamma)/2] \frac{E(K \cdot F(Kq))}{\partial q}$$

对任意的 $K > 0$,$E(K \cdot F(Kq))$ 是关于 q 严格增函数,即 $\dfrac{E(K \cdot F(Kq))}{\partial q} > 0$,而当 $0 \leqslant \theta < \dfrac{2(p-v+\alpha)}{p-v-\gamma+2\alpha}$ 时,有 $[(1-b)(p-v+\alpha) + b\theta(p-v+\gamma)] > 0$,故有 $\dfrac{\partial^2 \pi(q)}{\partial q^2} < 0$。因此 $u_r(\pi)$ 是关于 q 的严格凹函数,求解式(4.54)可得零售商存在唯一的最优订购量 q^* 满足式(4.53)。

性质 4.5 公平偏好的零售商在随机产出约束条件下,当 $0 \leqslant \theta <$

$\dfrac{2(p-v+\alpha)}{p-v-\gamma+2\alpha}$ 时,零售商最优订购量大于等于公平中性的零售商的最优订购量,且 θ 越大,即零售商的公平偏好程度越高,其最优订购量 q^* 就越大。

证明: 对式(4.53)应用隐函数求导法则得

$$\frac{\partial\left[E(K\cdot F(Kq^*))/E(K)\right]}{\partial q^*}\frac{\partial q^*}{\partial \theta}=\frac{\partial x}{\partial \theta} \tag{4.55}$$

其中

$$x=\frac{(1-\theta)(p+\alpha-c_r-w)+\theta(p-c+\gamma)/2}{(1-\theta)(p-v+\alpha)+\theta(p-v+\gamma)/2}$$

而

$$\frac{\partial x}{\partial \theta}=\frac{(w-c_s+\beta)(p-v+\gamma)-\beta(p-c+\gamma)}{2[(1-\theta)(p-v+\alpha)+\theta(p-v+\gamma)/2]^2} \tag{4.56}$$

因为 $w-c_s+\beta>\beta$,$p-v+\gamma>p-c+\gamma$,故 $(w-c_s+\beta)(p-v+\gamma)-\beta(p-c+\gamma)>0$,所以 $\dfrac{\partial x}{\partial \theta}>0$,又因为 $\dfrac{\partial\left[E(K\cdot F(Kq^*))/E(K)\right]}{\partial q^*}>0$,故由式(4.55)得 $\dfrac{\partial q^*}{\partial \theta}>0$,即最优订购量 q^* 是 θ 的增函数,因此 θ 越大,即零售商越关注公平,最优订购量越大。

$\theta=0$(即 $b=0$)时即为公平中性的零售商的最优订购量,因为 q^* 与 θ 正相关,从而

$$q^*=F^{-1}\left(\frac{(1-\theta)(p+\alpha-c_r-w)+\theta(p-c+\gamma)/2}{(1-\theta)(p-v+\alpha)+\theta(p-v+\gamma)/2}\right)\geqslant F^{-1}\left(\frac{p+\alpha-c_r-w}{p-v+\alpha}\right)$$

此即公平偏好的零售商最优订购量大于等于公平中性的零售商的最优订购量。

性质 4.5 说明与只关注利润的零售商相比,公平偏好的零售商最优订购量将会增大,且零售商越关注公平,其最优订购量越大。考虑效用函数式(4.51),将其标准化可知零售商的效用等价于 $\tilde{u}_r(\pi)=(1-\theta)\pi_r+\theta\pi/2$,此时零售商的效用有两部分组成:自己的绝对收益 π_r 和供应链系统的整体利润 π,且这两部分的权重分别为 $1-\theta$ 和 $\theta/2$。故当零售商关注公平($\theta>0$)时,考虑到供应链系统的整体利润 π,他的最优订购量就会超过公平中性订购量,并且零售商越关注公平(θ 越大)时,π 的权重越大,对应的 π_r 的权重就会越小,零售商最优订购量也会越大。因此公平偏好的零售商有利于减少"双重边际化"效应,促进供应链的协调。

命题4.3 公平偏好的零售商在随机产出约束的条件下,当且仅当 $\theta=1$ 时,批发价格契约能够实现供应链的协调,此时整个供应链的期望利润也达到最大。[①]

证明:若要促成供应链协调,当且仅当 $q^* = q^0$,由式(4.46)和式(4.53)知当且仅当式(4.57)成立时供应链达到协调状态。

$$\frac{(1-\theta)(p+\alpha-c_r-w)+\theta(p-c+\gamma)/2}{(1-\theta)(p-v+\alpha)+\theta(p-v+\gamma)/2} = \frac{p-c+\gamma}{p-v+\gamma} \tag{4.57}$$

当 $\theta=1$ 时,显然式(4.57)恒成立,此时供应链实现协调。

而当 $\theta \neq 1$ 时,求解式(4.57)关于 w 的方程可得

$$w = c_s - \frac{(c-v)}{p+\gamma-v}\beta < c_s$$

在批发价契约中,供应商的批发价格 w 不可能小于其单位边际成本 c_s,故此时批发价契约不能协调供应链。

综上可知,当且仅当 $\theta=1$ 时,批发价格契约能够实现供应链的协调。

整个供应链的利润 $\pi(q)$ 是订购量 q 的严格凹函数,当订购量为 q^0 达到最大。零售商最优订购量 q^* 是 θ 的严格增函数,故当且仅当 $\theta=1$ 时,零售商的最优订购量才是 q^0,此时整个供应链的期望利润也达到最大。

我们考虑一下批发价格契约能够协调公平偏好下具有随机产出约束的供应链的原因。当 $\theta=1$,即 $a=b$ 时,零售商的效用函数为 $u_r(\pi)=b\pi/2$。由此可知,零售商的效用是供应链整体利润的正比例函数,零售商的效用与供应链的整体利益保持一致,零售商最优订购量也是供应链整体最优订购量,故此时能够实现供应链的协调。

4.3.4 数值分析

为了更好地验证模型的结论,本节将用具体的算例对上述模型进行检验。假设某行业产品市场需求服从正态分布,$D \sim N(500, 100^2)$;随机变量 K 服从均匀分布,即 $K \sim U(0,1]$。根据前文对模型的描述,不妨假设各参数的取值如下:售价 $p=60$;$\alpha=\beta=10$,则 $\gamma=20$;$c_r=5$,$c_s=30$,则 $c=35$;$v=10$;批发价格 $w=40$。根据式(4.46)可得供应链系统的最优订购量 $q^0=851$,此时供应链

[①] 命题4.3说明当公平偏好的零售商对自身收益和对公平的关注程度相同($a=b$)时,即使在随机产出约束的条件下,简单的批发价格契约也可以协调供应链,因此本节推广了传统的批发价格契约协调供应链的理论和应用。

系统的整体利润为3652.5。

令θ取不同的值,根据命题4.2求得公平偏好的零售商的最优订购量,代入各利润函数得到表4-5,并绘制成图4-11和4-12。由表4-5可以看出,当零售商为公平中性(即$\theta=0$)时,其最优订购量为664,远小于供应链系统的最优订购量851,此时批发价格契约无法协调供应链。由图4-11可知,随着θ的取值从0增加到1.4,零售商的最优订购量从664逐渐增加到1363,这说明零售商的最优订购量是θ的增函数,零售商越关注公平,其最优订购量就越大。由图4-12可以看出随着θ的取值从0增加到1.4,供应链的总利润先增加后下降,并且在$\theta=1$达到最大值3652.5,与集中决策时供应链的最大利润保持一致,即此时批发价格契约能够协调供应链。

通过算例可以看出,零售商适度的公平偏好可以减少"双重边际化"效应,增加零售商的最优订购量,促进供应链的协调。然而零售商的公平偏好一旦过度,就会出现零售商过度订购的情况,反而会起到负面作用,引起供应链效率的下降。

表4-5 零售商劣势不公平厌恶对供应链的影响

取值	订购量	零售商利润	供应商利润	供应链总利润
0	664	1620.0	1360.0	2980.0
0.15	677	1632.5	1465.0	3097.5
0.3	693	1652.5	1595.0	3247.5
0.45	712	1620.0	1740.0	3360.0
0.6	735	1577.5	1915.0	3492.5
0.75	768	1420.0	2150.0	3570.0
0.9	813	1172.5	2465.0	3637.5
1.0	851	927.5	2725.0	3652.5
1.1	908	530.0	3110.0	3640.0
1.2	986	−175.0	3610.0	3435.0
1.3	1116	−1550.0	4410.0	2860.0
1.4	1363	−4612.5	5855.0	1242.5

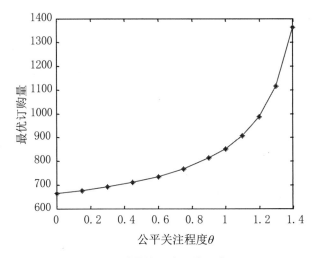

图 4-11 θ 对最优订购量的影响

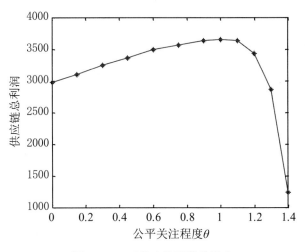

图 4-12 θ 对供应链利润的影响

【本章小结】

Fehr 和 Schmidt 的不公平厌恶模型的公平参考点为对方收益,考虑到零售商和供应商双方的实力或贡献不同,本章将其改进为体现相对公平的参考点,从而更加符合现实情况。分别以不公平厌恶模型和 ERC 公平偏好模型为基础,建立了随机供应和随机产出下的批发价格契约模型,同时考虑零售商的公平偏好和供应商的随机供需对供应链成员决策的影响,求出了零售商在不同情境下的最优订购量,并分别讨论了劣势和优势不公平厌恶两种情形下供应链系统的最优决策与协调结果,最后通过数值算例验证了理论分析的结果。

本章研究表明:① 当劣势不公平厌恶发生时,在劣势不公平厌恶系数满足一定条件下,零售商的最优订购量随着劣势不公平厌恶程度的增加而减少,使得供应链更加偏离系统最优,因此这种情况不能协调供应链;② 当优势不公平厌恶发生时,恰恰相反,零售商的最优订购量随着优势不公平厌恶程度的增加而增加,使得整个供应链逐渐接近系统最优。特别地,当零售商具有极度优势不公平厌恶时,整个供应链系统会达到协调状态;③ 对于公平中性(ERC模型)的供应链,批发价格契约无法改变"双重边际化"效应,因此这种情况不能协调供应链,当零售商具有公平偏好行为时,具有随机产出约束的零售商的最优订购量大于公平中性的零售商,并且零售商越关注公平,最优订购量越大。特别地,当零售商的公平偏好程度达到某一特定水平($\theta=1$)时,传统的批发价格契约能够完美协调供应链,实现整个供应链系统的利润最大化。因此,本章的结论推广了传统的批发价格契约协调供应链的理论和应用。

本章的研究可以带给我们一些管理启示:与理性零售商相比较,劣势不公平厌恶会降低供应链的收益,而优势不公平厌恶则能提升供应链的绩效。因此当零售商具有公平偏好行为时,为提高供应链的整体利润,供应商可以通过对零售商订购单位产品进行补贴(或降低单位产品的批发价格)的方式来将其劣势不公平厌恶转化为优势不公平厌恶,激励零售商增加订购数量,促进供应链的协调。

第5章 基于损失厌恶的供应链决策与协调研究

对损失厌恶行为理论的研究起源于前景理论[102]。大量的实证研究表明，人们对损失比对同等规模的收益更为敏感，而损益的感觉则与参考点有关。在不确定环境下，决策者的决策行为脱离期望收益最大化的偏差与其损失厌恶行为是一致的[196]。近年来，由于损失厌恶行为在组织行为、金融、营销和经济学等领域已经做了丰富的研究，因此将运筹管理和损失厌恶相结合逐渐引起了学术界的高度关注[197]。

尽管对供应链决策与协调问题的研究不是一个新领域，但是同时考虑随机供应和随机需求的文献也并不多见[99]，而目前为止，在供应链管理中考虑损失厌恶的文献只研究了市场需求不确定的情况。基于此，本章考虑将不确定环境下的损失厌恶行为引入报童模型和OEM供应链中，研究损失厌恶的供应链在供需随机下的决策与协调问题。本章首先研究了随机供需下具有损失厌恶行为的报童问题，并且分析了损失厌恶水平、零售价格、订购成本和残值对报童最优订购量的影响；接着探讨了供需随机的OEM供应链在损失厌恶下的协调决策问题，基于前景理论建立了一个损失厌恶的品牌企业和一个风险中性的OEM供应商的Stackelberg博弈模型，并且求解出分散决策下的均衡定价与订货策略；最后考虑如何在传统的收益共享契约基础上设计出OEM供应链的协调契约。

5.1 损失厌恶的报童模型在随机供需下的决策研究

传统的报童问题就是一个典型的单周期、单产品、随机需求的库存模型，它是供应链中一个很重要的环节，在供应链管理中有着十分重要的意义。由于报童问题与现实生活联系紧密，所以自报童模型诞生之日起，在60多年的研究历史中产生了许多方面的扩展模型，众多的学者从不同的方向和角度对报童模型进行了深入的研究,并取得了丰硕的研究成果。但随着生产技术的进步、供应环境的多元化以及销售环境的复杂化,短生命周期产品的种类日益增多,对报童模型的研究也提出了新的更高要求[165],目前对报童问题的研究仍需向纵深两个方面深入发展。

经典报童模型是以最大化期望利润或最小化期望成本作为决策目标的,不考虑风险因素的影响,这并不能完全准确地反映实际情况;另外,传统的报童模型只有市场需求是随机的,但在现实的管理实践中,零售商产品的供应也会充满不确定性。本节在供需随机下研究一个单周期的库存模型,并采用前景理论来描述报童类决策者的行为偏好,当损失厌恶的零售商在做出订购量的决策之前,需要考虑供应商随机供应能力的约束。本节首先求出了零售商最优订购数量,并将其与传统报童模型的决策结果进行比较,接着分析了损失厌恶水平、零售价格、订购成本和残值对报童最优订购量的影响,最后通过算例分析验证了理论推导的结果。

5.1.1 问题描述和模型符号

考虑一个供需随机的报童模型问题,我们采用 Wu 等[95]的模型来描述商品的随机供应问题,并假设随机供应和随机需求之间是相互独立的。本节所用模型的数学符号定义如下:

c 为单位商品的订购成本;

p 为单位商品的售价,其中 $c<p$;

s 为单位商品的残值,满足 $s<c$;

q 为零售商的商品订购数量;

$Q(q)$ 为零售商最终获得的商品数量;

X 为市场需求的随机变量,其概率密度函数和概率分布函数分别为 $f(x)$ 和 $F(x)$;

Y 为商品供应的随机变量,即供应商具有随机的供应能力,假设零售商的订购的是 q 单位商品,而供应商的最大供应能力为 Y(Y 为随机变量),则在随机供应下,零售商实际收到的商品数量为 $Q(q)=\min\{Y,q\}$,Y 的概率密度函数为 $g(y)$,概率分布函数为 $G(y)$,不失一般性,在此我们假设 $F(0)=G(0)=0$;

q_λ^* 为零售商的最优订购量;

E_λ^* 为零售商的最大期望效用;

x^+ 为 x 的正部,表示 $\max\{x,0\}$。

5.1.2 基本模型

为描述零售商的损失厌恶行为,我们先来回顾一下前景理论。1979年,Kahneman和Tversky[131]建立了著名的前景理论,它真切地反映了人们面临收益和损失时不同的风险态度。损失厌恶具有参考点依赖性,假设在决策者心中有一个参考财富点π_0,当其收益低于该参考值时,决策者的反应要明显大于收益高于该参考值的反应,即表现出对损失厌恶的特性。因此,引入损失厌恶系数$\lambda \geqslant 1$。当该系数越大,损失厌恶程度越高,当$\lambda=1$时风险中性。为简单起见,决策者的效用函数一般采用分段线性函数(如图5-1)来表示,并且令$\pi_0=0$。这种损失厌恶的分段线性函数目前已广泛用于经济、金融及运筹管理的文献中[39]。假设决策者的收益为π,则其效用函数为

$$U(\pi)=\begin{cases}\pi, & \pi \geqslant 0 \\ \lambda\pi, & \pi<0\end{cases} \tag{5.1}$$

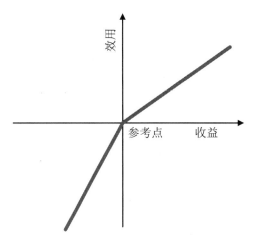

图5-1　损失厌恶的分段线性效用函数

对于任意实现的需求x和供应y,零售商的收益为

$$\pi(q,x,y)=(p-c)\min\{q,y\}-(p-s)(\min\{q,y\}-x)^+$$
$$=\begin{cases}(s-c)y+(p-s)x, & x<y\leqslant q \\ (p-c)y, & y\leqslant q, y\leqslant x \\ (s-c)q+(p-s)x, & x<q<y \\ (p-c)q, & q<y, q\leqslant x\end{cases} \tag{5.2}$$

借助前景理论,我们不妨假设在销售季节来临之前零售商的初始财富值

(参考点)为0,把零售商的收益函数(5.2)代入效用函数(5.1)中,则损失厌恶的零售商的期望效用为

$$
\begin{aligned}
E[U(\pi(q,x,y))] = & \lambda \int_0^q \int_0^{\frac{(c-s)y}{p-s}} [(s-c)y+(p-s)x] \mathrm{d}F(x)\mathrm{d}G(y) \\
& + \int_0^q \int_{\frac{(c-s)y}{p-s}}^y [(s-c)y+(p-s)x] \mathrm{d}F(x)\mathrm{d}G(y) \\
& + \lambda \int_q^\infty \int_0^{\frac{(c-s)q}{p-s}} [(s-c)q+(p-s)x] \mathrm{d}F(x)\mathrm{d}G(y) \\
& + \int_q^\infty \int_{\frac{(c-s)q}{p-s}}^q [(s-c)q+(p-s)x] \mathrm{d}F(x)\mathrm{d}G(y) \\
& + \int_0^q \int_y^\infty (p-c)y \mathrm{d}F(x)\mathrm{d}G(y) \\
& + \int_q^\infty \int_q^\infty (p-c)q \mathrm{d}F(x)\mathrm{d}G(y) \\
= & E[\pi(q,x,y)] \\
& + (\lambda-1) \int_0^q \int_0^{\frac{(c-s)y}{p-s}} [(s-c)y+(p-s)x] \mathrm{d}F(x)\mathrm{d}G(y) \\
& + (\lambda-1) \int_q^\infty \int_0^{\frac{(c-s)q}{p-s}} [(s-c)q+(p-s)x] \mathrm{d}F(x)\mathrm{d}G(y) \quad (5.3)
\end{aligned}
$$

式(5.3)说明损失厌恶的零售商在供需随机下的期望效用是其期望收益与期望损失之和。其中 $\lambda-1$ 可以看成损失厌恶因子,特别是当 $\lambda=1$ 时,第二项和第三项消失,此时零售商的期望效用等于其期望利润,即零售商为风险中性的,因此该模型是风险中性的报童模型的推广。

定理5.1 $E[U(\pi(q,x,y))]$ 是 q 的凹函数,并且 $\max_q E[U(\pi(q,x,y))]$ 有唯一的最优解 q_λ^* 满足下式:

$$(\lambda-1)(c-s)F\left(\frac{(c-s)q_\lambda^*}{p-s}\right) + (p-s)F(q_\lambda^*) = p-c \tag{5.4}$$

证明:利用链式法则,对 $E[U(\pi(q,x,y))]$ 关于 q 求导

$$\begin{aligned}\frac{\mathrm{d}E\big[U\big(\pi(q,x,y)\big)\big]}{\mathrm{d}q}=&(\lambda-1)(s-c)qg(q)\int_0^{\frac{(c-s)q}{p-s}}\mathrm{d}F(x)\\&+(\lambda-1)(s-c)\int_q^\infty\int_0^{\frac{(c-s)q}{p-s}}dF(x)\mathrm{d}G(y)\\&-(\lambda-1)(s-c)qg(q)\int_0^{\frac{(c-s)q}{p-s}}\mathrm{d}F(x)\\&+(\lambda-1)(s-c)q\frac{(c-s)}{p-s}f\left(\frac{(c-s)q}{p-s}\right)(1-G(q))\\&+(\lambda-1)(p-s)g(q)\int_0^{\frac{(c-s)q}{p-s}}x\mathrm{d}F(x)\\&-(\lambda-1)(p-s)g(q)\int_0^{\frac{(c-s)q}{p-s}}x\mathrm{d}F(x)\\&+(\lambda-1)(c-s)\frac{(c-s)q}{p-s}f\left(\frac{(c-s)q}{p-s}\right)(1-G(q))\\&+\frac{\mathrm{d}E\big[\pi(q,x,y)\big]}{\mathrm{d}q}\\=&(\lambda-1)(s-c)\bar{G}(q)F\left(\frac{(c-s)q}{p-s}\right)\\&+(p-c)\bar{G}(q)-(p-s)\bar{G}(q)F(q)\\=&\begin{bmatrix}(\lambda-1)(s-c)F\left(\frac{(c-s)q}{p-s}\right)\\+(p-c)-(p-s)F(q)\end{bmatrix}\bar{G}(q)\end{aligned} \quad (5.5)$$

其中,$\bar{G}(q)=1-G(q)$。若令

$$\tau(q)=(\lambda-1)(s-c)F\left(\frac{(c-s)q}{p-s}\right)+(p-c)-(p-s)F(q)$$

则

$$\frac{\mathrm{d}\tau(q)}{\mathrm{d}q}=(s-p)f(q)-(\lambda-1)\frac{(c-s)^2}{p-s}f\left(\frac{c-s}{p-s}q\right)<0 \quad (5.6)$$

选择一个适当值q_λ^*使得$\tau(q_\lambda^*)=0$,则由式(5.6),可得

(1) 当$q<q_\lambda^*$时,$\dfrac{\mathrm{d}E\big[U\big(\pi(q,x,y)\big)\big]}{\mathrm{d}q}=\tau(q)\cdot\bar{G}(q)>0$;

(2) 当$q>q_\lambda^*$时,$\dfrac{\mathrm{d}E\big[U\big(\pi(q,x,y)\big)\big]}{\mathrm{d}q}=\tau(q)\cdot\bar{G}(q)<0$。

故得$E\big[U\big(\pi(q,x,y)\big)\big]$是$q$的凹函数。令

$$\frac{\mathrm{d}E[U(\pi(q,x,y))]}{\mathrm{d}q}=0$$

即得损失厌恶的零售商唯一的最优订购量 q_λ^* 满足式(5.4)。

如果随机供需的零售商是风险中性的,即 $\lambda=1$,则一阶条件式(5.4)将变为

$$(p-s)F(q_1^*)=p-c \tag{5.7}$$

从上式解出 $q_1^*=F^{-1}\left(\frac{p-c}{p-s}\right)$,这正是经典的报童模型的最优订购量,这说明供应的不确定性并没有影响到零售商的最优决策。这个结果是符合直觉的,事实上,当供应商的最大供应能力不确定时,订购量过多的话他也得不到,订购量过少的话则导致其期望收益减少。

5.1.3 模型分析

首先来分析一下零售商的损失厌恶行为对其订购决策的影响。

性质 5.1 对任意的 $\lambda>1$,都有 $q_\lambda^*<q_1^*$。

证明: 令 $q_\lambda^*=q_1^*=F^{-1}\left(\frac{p-c}{p-s}\right)$,并将其代入等式(5.4)的左边,则有

$$(\lambda-1)(c-s)F\left(\frac{(c-s)q_\lambda^*}{p-s}\right)+(p-s)F(q_\lambda^*)>p-c$$

因为式(5.4)的左边是关于 q_λ^* 的增函数,故对任意的 $\lambda>1$,都有 $q_\lambda^*<q_1^*$。

性质 5.1 说明如果不考虑缺货惩罚成本,供需随机的零售商由于损失厌恶行为,将导致其订购决策趋于保守,订货量比经典报童最优的订货量将减少,这个结果与 Schweitzer 和 Cachon[133] 的结论是一致的。

为了得到更多的管理启示,接下来将对零售价格、订购成本、商品残值和损失厌恶系数等进行比较静态分析,分析它们的变化对零售商最优订购量和期望效用的影响。

性质 5.2 对任意的 $\lambda>1$,都有下列结论成立:

(1) 随着零售价格 p 增加,零售商最优订购量和期望效用将增加;

(2) 随着订购成本 c 增加,零售商最优订购量和期望效用将减小;

(3) 随着商品残值 s 增加,零售商最优订购量和期望效用将增加;

(4) 随着损失厌恶系数 λ 增大,零售商最优订购量和期望效用将减小。

证明: 在此我们只对上述性质的第(4)条加以证明,其他三条性质的证明方法是类似的。

令
$$H(\lambda,p,c,s)=(\lambda-1)(c-s)F\left(\frac{(c-s)q_\lambda^*}{p-s}\right)+(p-s)F(q_\lambda^*)-(p-c)=0 \quad (5.8)$$
则有
$$\frac{\partial H(\lambda,p,c,s)}{\partial \lambda}=(c-s)F\left(\frac{(c-s)q_\lambda^*}{p-s}\right)>0 \quad (5.9)$$

$$\frac{\partial H(\lambda,p,c,s_1)}{\partial q_\lambda^*}=(\lambda-1)\frac{(c-s)^2}{p-s}f\left(\frac{(c-s)q_\lambda^*}{p-s}\right)+(p-s)f(q_\lambda^*)>0 \quad (5.10)$$

根据隐函数定理,由式(5.9)和式(5.10),得
$$\frac{\partial q_\lambda^*}{\partial \lambda}=-\frac{\partial H(\lambda,p,c,s)}{\partial \lambda}\bigg/\frac{\partial H(\lambda,p,c,s_1)}{\partial q_\lambda^*}<0 \quad (5.11)$$

此即说明随着损失厌恶系数λ的增大,零售商最优订购量将减小。

当$\lambda=\lambda_1$,零售商最优订购量是$q_{\lambda_1}^*$,当$\lambda=\lambda_2$,零售商最优订购量是$q_{\lambda_2}^*$,不失一般性,我们假设$\lambda_1<\lambda_2$,则由q_λ^*的最优性,我们有
$$E_{\lambda_1}^*\big[U\big(\pi(q_{\lambda_1}^*,x,y)\big)\big]\geqslant E_{\lambda_1}\big[U\big(\pi(q_{\lambda_2}^*,x,y)\big)\big] \quad (5.12)$$

另外,因为期望效用关于λ是单调递减的,故
$$E_{\lambda_1}\big[U\big(\pi(q_{\lambda_2}^*,x,y)\big)\big]\geqslant E_{\lambda_2}^*\big[U\big(\pi(q_{\lambda_2}^*,x,y)\big)\big] \quad (5.13)$$

因此
$$E_{\lambda_1}^*\big[U\big(\pi(q_{\lambda_1}^*,x,y)\big)\big]\geqslant E_{\lambda_2}^*\big[U\big(\pi(q_{\lambda_2}^*,x,y)\big)\big] \quad (5.14)$$

此即说明随着损失厌恶系数λ的增大,零售商期望效用将减小。

性质5.2说明零售商的损失厌恶程度越深,为防止过量供应造成残值销售而带来损失,它就会减少订货量,进而导致其期望收益的减小。另外,关于零售价格、订购成本、商品残值的变化对零售商最优订购量和期望效用的影响也是符合我们一般直觉的,因此本节的研究推广了经典报童模型的应用。

5.1.4 算例分析

这部分将提供数值算例验证本节的研究结果。假设X服从$[0,200]$上的均匀分布,则$F(x)=1/200$,不妨将各参数设置如下:$c=10,p=20,s=5,\lambda=2$。利用式(5.4),可以计算出零售商的最优订购量$q_\lambda^*=120$,假如供需随机的零售商是风险中性的,即$\lambda=1$,则其最优订购量$q_1^*=133$,故有$q_\lambda^*<q_1^*$,这和性质5.1的结论是一致的。

为验证零售商的损失厌恶程度对其最优决策和期望效用的影响,假设 Y 服从[100,300]上的均匀分布,利用上面的数据资料,我们只需令损失厌恶系数 λ 的取值发生变化即可。所得结果如图5-2和图5-3所示。

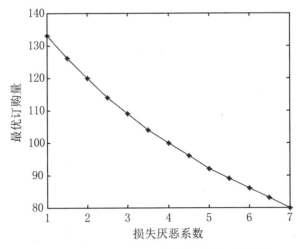

图5-2 损失厌恶系数 λ 对最优订购量 q_λ^* 的影响

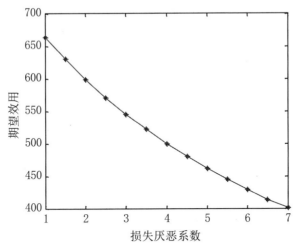

图5-3 损失厌恶系数 λ 对期望效用 E_λ^* 的影响

图5-2和图5-3说明了零售商的最优订购量 q_λ^* 和最大期望效用 E_λ^* 是损失厌恶水平 λ 的减函数。因此,当损失厌恶水平增加时,决策者通过减少其订购量以应对其期望效用的损失,但相比经典的报童模型,由于其最优订购量的减少,导致其最大期望收益也是减少的。

5.2 损失厌恶的OEM供应链在随机供需下的协调决策

OEM是原始设备制造商(Original Equipment Manufacture)的缩写,它指一种"代工生产"的方式。OEM是供应链向全球经济延伸的具体表现,它不仅可以使品牌企业专注于研究产品开发与设计问题,提高产品的核心竞争力,还能使OEM供应商有效利用产能,获取规模经济[198]。国际上的很多著名企业都采用了OEM生产方式,比如苹果、微软、IBM等。亚洲的日本企业也较早使用了OEM的生产贸易形式。中国一些企业的发展也都是从代工之路开始,涉及IT、服装、家电、日化、汽车等多个领域。现如今,中国已承接着全球近1/3的OEM业务[199],OEM作为我国加工贸易的一种主要方式,对促进经济的持续发展功不可没。

在复杂多变的市场环境中,OEM供应链面临着各种不确定性所带来的风险。在需求端,由于信息不对称和影响市场需求的不确定性因素增加,导致难以准确获悉客户需求;而在供应端,质量问题、自然灾害、突发事件以及运输损毁等方面的原因[200]导致OEM供应商的交货量具有不确定性,使品牌企业面临缺货损失的风险。这种供需两端的随机性增加了品牌企业蒙受经济损失的风险。在面临这种经济损失时,决策者往往表现出损失厌恶的特征[131],导致其偏离理性决策的结果。基于此,本节将探讨供需随机的OEM供应链在损失厌恶下的协调决策问题,基于前景理论建立了一个损失厌恶的品牌企业和一个风险中性的OEM供应商的Stackelberg博弈模型,并且求解出了分散决策下的均衡定价与订货策略,最后在传统的收益共享契约基础上研究OEM供应链的协调问题。

5.2.1 基本模型

考虑一个风险中性的OEM供应商与一个损失厌恶的品牌企业组成的OEM供应链,二者之间相互独立,并分别根据自身收益(效用)作出最佳决策。面对随机的市场需求,首先由OEM供应商制定单位产品的外包价格w,然后由品牌企业确定产品订货量Q。尽管OEM供应商严格按照订单数量Q来组织生产,但由于各种不可抗的原因,导致品牌企业的产品供应存在不确定性,本节采用在文献中广泛使用的随机比例产出模型[201]来描述随机产出问题,即最终交付给品牌企业的产品数量是TQ,其中$T(T\in[0,1])$为随机变量,其概率密度函数为$g(y)$,累积分布函数为$G(y)$。令X表示随机的市场需求,其概率密度函数为$f(x)$,累积分布函数为$F(x)$,不失一般性,我们假设$F(0)=G(0)=0$。c、p和s分别表示OEM供应商的单位生产成本、品牌企业的单位零售价格和单位残值且外生。另外,我们假设双方是信息对称,并且$p>c>s$。

对于任意实现的需求x和供应t,品牌企业的收益函数为

$$\pi_b(Q) = p \cdot \min\{tQ, x\} + s \cdot (x - \min\{tQ, x\})^+ - w \cdot tQ$$
$$= \begin{cases} px - w \cdot tQ, & x < tQ \\ (p-w-s) \cdot tQ + s \cdot x, & x \geqslant tQ \end{cases} \quad (5.15)$$

OEM供应商的利润函数为

$$\pi_s(w) = w \cdot tQ - cQ \quad (5.16)$$

本节仍然采用上一节介绍的前景理论[131]来描述品牌企业的损失厌恶行为,为此我们首先来探讨一下品牌企业的盈亏均衡点。

引理1. 如果$x < tQ$,令品牌企业的利润函数$\pi_b(Q) = px - w \cdot tQ = 0$,则有$x = wtQ/p$。由于$\pi_b(Q)$是$x$的严格增函数,故当$x < wtQ/p$,对任意$x > 0$,都有$\pi_b(Q) < 0$;当$x \geqslant wtQ/p$时,对任意$x < tQ$,都有$\pi_b(Q) \geqslant 0$,而当$x \geqslant tQ$时,则由式(5.15)可知,$\pi_b(Q) = (p-w-s) \cdot tQ + s \cdot x > 0$。

引理1提供了当供需实现时,损失厌恶的品牌企业盈亏的条件:当实现的需求较低,即$x < wtQ/p$时,品牌企业将面临产品库存过量的损失;反之,当实现的需求较高,即$x > wtQ/p$时,则品牌企业就能获益。

根据引理1的结果,把式(5.15)代入到第5.1.2小节的式(5.1),可以得到品牌企业的收益函数为

$$E[U(\pi_b(Q))] = \lambda \int_0^1 \int_0^{\frac{wtQ}{p}} (px - wtQ) \mathrm{d}F(x) \mathrm{d}G(t)$$
$$+ \int_0^1 \int_{\frac{wtQ}{p}}^{tQ} [(p-w-s)tQ + sx] \mathrm{d}F(x) \mathrm{d}G(t)$$
$$+ \int_0^1 \int_{tQ}^{\infty} [(p-w-s)tQ + sx] \mathrm{d}F(x) \mathrm{d}G(t)$$
$$= E[\pi_b(Q)] + (\lambda - 1) \int_0^1 \int_0^{\frac{wtQ}{p}} (px - wtQ) \mathrm{d}F(x) \mathrm{d}G(t) \quad (5.17)$$

这说明损失规避的品牌企业在供需随机下的期望效用等于其期望收益与期望损失之和。其中$\lambda - 1$为损失厌恶因子,特别是当$\lambda = 1$时,式(5.17)右端的

第二项消失,此时品牌企业的期望效用等于期望利润,即零售商为风险中性。

损失厌恶的品牌企业的决策问题是

$$\max_{Q>0} E\left[U\left(\pi_b(Q)\right)\right] \tag{5.18}$$

风险中性的OEM供应商的决策问题为

$$\max_{w>0} E\left[\pi_s(w)\right] = \max_{w>0}\{w \cdot E(tQ) - cQ\} \tag{5.19}$$

5.2.2 分散决策下的最优订货和定价

在分散决策下,OEM供应商和品牌企业只关注自身收益(效用),各自相互独立决策,这实际上是一个Stackelberg博弈,我们假设OEM供应商是领导者,率先制定单位产品的零售价格w,品牌企业是追随者,随后决定产品的订货量Q。由逆推归纳法,我们先求分散决策下的风险厌恶的品牌企业最优订货量Q_λ^*,再求OEM供应商最优外包单价w^*。

定理5.2 $E\left[U\left(\pi_b(Q)\right)\right]$是$Q$的凹函数,并且$\max_Q E\left[U\left(\pi_b(Q)\right)\right]$有唯一的最优解$Q_\lambda^*$且满足下式:

$$(p-s)\int_0^1 t[1-F(tQ_\lambda^*)]dG(t) + (s-w)E(T) - (\lambda-1)w\int_0^1 tF\left(\frac{wtQ_\lambda^*}{p}\right)dG(t)$$
$$=0 \tag{5.20}$$

证明: 首先由式(5.15)求得品牌企业的期望收益函数为

$$E[\pi_b(Q)]$$
$$=(p-s)\int_0^1\left[\int_0^{tQ} xdF(x) + \int_{tQ}^\infty tQdF(x)\right]dG(t) + (s-w)QE(T) \tag{5.21}$$

对$E\left[U\left(\pi_b(Q)\right)\right]$关于$Q$求一阶和二阶偏导,得

$$\frac{\partial E\left[U\left(\pi_b(Q)\right)\right]}{\partial Q} = (p-s)\int_0^1 t[1-F(tQ)]dG(t)$$
$$+ (s-w)E(T) - (\lambda-1)w\int_0^1 tF\left(\frac{wtQ}{p}\right)dG(t) \tag{5.22}$$

$$\frac{\partial^2 E\left[U\left(\pi_b(Q)\right)\right]}{\partial Q^2} = -(p-s)\int_0^1 t^2 f(tQ)dG(t)$$
$$- \frac{(\lambda-1)w^2}{p}\int_0^1 t^2 f\left(\frac{wtQ}{p}\right)dG(t)$$
$$< 0 \tag{5.23}$$

此即说明$E\left[U\left(\pi_b(Q)\right)\right]$是$Q$的凹函数,再由一阶条件,令

$$\frac{\partial E\left[U\left(\pi_b(Q)\right)\right]}{\partial Q}=0$$

即得风险厌恶的品牌企业唯一的最优订货量 Q_λ^* 满足式(5.20)。

假设品牌企业是风险中性的,即 $\lambda=1$,则式 (5.20) 变为

$$(p-s)\int_0^1 t[1-F(tQ_1^*)]\mathrm{d}G(t)+(s-w)E(T)=0 \tag{5.24}$$

所以,最优订购量 Q_1^* 满足 $\dfrac{E(T\cdot F(TQ_1^*))}{E(T)}=\dfrac{p-w}{p-s}$,Okyay 等[90]得出了相同的结论。因此,Okyay 等[90]的对应研究结果是我们模型中的一个特殊情况。

下面的性质 5.3 给出了损失厌恶水平对品牌企业的最优订购量和期望效用的影响。

性质 5.3 对任意的 $\lambda\geqslant 1$,随着损失厌恶系数 λ 增大,零售商最优订购量和期望效用都将减小。

证明: 考虑式(5.20),令

$$\begin{aligned}H(\lambda)=&(p-s)\int_0^1 t[1-F(tQ_\lambda^*)]\mathrm{d}G(t)\\&+(s-w)E(T)-(\lambda-1)w\int_0^1 tF\left(\frac{wtQ_\lambda^*}{p}\right)\mathrm{d}G(t)\\=&0\end{aligned}\tag{5.25}$$

则有

$$\frac{\partial H(\lambda)}{\partial \lambda}=-w\int_0^1 tF\left(\frac{wtQ_\lambda^*}{p}\right)\mathrm{d}G(t)<0 \tag{5.26}$$

再由式(5.23)可知

$$\frac{\partial H(\lambda)}{\partial Q_\lambda^*}<0 \tag{5.27}$$

故由隐函数定理,得

$$\frac{\partial Q_\lambda^*}{\partial \lambda}=-\frac{\partial H(\lambda)}{\partial \lambda}\Big/\frac{\partial H(\lambda)}{\partial Q_\lambda^*}<0 \tag{5.28}$$

此即说明随着损失厌恶系数 λ 增大,零售商最优订购量将减小。

当 $\lambda=\lambda_1$,零售商最优订购量是 $Q_{\lambda_1}^*$,当 $\lambda=\lambda_2$,零售商最优订购量是 $Q_{\lambda_2}^*$,不失一般性,我们假设 $\lambda_1<\lambda_2$,则由 Q_λ^* 的最优性,我们有

$$E_{\lambda_1}^*\left[U\left(\pi_b(Q_{\lambda_1}^*)\right)\right]\geqslant E_{\lambda_1}\left[U\left(\pi_b(Q_{\lambda_2}^*)\right)\right] \tag{5.29}$$

另外,因为期望效用关于 λ 是单调递减的,故

$$E_{\lambda_1}\left[U\left(\pi_b(Q_{\lambda_2}^*)\right)\right]\geqslant E_{\lambda_2}^*\left[U\left(\pi_b(Q_{\lambda_2}^*)\right)\right] \tag{5.30}$$

因此,结合式(16)和式(17),得

$$E_{\lambda_1}^*\left[U\left(\pi_b(Q_{\lambda_1}^*)\right)\right] \geqslant E_{\lambda_2}^*\left[U\left(\pi_b(Q_{\lambda_2}^*)\right)\right] \tag{5.31}$$

此即说明随着损失厌恶系数 λ 的增大,零售商期望效用将减小。

性质 5.3 说明损失厌恶的品牌企业比风险中性的品牌企业最优的订货量将更趋于保守,并且品牌企业的损失厌恶程度越深,为防止过量供应造成残值销售而带来损失,他就会减少订货量,进而导致其期望收益的减小。这与经典报童模型的结论是一致的。

接下来考虑 OEM 供应商的最优定价策略,由式(5.16),求得 OEM 供应商的期望收益函数为

$$E\left[\pi_s(w)\right] = wQ\int_0^1 t\,\mathrm{d}G(t) - cQ \tag{5.32}$$

将由式(5.20)求出的最优订货量 $Q_\lambda^*(w)$ 代入式(5.32),并对其关于 w 求一阶条件,得

$$\frac{\partial E\left[\pi_s(w)\right]}{\partial w} = \left[Q_\lambda^*(w) + w\frac{\partial Q_\lambda^*(w)}{\partial w}\right]\int_0^1 t\,\mathrm{d}G(t) - c\frac{\partial Q_\lambda^*(w)}{\partial w} = 0 \tag{5.33}$$

满足上述关系的 w^* 即为 OEM 供应商的最优外包单价,按此定价可使 OEM 供应商的期望效用达到最大。

5.2.3 供应链协调契约设计

在现实经济管理中,每个企业都是相对独立的个体,它们往往以自身的收益最大化作为决策目标,缺乏对整体最优的考虑,因此难以实现供应链的协调。这种"双重边际化"效应,使得分散决策下的均衡决策通常都不是整体最优的。作为一种理想状态,我们希望设计一种契约,使得分散决策下的 OEM 供应商和品牌企业能够密切合作,从供应链整体利益出发来做决策,最终达到供应链的整体收益最大化。

在集中决策下,OEM 供应链的整体利润为

$$\pi_{bs}(Q) = p \cdot \min\{tQ, x\} + s \cdot (x - \min\{tQ, x\})^+ - cQ$$
$$= \begin{cases} px - cQ, & x < tQ \\ (p-s) \cdot tQ + s \cdot x - cQ, & x \geqslant tQ \end{cases} \tag{5.34}$$

对上式求数学期望,可得

$$E[\pi_{bs}(Q)] = (p-s)\int_0^1 \left[\int_0^{tQ} x\mathrm{d}F(x) + \int_{tQ}^{\infty} tQ\mathrm{d}F(x)\right]\mathrm{d}G(t)$$
$$+ sQ\int_0^1 t\mathrm{d}G(t) - cQ \tag{5.35}$$

对式(5.35)求一阶条件,得

$$\frac{\partial E[\pi_{bs}(Q)]}{\partial Q} = s\int_0^1 t\mathrm{d}G(t) + (p-s)\int_0^1 t[1-F(tQ)]\mathrm{d}G(t) - c = 0 \tag{5.36}$$

经计算可知 $\partial^2 E[\pi_{bs}(Q)]/\partial Q^2 < 0$,因此,该 OEM 供应链存在唯一最优的订购量,记为 Q^0,则 Q^0 可由一阶条件式(5.36)确定。

观察式(5.36),我们发现在集中决策下,供需随机的 OEM 供应链收益仅由品牌企业的订货量 Q 决定,与 OEM 供应商的外包单价 w 并没有任何关系。事实上,外包单价 w 的大小仅能决定供应链内部收益的转移支付,与供应链的外部并无联系。因此,我们在设计协调契约时,只需考虑控制订货量 Q 这一个决策变量即可。

当最优订货量 Q^0 满足式(5.36)时供应链的期望收益达到最大,下面将引入一个协调机制:将缺货惩罚和传统的收益共享契约相结合,使品牌企业在分散决策下的最优订购量 Q_λ^* 等于系统集中决策下的最优订购量 Q^0,实现 OEM 供应链的协调。

对损失厌恶的品牌企业而言,它所关注的焦点是协调契约能否减少不确定性带来的经济损失的风险。由于需求随机性由外部因素决定,属于其无法掌控的外部风险,因此,协调契约应该从 OEM 供应链的内部风险(随机供应)去控制。考虑到 OEM 供应商的随机供应给品牌企业带来缺货问题,致使其错失销售机会,进而蒙受经济损失。因此,需要对 OEM 供应商的缺货进行惩罚,假设单位产品的缺货惩罚成本为 m,那么 OEM 供应商需要向品牌企业支付的罚金为 $m(Q-TQ)$。但缺货惩罚作为一种负面激励措施,OEM 供应商不一定会接受。为激励其参与协调契约的积极性,品牌企业可以向 OEM 供应商分享一定比例的收益。在现实中也有许多这样的案例,比如本田公司就会给予 OEM 供应商一定的补贴,以帮助后者提高供货的服务水平[99]。假设品牌企业获得收益保留比例为 ϕ,则其支付给 OEM 供应商补贴比例为 $(1-\phi)$。

在收益共享契约上引入缺货惩罚后,品牌企业新的利润函数为

$$\pi_b'(Q) = \phi\Big[p\cdot\min\{tQ,x\} + s\cdot(x-\min\{tQ,x\})^+ - w\cdot tQ\Big]$$
$$+ m(Q-tQ) \tag{5.37}$$

类似地,OEM 供应商新的收益函数为

$$\pi_s'(w) = w \cdot tQ - cQ - m(Q - tQ)$$
$$+ (1-\phi)\left[p \cdot \min\{tQ, x\} + s \cdot (x - \min\{tQ, x\})^+ - w \cdot tQ\right] \quad (5.38)$$

观察式(5.37)和式(5.38)可以发现，契约$\{m, \phi\}$只在供应链内部发生了转移支付，二者的收益之和仍然与式(5.34)相等。

类似于定理5.2的证明，我们有下述结论成立。

定理5.3 在带缺货惩罚的收益共享契约下，损失厌恶的品牌企业新的期望效用$E[U(\pi_b'(Q))]$是Q的凹函数，并且$\max_Q E[U(\pi_b'(Q))]$有唯一的最优解$Q_\lambda'^*$且满足下式：

$$\phi(p-s)\int_0^1 t[1-F(tQ_\lambda'^*)]dG(t) + (\phi s - \phi w - m)E(T) + m$$
$$- (\lambda-1)\int_0^1 (w\phi t - m + mt)F\left(\frac{\phi wt - m - mt}{\phi p}Q_\lambda'^*\right)dG(t) = 0 \quad (5.39)$$

对式(5.39)求期望，可以得到OEM供应商新的期望收益函数为

$$E[\pi_s'(w)] = (1-\phi)(p-s)\int_0^1\left[\int_0^{tQ} xdF(x) + \int_{tQ}^\infty tQdF(x)\right]dG(t)$$
$$+ [\phi w + m + (1-\phi)s]Q\int_0^1 tdG(t) - (m+c)Q \quad (5.40)$$

给定Q和λ，则式(5.39)和式(5.40)都是w, m和ϕ的函数。令

$$H(w, m, \phi) = \phi(p-s)\int_0^1 t[1-F(tQ_\lambda'^*)]dG(t) + (\phi s - \phi w - m)E(T)$$
$$+ m - (\lambda-1)\int_0^1 (w\phi t - m + mt)F\left(\frac{\phi wt - m - mt}{\phi p}Q_\lambda'^*\right)dG(t) \quad (5.41)$$

$$G(w, m, \phi) = (1-\phi)(p-s)\int_0^1\left[\int_0^{tQ} xdF(x) + \int_{tQ}^\infty tQdF(x)\right]dG(t)$$
$$+ [\phi w + m + (1-\phi)s]Q\int_0^1 tdG(t) - (m+c)Q \quad (5.42)$$

接下来分析带缺货惩罚的收益共享契约是如何协调损失厌恶的OEM供应链的。首先，作为Stackelberg的领导者，对于已知品牌企业的损失厌恶水平λ，OEM供应商可以设定参数$\{m, \phi\}$的数值，迫使品牌企业在分散决策时的最优策略为$Q_\lambda'^* = Q^0$，即满足式(5.39)，同时对于外包价格w的取值应使得OEM供应商收益不低于未实行契约时的利润，即有如下方程组成立：

$$\begin{cases} H(w, m, \phi)\big|_{Q_\lambda'^* = Q^0} = 0 \\ G(w, m, \phi)\big|_{Q = Q^0} = \mu \end{cases} \quad (5.43)$$

其中，μ是任意一个不小于$E[\pi_s(w^*)]$的常数。可以通过指定μ的大小来任意调整供应链的整体利润，在品牌企业和OEM供应商之间进行弹性分配。

观察方程组(5.43)可以发现,未知参数存在无穷多组解(因为该方程组有一个自由度),但 w 取值也不是任意的,否则可能使 $\{m,\phi\}$ 取值无意义,协调契约便失去了应有的作用。因为 OEM 供应商的利润恒等于 μ,故无需求解式(5.38)的最大化问题。

考虑到损失厌恶下的决策目标与风险中性不同,上述 OEM 供应链协调契约设计满足了三个方面的条件:① 供应链的整体利润最大化;② 风险厌恶方(品牌企业)的期望效用最大化;③ 风险中性方(OEM 供应商)获得的利润不低于其保留利润。因此,通过设计带缺货惩罚的收益共享契约,可以使供应链双方都愿意积极主动地加入该契约中来。另外,合理地选择 μ 的取值,当其满足条件 $0<\mu-E[\pi_s(w^*)]<E[\pi_{bs}(Q^0)]-E[\pi_{bs}(Q^*)]$ 时,与分散决策相比,不仅整体供应链系统的收益达到最优,而且 OEM 供应商和品牌企业的期望收益也都得到了改善,即该契约可以实现双方收益的帕累托优化。

5.2.4 算例分析

为使研究结论直观易懂,本节给出一个具体算例,先分析风险厌恶的品牌企业和风险中性的 OEM 供应商在分散决策下订货和定价决策,然后研究损失厌恶水平对其最优决策的影响,最后说明契约中 $\{m,\phi\}$ 如何设定,才能实现 OEM 供应链的协调。本节基本参数设置如下:$c=15$,$p=50$ 和 $s=10$,随机市场需求 $X \sim U[0,200]$,随机供应比例 $T \sim U[0,1]$。

假设品牌企业的损失厌恶系数 $\lambda=1.5$。在分散决策下,由一阶条件式(5.20),可以计算出品牌企业的最优订货数量为 $Q_\lambda^*(w)=\dfrac{750000-15000w}{0.5w^2+2000}$,将其代入式(5.33),即可得到供应商的最优外包价格 $w^*=39.3$,因此品牌企业的最优订货数量 $Q_\lambda^*(w)=58$。但由式(5.36)可知,$Q^0=150$,故此时 OEM 供应链无法协调。

为分析损失厌恶水平在分散决策下对品牌企业最优订购和 OEM 供应商最优定价的影响,变化 λ 的取值,结果如图 5-4 和图 5-5 所示。

图 5-4 和图 5-5 说明了零售商的最优订购量 Q_λ^* 和最优外包单价 w^* 都是损失厌恶水平 λ 的减函数。因此,当损失厌恶水平增加时,品牌企业通过减少其订购量以应对其期望效用的损失,而 OEM 供应商则会降低外包单价,以激励品牌企业,获取更多的订货量。

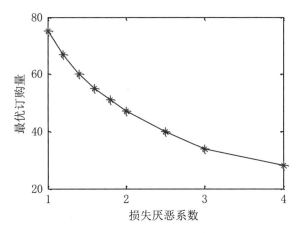

图 5-4　损失厌恶系数 λ 对最优订购量 Q_λ^* 的影响

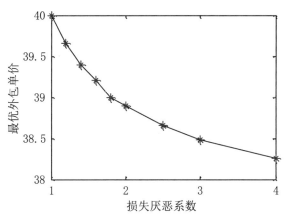

图 5-5　损失厌恶系数 λ 对最优外包单价 w^* 的影响

在集中决策下,整个供应链系统的最优订购量为 $Q^0=150$,此时 OEM 供应链系统利润达到最大。假设零售商的损失厌恶水平 $\lambda=1.5$,则由式(5.32)可知 OEM 供应商的保留利润为 $E[\pi_s(w^*)]=267.9$。因为只有不低于其保留利润,OEM 供应商才愿意参与此协调契约,故进一步假设 $\mu \geqslant 267.9$。根据方程组 (5.43),我们可以得到协调契约下不同的参数 $\{w,m,\phi\}$ 设置。结果如下:表5-1 表明带缺货惩罚的收益共享契约有很多种不同的协调方式。此外,从表5-1 还可以看出,单位缺货惩罚成本 m 和品牌企业的收益保留比例 ϕ 与 OEM 供应商的最优单位外包价格是正相关的。然而,OEM 供应商的期望收益却与最优单位外包价格负相关。从直观上来解释,单位外包价格的降低引起 OEM 供应商的利润减少,欲使其参与到协调契约中来,就要保证 OEM 供应商的获利不低于保留利润,由于供应链系统的总利润固定,意味着品牌企业需要做出一些牺牲,即减少其利润保留比例和单位缺货的惩罚成本,这将导致品牌企业的利润减小,OEM供应商的利润增加。

表5-1　$\lambda=1.5$时协调契约的不同参数$\{w,m,\phi\}$取值

w	m	ϕ	Q'^*_λ	μ
46	8.38	0.35	150	279
45	6.78	0.30	150	354
44	5.32	0.25	150	426
43	4.00	0.20	150	495
40	2.89	0.18	150	533
35	1.48	0.15	150	583
33	0.70	0.10	150	645

【本章小结】

损失厌恶是人们面对实际或可能损失时的一种普遍的心理反应,其影响范围涉及经济、政治、生活和管理等方方面面。心理科学研究表明[202]:"一定数量的损失所引起的心理效用,其强烈程度大约是等量获益的两倍,这种现象不仅存在于现实经济与管理生活中,甚至表现在非真实发生的损失情境。"在此背景下,本章研究了供需随机的供应链在损失厌恶下的决策与协调问题。主要结论总结如下:

(1) 以期望效用最大化为决策准则,探讨了一个随机供应的报童模型在损失厌恶下的决策问题。基于前景理论,本章采用一个简单的分段线性函数来描述零售商的损失厌恶水平,在不考虑缺货损失的情况下证明了零售商的效用函数是其订购量的凹函数。研究结果显示,损失厌恶的零售商的最优订购量总是低于风险中性的订购量,并且零售商的最优订购量和期望效用是损失厌恶水平和订购成本的减函数,但与商品的零售价格和残值成正比。

(2) 以期望效用(收益)最大化为准则,探讨了一个随机产出和随机需求的OEM供应链在损失厌恶下的决策和协调问题,同样采用一个简单的分段线性函数来描述品牌企业的损失厌恶水平。在Stackelberg博弈模型下,由逆推归纳法求出了损失厌恶的品牌企业最优订购量和OEM供应商的最优外包价格。进一步提出带缺货惩罚的收益共享契约,实现了该OEM供应链协调,不仅使供应链系统的收益达到最优,而且OEM供应商和品牌企业的期望收益也都得到了改善,即该契约可以实现双方收益的帕累托优化。

第6章 基于消费者绿色偏好的供应链决策与协调研究

近年来,绿色生产越来越受到公众的关注[142]。目前,许多企业通过加强绿色设计能力,提高绿色管理水平,实现了绿色供应链的应用。绿色供应链的实施不仅使企业获得环境效益和经济效益,而且使它们在国际市场上获得竞争优势。越来越多的制造商正在扩大生产线,开发更环保的替代品,并通过提高绿色产品的质量和服务,建立消费者的信任和忠诚度。例如,一些汽车企业开发制造混合动力环保汽车,一些服装企业生产100%有机纤维的绿色服装等[203]。

由于绝育黄瓜、瘦肉精、硫磺馒头等食品安全事件的出现,引起广大消费者的不安,促使消费者绿色消费意识和环保意识的提升。绿色发展是遵循自然规律的可持续发展,也是实现生态文明的根本途径。近年来,在法律法规、客户压力、竞争对手压力和社会责任的推动下,可持续供应链管理引起广大学者越来越多的关注[204]。可持续供应链管理的核心问题在于生态环境,例如绿色产品生产设计、制造副产品,产品使用过程中产生的副产品以及逆向物流[205]。农产品的质量安全关系到所有消费者的切身利益,发展绿色农产品符合国家"绿色发展、低碳发展、循环发展"的战略部署,体现了现代农业发展的主要方向,是推动我国经济可持续发展的重要组成部分。因此,构建和优化绿色农产品的供应链势在必行[206]。

6.1 考虑随机产出的绿色农产品供应链协调契约

当前我国安全农产品分主要为有机农产品、无公害农产品和绿色农产品三类,鉴于有机农产品价格昂贵且供给有限,而无公害农产品市场认可度又较低,所以绿色农产品成为现代农产品发展的主要方向[207]。与加工制造业不同,农产品生产与销售易受天气、季节等不确定因素的影响,致使农产品产出往往呈现一定的随机性。正因如此,才使得对随机产出下的农产品供应链研究更具有现实意义,对农产品生产商和销售商的运作管理指导也更有帮助[98]。但是现有关于农产品随机产出的文献大都没有考虑到农产品的绿色度对供应链最优策略产生的影响[208-210]。

供应链企业之间的合作在可持续供应链的管理中也发挥着越来越重要的作用,绿色供应链的协调可以实现供应链环境的改善。本节主要聚焦于绿色农产品供应链的协调问题。结合农产品产出存在不确定性的实际情况,利用博弈论的相关知识建立了"合作社+超市"的绿色供应链模型,并通过对比生产商与销售商在分散和集中模式下的最优策略,引入两部定价契约实现供应链协调。与现有研究区别在于:① 将随机产出和绿色水平同时纳入农产品供应链的决策过程,探讨二者对供应链运作造成的偏差;② 通过设计两部定价契约的协调激励机制,不仅能使供应链系统的期望收益达到最佳,而且实现了供应链环境的改善,从而能为相关企业的决策提供一些理论依据和实践指导。

6.1.1 问题描述与参数假设

考虑单个超市和单个农村合作社组成的二级绿色供应链系统,其中超市为绿色农产品销售商,农村合作社为绿色农产品生产商。销售商和生产商之间是完全信息下的 Stackelberg 博弈,且生产商是领导者,在销售季节来临前,首先由生产商决定农产品的绿色度水平 θ 和批发价格 w,随后销售商根据生产商的决策和市场需求信息的预测决定农产品的订货量 q。为方便模型的构建和分析,首先给出如下假设:

假设1 因受到许多不可控因素,如病虫害、天气、温度等自然灾害的影响,农产品的产量具有产出不确定性,本节采用常用的产出随机比例模型[90]来刻画生产商产出的随机的特点,即假定销售商的农产品订购量为 q 时,生产商的实际产量为 εq,其中 ε 表示绿色农产品的随机产出率且 $\varepsilon \in [0,1]$,ε 服从均值为 μ,方差为 σ^2 的一般自由分布[110]。由于存在产出不确定性的风险,销售商只能按产品的实际产出量在零售市场中进行销售。

假设2 根据 Boyabatli 等[211]的研究,农产品销售价格与产量负线性相关,故假设 $p(q)=a-b\varepsilon q$,其中 $a>0$ 表示窒息价格,$b>0$ 表示消费者价格敏感度,q 表示合作社当季农产品的产出量,同时也表示超市的当季收购量及其农产品销售量,假定期末农产品无残余。结合 Liu 等[159]的研究,农产品的销售价格同时与产品的绿色水平正线性相关,因此,不妨假设绿色农产品市场的逆需求函数为 $p(q,\theta)=a-b\varepsilon q+\lambda\theta$,其中 $0\leqslant\theta<1$ 为产品的绿色度水平,它显示了相对于

传统农产品的绿色减排比例，$\lambda>0$ 表示销售价格对农产品绿色水平的敏感程度，它反映了消费者的绿色环保意识，即消费者愿意为更绿色的农产品付出更高价格。

假设3 合作社的生产成本由两部分组成，一部分是农产品在生产过程中的边际生产成本，根据 Agbo 等[212]的研究成果，农产品的成本函数 $C(q)$ 为当季农资投入数的凸增函数且满足 $C(0)=0$，假定合作社种植农产品边际生产成本 $C(q)=\frac{1}{2}\alpha q^2$，其中 $\alpha>0$ 表示农产品生产成本系数；另一部分是为了提高农产品的绿色度水平而付出的固定投资成本 $H(\theta)$，如选择绿色肥料，开展绿色技术研发等，固定投资成本 $H(\theta)$ 与产品的绿色度水平 θ 相关，且满足 $H'(\theta)>0$，$H''(\theta)>0$，借鉴 Hong 和 Guo[161]中刻画绿色产品投资成本的模型，我们采用二次函数来刻画合作社的绿色投资成本，即 $H(\theta)=\frac{1}{2}\beta\theta^2$，其中 $\beta>0$ 表示固定绿色成本系数。本节考虑的绿色投资成本为生产商前期一次性投入成本，即固定绿色投资成本系数 β 往往足够大。

为表述方便，上标 s,m,ms 分别代表销售商、生产商和供应链，下标 d,c,co 分别代表供应链分散模式、集中模式和协调模式。

6.1.2 供应链决策模型

6.1.2.1 分散决策模型

根据上节问题的描述及假设，可以得出，在分散决策模式下，销售商和生产商利润函数分别为

$$\pi_d^s(q)=p(q,\theta)\varepsilon q-w\varepsilon q=\varepsilon q(a-b\varepsilon q+\lambda\theta-w) \tag{6.1}$$

$$\pi_d^m(w,\theta)=w\varepsilon q-C(q)-H(\theta)=w\varepsilon q-\frac{1}{2}\alpha q^2-\frac{1}{2}\beta\theta^2 \tag{6.2}$$

根据式(6.1)和式(6.2)得销售商和生产商期望利润分别为

$$E\left[\pi_d^s(q)\right]=(a+\lambda\theta-w)\mu q-b(\mu^2+\sigma^2)q^2 \tag{6.3}$$

$$E\left[\pi_d^m(w,\theta)\right]=w\mu q-\frac{1}{2}\alpha q^2-\frac{1}{2}\beta\theta^2 \tag{6.4}$$

在销售商和生产商的 Stackelberg 博弈过程中，双方均以期望利润最大化为目标，下面采用逆向归纳法求模型的均衡解。

第二阶段，销售商决定最优农产品的订购数量。由式(6.3)可知，$E\left[\pi_d^s(q)\right]$

关于 q 的一阶条件为

$$\frac{dE[\pi_d^s(q)]}{dq} = (a+\lambda\theta-w)\mu - 2b(\mu^2+\sigma^2)q = 0 \tag{6.5}$$

由于 $\dfrac{d^2 E[\pi_d^s(q)]}{dq^2} = -2b(\mu^2+\sigma^2) < 0$,所以 $E[\pi_d^s(q)]$ 是关于 q 的凹函数。

记 $A = \dfrac{\mu}{2b(\mu^2+\sigma^2)}$,则由式(6.5)可得销售商的唯一最优反应函数 q_d^* 为

$$q_d^* = A(a+\lambda\theta-w) \tag{6.6}$$

第二阶段,生产商决定最优农产品的批发价格和绿色水平。把式(6.6)代入式(6.4),可知 $E[\pi_d^m(w,\theta)]$ 关于 (w,θ) 的海塞矩阵 $H(w,\theta)$ 为

$$H_1(w,\theta) = \begin{bmatrix} \dfrac{\partial^2 E[\pi_d^m(w,\theta)]}{\partial w^2} & \dfrac{\partial^2 E[\pi_d^m(w,\theta)]}{\partial w \partial \theta} \\ \dfrac{\partial^2 E[\pi_d^m(w,\theta)]}{\partial \theta \partial w} & \dfrac{\partial^2 E[\pi_d^m(w,\theta)]}{\partial \theta^2} \end{bmatrix}$$

$$= \begin{bmatrix} -A^2\alpha - 2A\mu & A^2\alpha\lambda + A\lambda\mu \\ A^2\alpha\lambda + A\lambda\mu & -\beta - A^2\alpha\lambda^2 \end{bmatrix} \tag{6.7}$$

其一阶顺序主子式 $D_1 = \dfrac{\partial^2 \pi_m(w,\theta)}{\partial w^2} = -A^2\alpha - 2A\mu < 0$,考虑到固定投资成本系数 β 足够大,可以使得二阶顺序主子式 $D_2 = A(A\alpha\beta + 2\beta\mu - A\lambda^2\mu^2) > 0$,所以 $H_1(w,\theta)$ 为负定矩阵。故 $E[\pi_d^m(w,\theta)]$ 是关于 (w,θ) 的联合凹函数,生产商关于绿色产品订购数量的唯一最优反应函数对 (w_d^*,θ_d^*) 由下面方程组(6.8)决定。

$$\begin{cases} \dfrac{\partial E[\pi_d^m(w,\theta)]}{\partial w} = A^2\alpha(a-w+\theta\lambda) - Aw\mu + A(a-w+\theta\lambda)\mu = 0 \\ \dfrac{\partial E[\pi_d^m(w,\theta)]}{\partial \theta} = -\beta\theta - A^2\alpha\lambda(a-w+\theta\lambda) + Aw\lambda\mu = 0 \end{cases} \tag{6.8}$$

解方程组(6.8),得

$$\begin{cases} w_d^* = \dfrac{Aa\alpha\beta + a\beta\mu}{A\alpha\beta + 2\beta\mu - A\lambda^2\mu^2} \\ \theta_d^* = \dfrac{Aa\lambda\mu^2}{A\alpha\beta + 2\beta\mu - A\lambda^2\mu^2} \end{cases} \tag{6.9}$$

将 w_d^* 和 θ_d^* 的值代入式(6.6),即可得到如下结论。

定理 6.1 在分散决策下,销售商和生产商的 Stackelberg 博弈均衡决策为

$$\begin{cases} w_d^* = \dfrac{A a \alpha \beta + a \beta \mu}{A \alpha \beta + 2 \beta \mu - A \lambda^2 \mu^2} \\ \theta_d^* = \dfrac{A a \lambda \mu^2}{A \alpha \beta + 2 \beta \mu - A \lambda^2 \mu^2} \\ q_d^* = \dfrac{A a \beta \mu}{A \alpha \beta + 2 \beta \mu - A \lambda^2 \mu^2} \end{cases} \tag{6.10}$$

考虑绿色成本系数和消费者绿色水平敏感度对供应链成员最优决策的影响，得到性质6.1。

性质6.1 在分散决策下，当最优解存在时：

① $\dfrac{\partial w_d^*}{\partial \lambda}>0, \dfrac{\partial \theta_d^*}{\partial \lambda}>0, \dfrac{\partial q_d^*}{\partial \lambda}>0$；② $\dfrac{\partial w_d^*}{\partial \beta}<0, \dfrac{\partial \theta_d^*}{\partial \beta}<0, \dfrac{\partial q_d^*}{\partial \beta}<0$。

根据式(6.10)，分别对 w_d^*、θ_d^* 和 q_d^* 关于 λ 和 β 求偏导即得性质6.1结论成立。

性质6.1表明：环保意识高的消费者对农产品的绿色程度有较高敏感度，并愿意为绿色农产品支付额外费用。当面对这些消费者时，销售商可以受益于更高的产品需求，生产商则受益于绿色产品的价格上涨，同时增加了产品的绿色性。当绿色技术开发成本较高时，增加产品绿色化带来的收益要小于技术开发成本。为降低成本，生产商将会降低农产品的绿色度和批发价格，同样销售商也会减少其农产品的订购量。将均衡解(6.10)代入目标函数(6.3)和(6.4)中，得到销售商、生产商以及供应链的总体利润为

$$\begin{cases} E(\pi_d^{s*}) = \dfrac{a^2 A \beta^2 \mu^3}{2(A \alpha \beta + 2 \beta \mu - A \lambda^2 \mu^2)^2} \\ E(\pi_d^{m*}) = \dfrac{a^2 A \beta \mu^2}{2 A \alpha \beta + 4 \beta \mu - 2 A \lambda^2 \mu^2} \\ E(\pi_d^{ms*}) = \dfrac{a^2 A \beta \mu^2 (A \alpha \beta + 3 \beta \mu - A \lambda^2 \mu^2)}{2(A \alpha \beta + 2 \beta \mu - A \lambda^2 \mu^2)^2} \end{cases} \tag{6.11}$$

6.1.2.2 集中决策模型

在集中模式下，销售商与生产商充分合作，此时只有农产品的订购量和绿色投资水平为决策变量，与农产品的批发价格无关，此时供应链系统的决策问题可以表述为

$$\max_{\theta_c, q_c} E\big[\pi_c(\theta_c, q_c)\big] = (a + \lambda \theta_c) \mu q_c - \Big[\dfrac{1}{2}\alpha + b(\mu^2 + \sigma^2)\Big] q_c^2 - \dfrac{1}{2} \beta \theta_c^2 \tag{6.12}$$

定理6.2 在集中模式下，供应链系统的最优决策为

$$\begin{cases} \theta_c^* = \dfrac{A a \lambda \mu^2}{A\alpha\beta + \beta\mu - A\lambda^2\mu^2} \\ q_c^* = \dfrac{A a \beta \mu}{A\alpha\beta + \beta\mu - A\lambda^2\mu^2} \end{cases} \quad (6.13)$$

把式(6.13)代入目标函数(6.12)中,得到供应链系统的最大化利润为

$$E(\pi_c^*) = \dfrac{a^2 A \beta \mu^2}{2A\alpha\beta + 2\beta\mu - 2A\lambda^2\mu^2} \quad (6.14)$$

对比式(6.10)和式(6.13),不难发现,$A\alpha\beta + 2\beta\mu - A\lambda^2\mu^2 > A\alpha\beta + \beta\mu - A\lambda^2\mu^2$,由此可以得出如下性质6.2结论成立。

性质6.2 $\theta_c^* > \theta_d^*, q_c^* > q_d^*$

性质6.2表明:与分散模式相比,集中模式下的供应链不仅生产的农产品更加环保,而且销售商的农产品订购数量也将增加,这一方面说明在分散决策下无法实现绿色农产品供应链的协调,同时意味着供应链双方成员之间为履行环境责任而进行充分合作,是实现环境改善的一种可行手段。

6.1.2.3 供应链协调模型

由上节讨论可知,在分散决策下供应链成员为追求自身利益最大化而忽略了整体利益,导致其最优决策低于集中决策时的最优水平,无法实现供应链的协调。为了激励销售商提高绿色产品的订购量,达到供应链协调,本节采用广泛应用于绿色供应链管理的两部定价契约$\{w_{co}, T\}$以协调供应链[161],其中w_{co}为生产商绿色农产品的批发价格,T为销售商给生产商固定的转移支付。假设生产商选择农产品的绿色程度为θ_{co},与第3.1节的分析类似,销售商的决策问题是:

$$\max_{q_{co}} E\left[\pi_{co}^s(q_{co})\right] = (a + \lambda\theta_{co} - w_{co})\mu q_{co} - b(\mu^2 + \sigma^2)q_{co}^2 - T \quad (6.15)$$

鉴于T是固定的转移支付,销售商对生产商确定的契约条款和产品绿色程度的反应函数为

$$q_{co}^* = A(a + \lambda\theta_{co} - w_{co}) \quad (6.16)$$

根据零售商的反应,为优化决策,制造商需要解决的问题为

$$\max_{w_{co}, T, \theta_{co}} E\left[\pi_{co}^m(w_{co}, T, \theta_{co})\right] = w_{co}\mu q_{co} - \dfrac{1}{2}\alpha q_{co}^2 - \dfrac{1}{2}\beta\theta_{co}^2 + T \quad (6.17)$$

$$s.t. \ (a + \lambda\theta_{co} - w_{co})\mu q_{co} - b(\mu^2 + \sigma^2)q_{co}^2 - T \geqslant E(\pi_d^{s*}) \quad (6.18)$$

式(6.18)作为一种激励约束,能够确保销售商接受生产商提供的协调契约,而生产商的最优决策则由下面的定理6.3给出。

定理6.3 生产商可以通过选择农产品的绿色度为 $\theta_{co}^* = \theta_c^*$，并向销售商提供以下两部定价契约 $\{w_{co}^*, T^*\}$ 来协调供应链。

$$\{w_{co}^*, T^*\} = \left\{a + \frac{A a \lambda^2 \mu^2 - a\beta\mu}{A\alpha\beta + \beta\mu - A\lambda^2\mu^2}, \frac{a^2 A \beta^2 \mu^3}{2(A\alpha\beta + \beta\mu - A\lambda^2\mu^2)^2} - \frac{a^2 A \beta^2 \mu^3}{2(A\alpha\beta + 2\beta\mu - A\lambda^2\mu^2)^2}\right\}$$

证明： 对于制造商在式(6.17)中的决策问题，其最优解一定在约束(18)的边界取得。这是一个典型的道德风险问题，也就是说，制造商可以通过选择一个合适的固定支付 T 从零售商提取所有的盈余。因此，通过设置 $T = (a + \lambda\theta_{co} - w_{co})\mu q_{co}^* - b(\mu^2 + \sigma^2) q_{co}^{*2} - E(\pi_d^{s*})$，生产商将面临以下决策问题：

$$\max_{w_{co}, \theta_{co}} E\left[\pi_{co}^m(w_{co}, \theta_{co})\right] = (a + \lambda\theta_{co})\mu q_{co}^* - \left[\frac{1}{2}\alpha + b(\mu^2 + \sigma^2)\right] q_{co}^{*2} - \frac{1}{2}\beta\theta_{co}^2 \quad (6.19)$$

通过式(6.19)的一阶条件，再结合式(6.16)，可知要使生产商的最优决策与集中模式供应链系统的最优决策保持一致，θ_{co}^* 和 w_{co}^* 需满足如下条件：

$$\begin{cases} w_{co}^* = a + \dfrac{A a \lambda^2 \mu^2 - a\beta\mu}{A\alpha\beta + \beta\mu - A\lambda^2\mu^2} \\ \theta_{co}^* = \dfrac{A a \lambda \mu^2}{A\alpha\beta + \beta\mu - A\lambda^2\mu^2} \end{cases} \quad (6.20)$$

把式(6.20)代入式(6.16)，可得 $q_{co}^* = \dfrac{A a \beta \mu}{A\alpha\beta + \beta\mu - A\lambda^2\mu^2}$，从而

$$T^* = \frac{a^2 A \beta^2 \mu^3}{2(A\alpha\beta + \beta\mu - A\lambda^2\mu^2)^2} - \frac{a^2 A \beta^2 \mu^3}{2(A\alpha\beta + 2\beta\mu - A\lambda^2\mu^2)^2} \text{。}$$

性质6.3 生产商和销售商在分散决策和协调契约下的期望收益满足下列关系：① $E(\pi_d^{m*}) < E(\pi_{co}^{m*})$；② $E(\pi_d^{s*}) = E(\pi_{co}^{s*})$。

性质6.3分析了分散决策和两部定价契约下生产商和销售商的期望收益的比较：作为Stackelberg博弈的领导者，生产商具有强大的讨价还价能力，可以从协调的供应链中获益[即 $E(\pi_{co}^{m*}) > E(\pi_d^{m*})$]；与此相反，销售商作为Stackelberg博弈跟随者，没有强大的议价能力，故只能获得与分散决策下相等的期望收益[即 $E(\pi_d^{s*}) = E(\pi_{co}^{s*})$]，并不能从协调的供应链中获得更多收益。

性质6.4 令 $\Delta\theta_{cod} = \theta_{co}^* - \theta_d^*$，则 $\dfrac{\partial \Delta\theta_{cod}}{\partial \lambda} > 0$ 且 $\dfrac{\partial \Delta\theta_{cod}}{\partial \beta} < 0$。

性质6.4揭示了当消费者的绿色环保意识以及绿色技术开发的成本系数发生变化时，农产品的绿色度是如何变化的：当消费者的绿色环保意识增强时，两部定价契约在提供绿色农产品方面的优势更加明显；但当绿色技术开发成本率提高时，两部定价契约的优势就消失了。

6.1.3 算例分析

本节将利用MATLAB软件对模型结果进行算例分析,假设相关参数分别为 $a=100, b=1, \mu=0.8, \sigma=0.5, \alpha=15, \beta=50, \lambda=5$。下面将分别对分散决策和两部定价契约模型中绿色敏感系数、绿色成本系数以及随机产出的均值与方差等参数进行比较静态分析,具体探讨模型中这些参数变化对绿色供应链成员最优决策和期望收益的影响。

6.1.3.1 绿色敏感系数对供应链影响

对消费者的绿色敏感系数进行灵敏度分析,分别研究分散决策和两部定价契约模型中消费者绿色敏感度对绿色供应链最优决策和期望收益的影响。将 λ 视为变量,进行相关的数值实验。

从图6-1可以看出,随着消费者的绿色敏感程度的增加,不管是分散决策还是协调契约下,整个供应链成员的最优决策和期望收益均是增加的。这说明消费者的环保意识的提高能够促使生产商生产出更绿色的农产品和提高批发价格,并促使销售商加大绿色农产品的订购量,进而使得整个供应链系统都能从中获益。相比较而言,只有生产商的最优农产品的绿色减排投入 θ^* 随着 λ 增大而增加的幅度较大,其他决策变量和期望收益的变化均不敏感。因此,消费者的绿色环保意识的提高能够更好地促进环境改善,这启示我们可以对消费者采取绿色营销方式来提高其绿色环保意识。

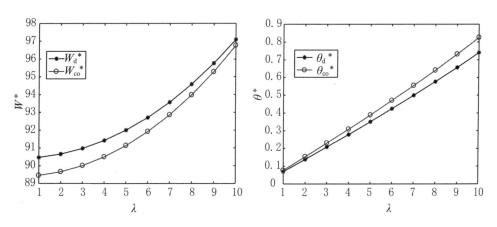

图6-1 λ 对供应链最优决策和期望收益的影响

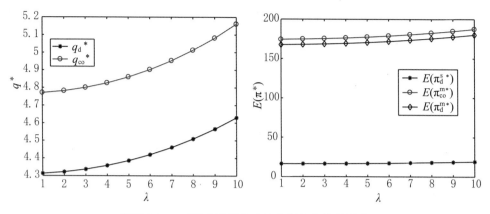

续图6-1 λ对供应链最优决策和期望收益的影响

6.1.3.2 绿色成本系数对供应链影响

对消费者的绿色成本系数进行灵敏度分析,分别研究分散决策和两部定价契约模型中绿色成本系数对供应链最优决策和期望收益的影响。将 β 视为变量,进行相关的数值分析。

图6-2表明,随着生产商的绿色成本系数增加,不管是分散决策还是两部定价契约下,整个供应链成员的最优决策和期望收益均是减少的。这说明绿色技术开发成本较高时,农产品绿色化增加所带来的收益可能小于绿色技术开发成本,此时理性的生产商将会降低农产品的绿色水平和批发价格,绿色度的降低也会导致市场需求下降,从而销售商也会减少其农产品的订购量。进而使得整个供应链系统期望收益下降。此时只有生产商的最优农产品的绿色减排投入 θ^* 随着 β 增大而降低的幅度较大,其他决策变量和期望收益的变化均不敏感。因此,绿色成本系数提高是不利于环境改善的,这也启示我们需要增大绿色科技投入,降低绿色农产品的研发成本。

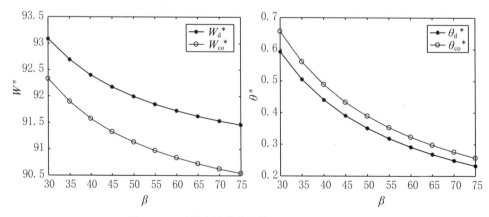

图6-2 β 对供应链最优决策和期望收益的影响

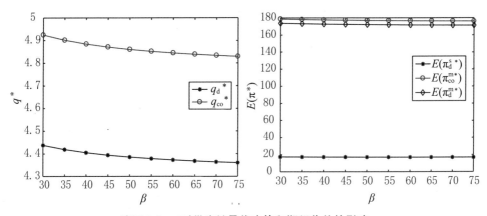

续图6-2 β 对供应链最优决策和期望收益的影响

6.1.3.3 随机产出率的均值对供应链影响

考察随机产出的均值对供应链成员最优决策和期望收益的影响,仅改变 μ 值,得到最优决策和期望收益随生产商随机产出率 ε 均值变化的曲线(图6-3)。从图6-3可以推知:随着生产商期望产出的增加,生产商的最优农产品绿色水平和销售商的最优农产品订购量均增加,供应链、销售商和生产商的期望利润也都增加,但生产商的最优批发价格是下降的。与分散决策相比,两部定价契约下供应链最优决策和期望收益随 μ 值变化要更敏感些,这意味着若生产商采取措施增加期望产出,不仅可以有效促进环境改善,也可以增加供应链成员和系统的期望收益。

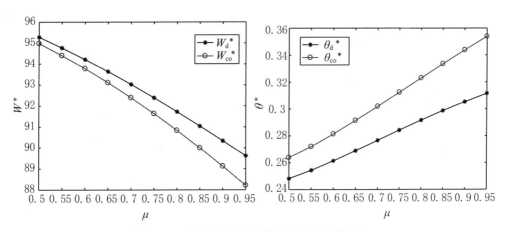

图6-3 μ 对供应链最优决策和期望收益的影响

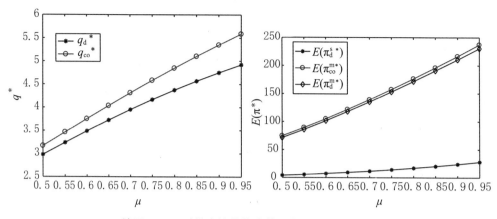

续图 6-3 μ 对供应链最优决策和期望收益的影响

6.1.3.4 随机产出率的标准差对供应链的影响

考察随机产出的不确定性程度对供应链成员最优决策和期望收益的影响,仅改变 σ 值,得到最优决策和期望收益随生产商随机产出率 ε 标准差变化的曲线(图6-4)。从图6-4可以发现:随着生产商产出不确定性程度的增加,销售商的最优农产品订购量、生产商的最优农产品绿色水平和最优批发价格均下降,供应链和生产商的期望收益也都在下降,唯有销售商的期望收益是增加的。从直觉上看,产出的不确定性对供应链影响肯定是负面的,销售商的期望收益随着 σ 取值变大而增加似乎不合常理。但结合式(6.11)可知,销售商的期望收益随着 A 值增大而减小,而 A 与 σ 又是负相关关系,因此销售商的期望收益随着 σ 取值变大而增加。由于销售商的期望收益随着 σ 的增加而增大的幅度低于生产商期望收益降低的幅度,所以整个供应链系统的收益也是随着 σ 的增加而下降的。

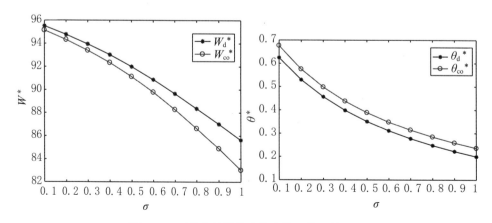

图 6-4 σ 对供应链最优决策和期望收益的影响

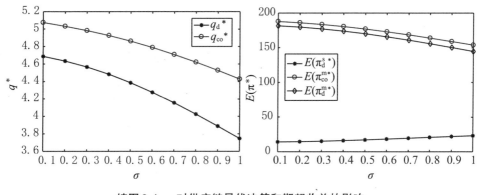

续图 6-4　σ 对供应链最优决策和期望收益的影响

6.2　考虑环境责任的生产模式选择及绿色度联合决策

在绿色生产的定价和绿色度决策中,消费者的环境意识是被广泛考虑的,但在绿色市场需求中,鲜有考虑区分消费者类型的。事实上,并非所有的消费者愿意为绿色产品支付溢价。例如,2010年3月,埃森哲对全球汽车消费者调查结果显示,有56%的美国和加拿大消费者不会为混合动力车或电动车支付比燃油车更高的价格[142]。基于此,本节在制定绿色和普通产品的需求函数时,就考虑了现实中存在消费者类型的差异,并针对不同消费者设置不同的估值效用。本节的主要贡献体现在:① 将市场需求中的消费者划分为绿色消费者和普通消费者两类,使绿色生产的决策模型更加符合现实情况;② 分别求出了普通产品、绿色产品和混合产品3种不同的生产模式下的最优产品定价、最优绿色度、最大利润和最优社会福利;③ 通过对3种不同的生产模式进行比较,分别从制造商利润最大化、消费者剩余最大化和社会福利最大化的角度给出了生产模式的最优选择;④ 通过对政府部门、制造商和消费者提出合理化建议,使三者能够在混合产品生产模式下同时实现自身目标最大化。

6.2.1　模型描述与假设

考虑市场是由单个垄断制造商和一群消费者构成的,该制造商既可以生产普通功能性产品,也可以投资生产绿色功能性产品来满足市场差异化需求,这两种产品在其功能属性方面是相同的,可以相互替代,但在其环境属性方面是不同的。绿色产品的碳排放比普通产品的要少,绿色产品在两者中更环保。

制造商通过投资开发绿色技术、生产绿色产品来履行其环境责任,并决定产品的绿色度。我们用 g 表示绿色产品的绿色度,以衡量相对于普通产品节省的排放比例。选择产品的绿色程度越高,技术开发所需的投资就越大,若用 α 表示绿色技术开发的成本率,则绿色技术的投资成本为 αg^2,这意味着在投资绿色产品的绿色度方面有一个凸增的成本[161]。假设制造商生产单位普通产品的成本为 c,则制造商生产绿色产品的成本包括两部分:一部分是单位产品的生产成本 c,另一部分是一次性投入的绿色技术的投资成本 αg^2。

根据消费者是否具有环境责任,本节将消费者划分为两类:一类是关注环境责任的消费者,我们称他们为绿色消费者;另一类只注重产品功能,不考虑环境责任的消费者,我们称他们为普通消费者。绿色消费者的环境责任是通过他们对绿色产品的偏好来实现的,他们从绿色产品的功能和环境属性中都能获得效用。假设消费者在评价产品的功能属性时是异质的,而在评价环境属性时则是同质的。也就是说,在现实世界中,所有消费者对产品的功能属性有不同的评价,但是所有的绿色(或普通)消费者都有相同的环境意识[142]。

为便于模型分析,本节作出如下假设。

假设1 市场规模假设。市场需求是确定的,并假设为1。

假设2 消费者数量关系假设。假设市场上绿色消费者所占的比例为 λ,则普通消费者所占的比例为 $1-\lambda$。

假设3 消费者估值效用假设。用 V 表示消费者从产品的功能质量中获得的效用,参考 Hong 等[142]的设置,假设 V 服从 $[0,1]$ 上的均匀分布。绿色消费者具有环境意识,并从购买绿色产品中获得环境效用 kg,其中 k 表示绿色消费者对产品绿色度的偏好系数,普通消费者则无此环境效用。显然,绿色技术的投资成本应高于单位绿色产品的边际环境相关效用[161],即 $\alpha g^2 > kg$,又因为 $kg > k^2 g^2 (0 < kg < 1)$,故有 $\alpha > k^2$。

假设制造商对普通产品和绿色产品的定价分别为 P_1 和 P_2,由于绿色产品的生产成本更高,不失一般性,可假设 $P_2 > P_1 > c$。通过以上对消费者的不同分类,可以得到不同消费者在不同购买行为下的效用函数。设下标 G 和 O 分别代表绿色消费者和普通消费者,上标 G 和 O 分别代表购买绿色产品和普通产品,则不同购买行为下的两类消费者的效用可以表示为 $U_O^O = V - P_1$,$U_O^G = V - P_2$,$U_G^O = V - P_1$,$U_G^G = V - P_2 + kg$。

考虑到消费者的不同效用,垄断供应商有3种不同的生产模式可供选择:普通产品生产模式、绿色产品生产模式和混合产品生产模式。下面将在这3种不同生产模式下依次分析制造商的最优决策问题。

6.2.2 模型构建

6.2.2.1 普通产品生产模式(C)

在此生产模式下,市场上只有普通产品存在,故两类消费者购买普通产品的前提条件是 $U_O^O = U_G^O = V - P_1^C > 0$,考虑到市场规模为1,则普通产品的需求为

$$Q^C(P_1^C) = P(V > P_1^C) = 1 - F(P_1^C) = 1 - P_1^C \tag{6.21}$$

制造商的决策模型为

$$\max_{P_1^C} \pi^C(P_1^C) = (P_1^C - c)(1 - P_1^C) \tag{6.22}$$

令 $\dfrac{\partial \pi^C(P_1^C)}{\partial P_1^C} = 0$,可得普通产品生产模式下制造商的最优定价决策为

$$P_1^{C*} = \frac{c+1}{2} \tag{6.23}$$

把 P_1^{C*} 值依次代入式(6.21)和式(6.22)中,即可得出如下命题6.1。

命题6.1 在普通产品生产模式下,制造商的最优定价、最优产品数量和最大利润分别为 $P_1^{C*} = \dfrac{c+1}{2}$,$Q^{C*} = \dfrac{1-c}{2}$ 和 $\pi^{C*} = \dfrac{(1-c)^2}{4}$。

6.2.2.2 绿色产品生产模式(R)

在此生产模式下,市场上只有绿色产品存在,故两类消费者购买绿色产品的前提是 $U_O^G = V - P_2^R > 0$,$U_G^G = V - P_2^R + kg^R > 0$,考虑到两类消费者之间比例为 $\dfrac{\lambda}{1-\lambda}$,则绿色产品的需求为

$$Q^R(P_2^R, g^R) = \lambda(1 - P_2^R + kg^R) + (1-\lambda)(1 - P_2^R) \tag{6.24}$$

制造商的决策问题为

$$\max_{P_2^R, g^R} \pi^R(P_2^R, g^R) = (P_2^R - c)[\lambda(1 - P_2^R + kg^R) + (1-\lambda)(1 - P_2^R)] - \alpha(g^R)^2 \tag{6.25}$$

由式(6.25)不难证明,$\pi^R(P_2^R, g^R)$ 是关于 (P_2^R, g^R) 的联合凹函数,故存在唯一的最优数对 (P_2^{R*}, g^{R*}) 使得 $\pi^R(P_2^R, g^R)$ 取值最大,分别令 $\dfrac{\partial \pi^R(P_2^R, g^R)}{\partial P_2^R} = 0$,$\dfrac{\partial \pi^R(P_2^R, g^R)}{\partial g^R} = 0$,可得

$$P_2^{R*} = \frac{ck^2\lambda^2 - 2\alpha - 2c\alpha}{k^2\lambda^2 - 4\alpha}, g^{R*} = \frac{(c-1)k\lambda}{k^2\lambda^2 - 4\alpha} \tag{6.26}$$

把 P_2^{R*} 和 g^{R*} 的值依次代入到式(6.24)和式(6.25)中,即可得出命题6.2。

命题6.2 在绿色产品生产模式下,制造商的最优定价、最优绿色度、最优产品数量和最大利润分别为 $P_2^{R*} = \frac{ck^2\lambda^2 - 2\alpha - 2c\alpha}{k^2\lambda^2 - 4\alpha}$,$g^{R*} = \frac{(c-1)k\lambda}{k^2\lambda^2 - 4\alpha}$,$Q^{R*} = \frac{2(1-c)\alpha}{4\alpha - k^2\lambda^2}$ 和 $\pi^{R*} = \frac{(c-1)^2\alpha}{4\alpha - k^2\lambda^2}$。

分析绿色偏好系数 k 和技术开发的成本率 α 对制造商最优决策和利润的影响,可得如下推论 6.1。

推论6.1 ① $\frac{\partial P_2^{R*}}{\partial k} > 0, \frac{\partial g^{R*}}{\partial k} > 0, \frac{\partial Q^{R*}}{\partial k} > 0$ 和 $\frac{\partial \pi^{R*}}{\partial k} > 0$;

② $\frac{\partial P_2^{R*}}{\partial \alpha} < 0, \frac{\partial g^{R*}}{\partial \alpha} < 0, \frac{\partial Q^{R*}}{\partial \alpha} < 0$ 和 $\frac{\partial \pi^{R*}}{\partial \alpha} < 0$。

推论6.1表明:绿色消费者绿色意识的提高,能够促使制造商生产更绿色的产品,提高绿色产品的零售价格,加大绿色产品的生产数量,进而提高制造商的利润;绿色技术开发的成本越高,制造商生产绿色产品的努力就越少,绿色产品的零售价格、生产数量以及制造商的利润也都随之减少。这意味着绿色意识高的绿色消费者对产品的环保属性有强烈的偏好,愿意为环保产品支付额外的费用,当面对这些消费者时,制造商既可以通过提高产品的绿色度来带动绿色消费,又能通过提高绿色产品的零售价格而受益。反之,当绿色技术开发成本较高时,制造商就应该降低产品的绿色度以降低生产成本。

6.2.2.3 混合产品生产模式(H)

在混合产品生产模式下,制造商同时向市场供应普通产品和绿色产品,由于绿色产品的定价高于普通产品,即 $P_2^H - P_1^H > 0$,普通消费者只会选择购买普通产品,故制造商将会设置合适的绿色产品价格使得绿色消费者购买绿色产品的效用大于购买普通产品的效用,即 $U_G^G - U_G^O = P_1^H + kg^H - P_2^H > 0$,否则将没有消费者愿意购买绿色产品,混合生产模式也就不复存在。普通消费者购买普通产品的前提条件是 $U_O^O = V - P_1^H > 0$,绿色消费者购买绿色产品的前提条件是 $U_G^G = V - P_2^H + kg^H > 0$。因此,普通产品和绿色产品的市场需求分别为

$$Q_1^H(P_1^H) = (1-\lambda)(1-P_1^H), Q_2^H(P_2^R, g^R) = \lambda(1 - P_2^H + kg^H) \tag{6.27}$$

制造商的决策模型为

$$\max_{P_1^H, P_2^H, g^H} \pi^H(P_1^H, P_2^H, g^H) = (P_1^H - c)(1-\lambda)(1-P_1^H)$$
$$+ (P_2^H - c)\lambda(1 - P_2^H + kg^H) - \alpha(g^H)^2$$
$$s.t. \quad P_2^H - P_1^H > 0, \quad P_1^H + kg^H - P_2^H > 0 \tag{6.28}$$

命题6.3 在混合产品生产模式下,制造商的普通产品和绿色产品的最优定价、绿色产品的最优绿色度、普通产品和绿色产品的最优数量、最大利润分别为 $P_1^{H*} = \dfrac{1+c}{2}$, $P_2^{H*} = \dfrac{2\alpha + 2c\alpha - ck^2\lambda}{4\alpha - k^2\lambda}$, $g^{H*} = \dfrac{(1-c)k\lambda}{4\alpha - k^2\lambda}$, $Q_1^{H*} = \dfrac{1}{2}(c-1)(\lambda-1)$, $Q_2^{H*} = \dfrac{2(1-c)\alpha\lambda}{4\alpha - k^2\lambda}$, $\pi^{H*} = \dfrac{(c-1)^2[4\alpha + k^2(\lambda^2 - \lambda)]}{16\alpha - 4k^2\lambda}$。

证明:目标函数的Hessian矩阵为

$$H = \begin{bmatrix} 2\lambda - 2 & 0 & 0 \\ 0 & -2\lambda & k\lambda \\ 0 & k\lambda & -2\alpha \end{bmatrix}$$

由于 $\alpha > k^2, 0 < \lambda < 1$,所以

$$|H_1| = 2\lambda - 2 < 0, |H_2| = -2\lambda(2\lambda - 2) > 0, |H_3| = 2\lambda(\lambda - 1)(4\alpha - k^2\lambda) < 0。$$

由此可知 H 是负定的,$\pi^H(P_1^H, P_2^H, g^H)$ 是关于 (P_1^H, P_2^H, g^H) 的联合凹函数,故存在唯一的最优数组 $(P_1^{H*}, P_2^{H*}, g^{H*})$ 使得 $\pi^H(P_1^H, P_2^H, g^H)$ 取值最大。由下列一阶微分方程组:

$$\begin{cases} \dfrac{\partial \pi^H}{\partial P_1^H} = (1-P_1^H)(1-\lambda) - (P_1^H - c)(1-\lambda) = 0 \\ \dfrac{\partial \pi^H}{\partial P_2^H} = -\lambda(P_2^H - c) + \lambda(1 - P_2^H + kg^H) = 0 \\ \dfrac{\partial \pi^H}{\partial g^H} = -2\alpha g^H + k\lambda(P_2^H - c) = 0 \end{cases}$$

解得 $P_1^{H*} = \dfrac{1+c}{2}$, $P_2^{H*} = \dfrac{2\alpha + 2c\alpha - ck^2\lambda}{4\alpha - k^2\lambda}$, $g^{R*} = \dfrac{(1-c)k\lambda}{4\alpha - k^2\lambda}$,且满足

$$P_2^{H*} - P_1^{H*} = \dfrac{(1-c)k^2\lambda}{8\alpha - 2k^2\lambda} > 0, \quad P_1^{H*} + kg^{H*} - P_2^{H*} = \dfrac{(1-c)k^2\lambda}{8\alpha - 2k^2\lambda} > 0$$

分别将 P_1^{H*}, P_2^{H*} 和 g^{R*} 的值代入式(6.27)和式(6.28)即得命题6.3成立。

分析市场中绿色消费者所占的比例 λ 对制造商最优决策和利润的影响,可得如下推论。

推论6.2 $\dfrac{\partial P_1^{H*}}{\partial \lambda} = 0, \dfrac{\partial P_2^{H*}}{\partial \lambda} > 0, \dfrac{\partial g^{H*}}{\partial \lambda} > 0, \dfrac{\partial Q_1^{H*}}{\partial \lambda} < 0, \dfrac{\partial Q_2^{H*}}{\partial \lambda} > 0$ 和 $\dfrac{\partial \pi^{H*}}{\partial \lambda} > 0$。

推论6.2表明,绿色消费者所占比例的增加,对普通产品的定价决策没有

影响,但对绿色产品的绿色度和定价决策都产生正向效应。同时,绿色产品的生产数量对普通产品蚕食也逐渐增大。相比普通产品,绿色产品零售价格优势明显,故制造商的利润也随着 λ 的增加而增加。因此,加强绿色宣传,使更多普通消费者具备环境意识,对促进绿色消费,增加制造商收益具有重要意义。

6.2.3 模型分析

在上一节中,我们研究了3种不同生产模式下的制造商最优决策和最大利润。在本节中,我们将通过比较这3种生产模式之间的决策差异,为制造商的生产模式选择提供理论依据。

推论6.3 三种生产模式下的产品零售价格、绿色度和市场需求满足下列关系:

① $P_2^{H*} > P_2^{R*} > P_1^{H*} = P_1^{C*}$;

② $g^{H*} > g^{R*}$;

③ $Q^{H*} = Q_1^{H*} + Q_2^{H*} > Q^{R*} > Q^{C*}$。

推论6.3从产品定价、绿色设计和产品需求3个方面分析了不同生产模式之间的差异。在这3种模式中,混合产品生产模式充分考虑了不同消费者购买不同产品的效用差异,因此该模式包含了最有效的决策:最高的零售价格、最绿色的产品和最多的产品销售量。绿色产品生产模式虽然鼓励所有消费者进行绿色消费,但由于普通消费者对绿色产品无偏好,反而对绿色产品的零售价格较为敏感,使得普通消费者购买绿色产品的需求减小,为激励这部分消费者购买绿色产品,制造商不得不降低绿色产品的零售价格,进而导致绿色产品边际利润的降低,为控制绿色技术开发成本,制造商绿色产品的绿色度也随之降低。另外,当市场中存在绿色消费者时,普通产品生产模式毫无优势可言。

推论6.4 令 $\Delta g_{HR} = g^{H*} - g^{R*} = \dfrac{(1-c)k^3(1-\lambda)\lambda^2}{(4\alpha - k^2\lambda)(4\alpha - k^2\lambda^2)}$,则 $\dfrac{\partial g \Delta_{HR}}{\partial k} > 0, \dfrac{\partial \Delta g_{HR}}{\partial \alpha} < 0$。

推论6.4显示了当绿色消费者的绿色意识和绿色技术开发成本率不同时,产品的绿色度是如何变化的。结果表明,当消费者绿色意识增强时,混合产品生产模式在提供绿色产品方面的优势更明显。当面对绿色意识较高的消费者时,制造商可以通过提高消费者的绿色意识(即 g)来增加需求,从而实现企业利润最大化。但当绿色技术开发成本上升时,混合产品生产模式的优势就消失了。

推论6.5 3种生产模式下的制造商的利润满足如下关系: $\pi^{H*} > \pi^{R*} > \pi^{C*}$。

推论6.5比较了3种生产模式下制造商的利润。由推论6.3讨论可知,该结论是显然成立的。推论6.5表明当市场中普通消费者和绿色消费者并存时,制造商的最佳生产模式选择是混合产品生产模式,次优选择是绿色产品生产模式,最差选择是普通产品生产模式。

推论6.6 令 $\triangle\pi_{HR}=\pi^{H*}-\pi^{R*}=\dfrac{(1-c)^2k^4(1-\lambda)\lambda^3}{4(4\alpha-k^2\lambda)(4\alpha-k^2\lambda^2)}$,$\triangle\pi_{RC}=\pi^{R*}-\pi^{C*}=\dfrac{(1-c)^2k^2\lambda^2}{16\alpha-4k^2\lambda^2}$,则

① $\dfrac{\partial\triangle\pi_{RC}}{\partial k}>0, \dfrac{\partial\triangle\pi_{RC}}{\partial\alpha}<0$;

② $\dfrac{\partial\triangle\pi_{HR}}{\partial k}>0, \dfrac{\partial\triangle\pi_{HR}}{\partial\alpha}<0$。

推论6.6揭示了绿色消费者的绿色意识和绿色技术开发成本率不同时,制造商在3种不同生产模式下利润差异的变化。① 是绿色产品生产模式与普通产品生产模式对比,结果表明,绿色消费者的绿色意识提高了制造商的盈利能力,但随着绿色技术开发成本的提高,两种生产模式的利润差距逐渐缩小。也就是说,制造商更倾向于绿色产品生产模式,尤其是面对绿色意识较高的消费者时。然而,较高的绿色技术开发成本率会降低制造商投资绿色技术研发的积极性。② 是混合产品生产模式与绿色产品生产模式对比,结果与①类似。

除了考虑制造商的经济利益之外,本节还有意识地从社会视角考虑环境责任问题,为相关政府部门的决策提供参考。为做到这一点,我们比较了3种不同生产模式下的社会福利(SW)。社会福利包括3个部分:制造商利润(π)、消费者剩余(CS)和环境改进(EI)。因此,社会福利的计算公式为

$$SW=\pi+CS+EI \tag{6.29}$$

消费者剩余等于消费者最大可接受零售价格减去实际价格。假设 $\hat{P}$ 表示为没有消费者购买产品的临界零售价格,则总的消费者剩余为 $CS^*=\dfrac{1}{2}(\hat{P}-P^*)Q^*$。

令 $\hat{P_1}=1, \hat{P_2}=1+kg^*$,则普通消费者购买普通产品的最大可接受零售价格、普通消费者购买绿色产品的最大可接受零售价格和绿色消费者购买普通产品的最大可接受零售价格均为 $\hat{P_1}$,而绿色消费者购买绿色产品的最大可接受零售价格则为 $\hat{P_2}$。考虑到两类消费者之间比例为 $\dfrac{\lambda}{1-\lambda}$,在3种不同生产模式下消费者剩余为

$$CS^{C*} = \frac{1}{2}(\widehat{P}_1 - P_1^{C*})Q^{C*} = \frac{(1-c)^2}{8}$$

$$CS^{R*} = \frac{1}{2}\left[\lambda(\widehat{P}_2 - P_2^{R*}) + (1-\lambda)(\widehat{P}_1 - P_2^{R*})\right]Q^{R*} = \frac{2(1-c)^2\alpha^2}{(4\alpha - k^2\lambda^2)^2}$$

$$CS^{H*} = \frac{1}{2}\left[\lambda(\widehat{P}_2 - P_2^{H*})Q_2^{H*} + (1-\lambda)(\widehat{P}_1 - P_1^{H*})Q_1^{H*}\right]$$

$$= \frac{(1-c)^2\left[k^4(1-\lambda)^2\lambda^2 + 16\alpha^2(1-2\lambda+2\lambda^2) - 8k^2\alpha(1-\lambda)^2\lambda\right]}{4(4\alpha - k^2\lambda^2)^2}$$

本节采用制造商生产产品的绿色度来代表社会环境的改进,即 $EI^* = g^*Q^*$。因此,在3种不同生产模式下环境改进为

$$EI^{C*} = 0$$

$$EI^{R*} = g^{R*}Q^{R*} = \frac{2(1-c)^2 k\alpha\lambda}{(4\alpha - k^2\lambda^2)^2}$$

$$EI^{H*} = g^{H*}Q_2^{H*} = \frac{2(1-c)^2 k\alpha\lambda^2}{(4\alpha - k^2\lambda^2)^2}$$

把相关的最优值 π^*,CS^* 和 EI^* 代入到式(6.29),即可得出命题6.4。

命题6.4 在3三种不同生产模式下的社会福利分别为

$$SW^{C*} = \frac{3}{8}(1-c)^2$$

$$SW^{R*} = \frac{(1-c)^2\left[6\alpha + k\lambda(2-k\lambda)\right]\alpha}{(-4\alpha + k^2\lambda^2)^2}$$

$$SW^{H*} = \frac{(1-c)^2\left\{k^4\lambda^2(2-3\lambda+\lambda^2) + 32\alpha^2(1-\lambda+\lambda^2) + 4k\alpha\lambda\left[2\lambda - k(4-5\lambda+2\lambda^2)\right]\right\}}{4(-4\alpha + k^2\lambda^2)^2}$$

考虑到3种生产模式下的社会福利的公式较为复杂,且它们的大小关系并非固定,因此,下面将通过数值模拟部分来分析相关参数对社会福利的影响。

6.2.4 数值分析

上节探讨了3种不同生产模式下制造商决策结果的分析,为进一步洞察管理视角,下面将通过敏感性分析进一步探讨绿色偏好系数 k、绿色技术开发成本率 α 和绿色消费者所占比例 λ 的影响。基本参数设置为 $c=0.05$,$\alpha=3$,$k=1.2$,$\lambda=0.5$。

图6-5展示了绿色偏好系数 k 和绿色技术开发成本率 α 的变化对绿色产品绿色度的影响,验证了推论6.4的结论。从图6-5可以看出,混合产品生产模式下绿色产品的绿色度始终大于绿色产品生产模式下的绿色度,并且二者之间

的差距随着 k 取值的增大而逐渐增大,随着 α 取值的增大而逐渐减小。这说明,要提高产品的绿色度,实现环境改进,可以从3个方面入手:首先制造商应该采用混合产品生产策略;其次加强绿色产品的宣传,增强消费者的绿色意识;最后是加大绿色科技水平研发,降低绿色技术的开发成本。

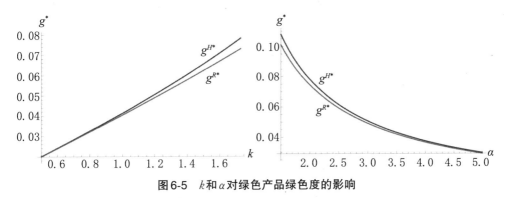

图6-5　k 和 α 对绿色产品绿色度的影响

图6-6给出了绿色偏好系数 k 和绿色技术开发成本率 α 的变化对制造商利润的影响,验证了推论6.6的结论。由图6-6可知,3种不同生产模式下的制造商的利润满足如下关系: $\pi^{H*} > \pi^{R*} > \pi^{C*}$,并且它们两两之间的差距随着 k 取值的增大而逐渐增大,随着 α 取值的增大而逐渐减小。这意味着,当市场中普通消费者和绿色消费者并存时,制造商会倾向于选择混合产品生产模式,同时为了攫取更多利润,制造商也有增强消费者绿色意识和降低绿色技术开发成本的动机。

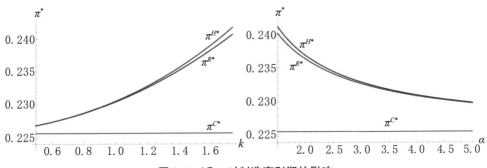

图6-6　k 和 α 对制造商利润的影响

图6-7揭示了绿色偏好系数 k 和绿色技术开发成本率 α 的变化对社会福利的影响。从图6-7可以看出,当 $\lambda=0.5$ 时,3种不同生产模式下的社会福利满足如下关系: $SW^{R*} > SW^{H*} > SW^{C*}$,并且它们两两之间的差距也随着 k 取值的增大而逐渐增大,随着 α 取值的增大而逐渐减小。这意味着,当市场中普通消费者和绿色消费者人数相等时,从社会福利的角度考虑,绿色产品生产模式

是最优的。这是因为在绿色产品生产模式下,社会环境的改进幅度最大,进而提升了整个社会福利。同时,消费者绿色意识的增强和绿色技术开发成本的降低对绿色产品生产模式和混合产品生产模式社会福利的提升也有促进作用,这是符合我们直觉的。

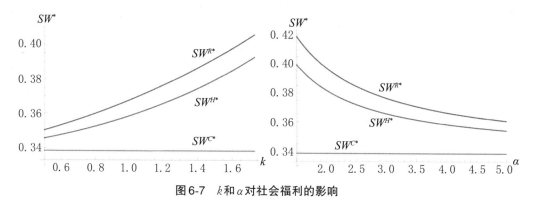

图 6-7　k 和 α 对社会福利的影响

图 6-8 在两组不同参数设置下展示了绿色消费者所占比例 λ 的变化对消费者剩余的影响。由图 6-8 可知,普通产品生产模式下的消费者剩余与 λ 无关,绿色产品生产模式下的消费者剩余随着 λ 的增加而增加,混合产品生产模式下的消费者剩余随着 λ 的增加先降后增,并且 3 种不同生产模式下的消费者剩余满足如下关系: $CS^{H*} \geqslant CS^{R*} \geqslant CS^{C*}$。这说明,从消费者的角度出发,混合产品生产模式是其最佳选择,并且随着两类消费者数量比例差距逐渐拉大,该模式的优势也变得更大,当两类消费者数量趋于相等时,混合产品生产模式的优势也逐渐缩小。

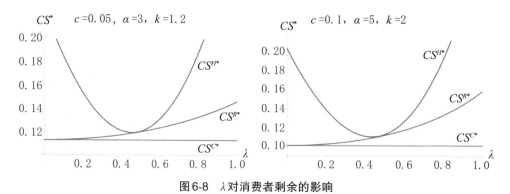

图 6-8　λ 对消费者剩余的影响

图 6-9 在两组不同参数设置下给出了绿色消费者所占比例 λ 的变化对社会福利的影响。从图 6-9 可以看出,普通产品生产模式下的社会福利与 λ 无关,绿色产品生产模式下的社会福利随着 λ 的增加而增加,混合产品生产模式

下的社会福利随着 λ 的增加先降后增,并且3种不同生产模式下的消费者剩余满足如下关系:$SW^{R*} \geqslant SW^{C*}$;$SW^{H*} > SW^{C*}$;$SW^{R*}$ 和 SW^{H*} 大小与 λ 取值有关:当 λ 取值在 0.5 附近时,$SW^{R*} > SW^{H*}$;当 λ 取值距离 0.5 较远时,$SW^{R*} < SW^{H*}$。虽然混合产品生产模式下,制造商的收益和消费者的剩余都大于绿色产品生产模式,但由图6-8可知,在 $\lambda = 0.5$ 附近,这两种生产模式下的消费者剩余相差无几,再加上绿色产品生产模式下绿色产品产量 Q^{R*} 远大于混合产品生产模式绿色产品产量 Q_2^{H*},使得绿色产品生产模式下的 EI^{R*} 远大于绿色产品生产模式下的 EI^{H*},所以会出现 $SW^{R*} > SW^{H*}$ 的情况。这启示我们,从社会福利的角度出发,当两类消费者数量差不多时,绿色产品生产模式是最优选择;当两类消费者数量差距较大时,混合产品生产模式则是最佳选择。

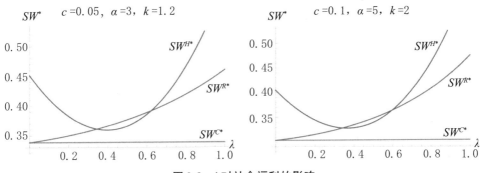

图6-9 λ 对社会福利的影响

【本章小结】

近年来,由于世界范围内存在的环境污染、资源匮乏、能源的不合理利用等问题日益严重,绿色可持续发展已成为世界各国共同关注的焦点,许多国家和企业已经陆续开展绿色经济实践。本章基于绿色供应链和绿色农产品市场的发展现状,借鉴国内外环境规制、消费者绿色偏好行为相关文献和实践经验,运用博弈论和优化理论方法,考虑了随机产出下研究绿色农产品供应链协调问题,并且在普通消费者和绿色消费者并存的情况下,研究了产品的绿色度以及生产模式选择的联合决策问题,构建供应链成员之间的两部定价合作契约,为政府相关部门管理和绿色生产企业制定合理的生产决策提供理论参考。本章主要研究内容如下:

(1) 针对农产品产出具有不确定性的特征,利用Stackelberg博弈建立了"合作社+超市"的绿色供应链模型,并分别求出了生产商与销售商在分散和集中模式下的最优策略。研究结果表明:在分散模式下无法协调随机产出下的绿色供应链,通过引入两部定价契约可以促进生产商和销售商之间充分合作,这种合作方式不仅有助于提高农产品的绿色水平,实现供应链环境的改善,而且能增加生产商的期望收益,实现供应链协调,但销售商的期望收益与分散模式下的销售商期望收益相同,并没有从合作中得到改善。最后,通过算例分析对农产品的绿色敏感系数、绿色成本系数和随机产出率等参数进行灵敏度分析,进一步揭示了消费者的环保意识和产出的不确定性对供应链最优决策和期望收益的影响。

(2) 在考虑消费者环境责任的情况下,研究了单个垄断制造商的生产模式选择及绿色度联合决策问题。根据消费者是否具有环境责任,将其划分为绿色消费者和普通消费者。通过建立普通产品、绿色产品和混合产品三种不同的生产模型,探讨制造商最优决策和生产模式的选择问题,并进一步研究了消费者的环境责任和数量关系对制造商的决策和社会福利的影响。研究发现:从制造商和消费者剩余的视角来看,混合产品生产模式总是最优生产策略;但从社会福利角度来看,最佳生产模式则取决于两类消费者所占比例大小。此外,分析结果表明,制造商的利润和整个社会福利都随消费者绿色意识的增强而增加,随绿色技术开发成本的增加而降低。

根据本章研究结论,可以得出下面一些启示。对政府而言,它关注的是社会福利最大化,为此需要从两个方面入手:首先,加大绿色宣传,做好绿色消费的引导作用,这样一方面可以提高消费者的绿色意识,达到提升社会福利水平的目的;另一方面,可以使更多普通消费者转化为绿色消费者,打破两类消费者之间的数量平衡关系,使社会福利最大化的目标和制造商利润最大化的目标保持一致;其次,加大绿色研发投入,降低绿色技术开发的成本率,从而能够激励绿色生产企业生产绿色度更高的产品,达到改进环境的目的。对制造商而言,应选择混合产品生产模式以满足消费者的差异化需求,增加企业利润,同时积极发挥绿色消费的主导作用,配合政府相关部门为绿色产品投入绿色宣传,这样既承担了社会环境责任,又提升了自身收益;消费者作为绿色消费的主体,应主动了解绿色产品对环境改进的作用,在日常消费中树立正确的绿色消费观,积极购买绿色产品,倡导绿色消费,进一步提高社会环境的责任意识。

第7章 研究总结与展望

7.1 研究总结

供应链管理是将上下游企业间的物流、资金流和信息流整合,以最少的成本完成从采购到满足最终顾客的所有流程,以实现最佳经济效益和社会效益。随着全球经济一体化和科学技术的迅速发展,企业面临的内部和外部环境发生了重大变化,如产品生命周期缩短、市场竞争加剧、消费者对产品和服务的期望提高、消费者需求多元化等,这些变化使供应链管理研究成为21世纪管理科学领域发展的前沿。如何在供应链管理中使决策者做出最优决策,满足消费者的需求,实现供应链的协调,提高供应链的整体利润以及核心竞争力,并使得供应链上的各成员企业在激烈的市场竞争中占据优势,成为当今企业界和学术界共同关注的热点问题。受自利动机的驱使,供应链成员的决策结果通常与供应链系统的整体利益相悖,合理的契约设计能够有效协调供应链。目前对于传统的供应链契约规范性研究已经比较成熟,但这些研究大都建立在决策者完全理性的理想假设之上。

由于现实的管理实践中往往存在很多不确定性,再加上供应链系统本身的复杂性和人自身行为因素的影响,使得人们面对复杂问题的决策能力存在一定的局限性,导致其难以做出完全理性的决策。决策者的有限理性一般表现在诸多行为偏好上。比如风险规避、公平偏好和损失厌恶等,大量的行为实证研究也证明了这些行为偏好的存在。学界观点普遍认为:"在现实决策过程出现系统性偏差的一个重要原因就是传统供应链管理研究忽略人的行为因素的影响。"因而一些学者考虑把行为因素纳入传统的供应链管理研究中,形成了新的行为运筹理论,使得行为供应链研究逐渐成为供应链管理研究的热点问题。本书基于传统的报童模型,应用行为运筹方法,在不同的供应链运作情形下,分别研究顾客止步行为、公平偏好以及损失厌恶等行为因素对供需随机的供应链决策与协调的影响，使得供应链管理的研究更为合理和科学，为供应链管理的实践提供了一些理论方面的指导。本书主要研究了以下几个方面的问题：

（1）研究止步惩罚和随机产出下自由分布的报童问题。把更加符合现实的止步惩罚引入自由分布的报童模型中，根据有无随机产出因素的影响构建出两种模型，并在市场随机需求为最坏分布的情况下，求出了零售商的最优决策，同时分别探讨了止步惩罚、缺货损失以及随机产出对零售商最优订货量的影响。对比经典报童模型，算例分析进一步验证了所建模型的有效性和稳健性。

（2）研究顾客止步行为下VMI供应链的决策和协调问题。把顾客止步行为引入具有促销努力的VMI供应链中，研究消费者止步行为和促销努力的VMI供应链协调问题，并分析了促销努力和止步行为对VMI供应链成员最优决策及系统收益的影响。结果表明：批发价格契约无法协调考虑消费者止步行为和促销努力的VMI供应链，然而，通过引入零售商分摊滞销成本和供应商分摊促销成本的策略，批发价格契约能够完美协调供应链。进一步证明了当随机市场需求是努力水平的加法形式时，顾客的止步行为对VMI供应链系统期望收益产生负面影响，但对供应链系统的最优库存和最优努力水平却没有必然的正负影响。

把顾客止步行为引入需求依赖价格的VMI供应链中，研究消费者止步行为下需求受价格影响的VMI供应链协调问题，并分析了消费者止步行为对VMI供应链系统的最优决策及收益的影响。研究结果表明：单纯的批发价格契约无法协调消费者止步行为下需求依赖价格的VMI供应链，然而，通过引入零售商分摊滞销成本的策略，批发价格契约能够完美协调该供应链。进一步证明了当随机市场需求是零售价格的加法形式时，在一定条件下，VMI供应链系统的最优库存因子、最优零售价格和期望收益都随着止步临界值的增加而减小。此外，通过算例分析可以发现，系统的最优供货量随着止步临界值的增加而增加。

（3）研究质量控制和顾客止步行为背景下的供应链协调问题。采用固定的止步概率刻画顾客的止步行为，建立了集中决策和分散决策两种模式下的供应链模型，并分别求出了零售商和制造商的最优策略。研究结果表明，单纯的回购契约无法协调顾客止步行为下考虑质量控制的供应链，但通过引入零售商分担质量努力成本的策略后，回购－质量成本分担契约就能购完美协调此供应链。最后，通过算例对止步概率和产品合格率等参数进行灵敏度分析，揭示了顾客止步行为和产品质量控制对供应链的最优决策和期望收益的影响。

（4）研究公平偏好的供应链在供需随机下的决策和协调问题。研究公平偏好对供应和需求均不确定的供应链的影响。以 Fehr 和 Schmidt[14]的不公平厌恶模型和 ERC 公平偏好理论为基础,通过改进体现相对公平的参考点,分别建立了随机供应和随机产出下的批发价格契约模型,同时考虑公平偏好和随机供需对供应链成员决策的影响,求出了零售商在不同情境下的最优订购量,并分别讨论了劣势不公平厌恶和优势不公平厌恶两种情形下供应链系统的最优决策与协调情况。研究发现:当发生劣势不公平厌恶,且劣势不公平厌恶系数满足一定条件时,零售商的最优订购量随着劣势不公平厌恶程度的增加而减少,使得供应链更加偏离系统最优,因此这种情况不能实现供应链的协调;当优势不公平厌恶发生时,恰恰相反,零售商的最优订购量随着优势不公平厌恶程度的增加而增加,使得供应链成员决策逐渐接近系统最优,特别地,当零售商具有极度优势不公平厌恶时,整个供应链系统会达到协调状态;对于公平中性(ERC 模型)的零售商批发价格契约无法协调供应链,然而当零售商的公平偏好程度达到某一特定水平时,批发价格契约可以增加零售商的最优订购量,提高供应链的整体利润和更好地协调供应链。

（5）研究损失厌恶的供应链在供需随机下的决策和协调问题。以期望效用最大化为决策准则,探讨了随机供需的供应链在损失厌恶下的决策与协调问题。基于前景理论,采用一个简单的分段线性函数来描述决策者的损失厌恶水平,在不考虑缺货损失的情况下证明了决策者的效用函数是其订购量的凹函数。研究结果显示,损失厌恶的决策者的最优订购量总是低于风险中性的订购量,并且决策者的最优订购量和期望效用是损失厌恶水平的减函数。进一步提出带缺货惩罚的收益共享契约来协调供应链,不仅使供应链系统的收益达到最优,而且实现双方收益的帕累托优化。

（6）研究随机产出的绿色农产品供应链协调问题。在随机产出下研究绿色农产品供应链协调问题,分别建立了集中和分散两种情形下 Stackelberg 博弈模型,并对绿色敏感系数、绿色成本系数和随机产出率等参数进行灵敏度分析,揭示了消费者的环保意识和随机产出对供应链运作造成的偏差。研究结果表明:环保意识高的消费者对农产品的绿色水平更为敏感,并愿意为绿色农产品支付额外的费用,这表明消费者的环保意识提高是实现供应链环境改善的重要市场驱动因素,从而启示我们可以采取对消费者进行绿色营销的方式来提高其绿色环保意识;当绿色技术开发成本较高时,生产商将会降低农产品的绿色度和批发价格,销售商也会减少农产品的订购量,这说明较高的绿色成本系数是不利于环境改善的,从而启示我们增大绿色科技投入,降低绿色农产品研发成本；供应链企业之间的合作是改善供应链环境绩效的必要手段，两部定价契约的实施可以实现生产商和销售商之间的充分合作，达到供应链协调和环境改善的目的。然而，这种合作方式只能增加生产商的经济利益，销售商的利益与分散模式下相同，并没有从合作中得到改善。因此，为激励零售商主动参与到协调契约中，生产商可以考虑给销售商一些补贴。

（7）研究基于环境责任的生产模式选择及绿色度联合决策问题。在普通消费者和绿色消费者并存的情况下，本书研究了绿色产品的定价、绿色度以及生产模式选择的联合决策问题，并探讨了消费者绿色偏好、绿色技术开发成本率以及绿色消费者比例对制造商利润和社会福利的影响。首先针对普通产品、绿色产品和混合产品3种不同的生产模式，在不同消费者估值下分别求出了最优产品定价、最优绿色度、最大利润和最优社会福利。然后，通过对3种不同的生产模型进行比较分析，结果发现，混合产品生产模式具有最高的零售价格、最绿色的产品、最多的产品销售量和最多的消费者剩余。因此，从制造商和消费者角度来看，该生产模式无疑是最优的；但从社会福利的视角来看，只有当市场中绿色消费者和普通消费者比例悬殊较大时，混合产品生产模式才是最优的，当市场中绿色消费者和普通消费者人数差不多时，绿色产品生产模式才是最优的。最后，通过数值分析，进一步验证了制造商的利润和整个社会福利都与消费者的绿色意识呈正相关关系，与绿色技术开发成本呈负相关关系。

7.2 研究展望

虽然本书对供需不确定环境下基于决策者行为的供应链问题研究取得了一些初步成果，但由于研究时间、研究内容及本人研究能力所限，本书研究还存在一些不足和局限，后续的研究可以从以下几个方面展开：

（1）完善研究方法。本书主要使用行为运筹方法对行为供应链模型进行研究与分析，但由于供应链系统的复杂性及数学推导的局限性，并不能对所有的行为供应链问题展开研究。下一步可以采用行为运筹与实验或实证研究方法相结合的方式，对供应链管理展开行为研究，同时还可以用实验和实证的研究方法对行为运筹方法得到的结论进行验证。

（2）丰富研究背景。本书仅研究了由单个零售商和单个供应商组成的二级供应链问题，考虑到现实供应链管理的复杂性，下一步可以将研究范围扩展到一对多、多对一或多阶段供应链情景,同时也可以对于多成员间的竞争与合作问题展开研究。另外,本书只在部分契约中考虑了行为因素的影响,未来可以在其他契约的背景上研究行为供应链的协调问题。

(3) 扩展行为因素。本书研究主要关注止步行为、公平偏好、损失厌恶和绿色偏好4种行为因素对供应链决策和协调的影响,且每次只考虑了一种行为因素的影响,而在管理实践中,决策者有可能会受到其他行为因素或多种行为因素的组合影响,如风险厌恶、过度自信或零售商既公平偏好又损失厌恶等。因此,未来的研究可以引入更多的行为倾向,同时考虑多种行为倾向对决策者造成交叉影响,以弥补现有研究的不足。

参 考 文 献

[1] 马云霞, 冯定忠, 李洪全. 供应链管理及其产生背景分析[J]. 机床与液压, 2003 (5): 322-323.

[2] 张鹏. 基于行为因素的供应链决策模型研究[D]. 北京:对外经济贸易大学, 2015.

[3] Anderson M G, Katz P B. Strategic sourcing[J]. The International Journal of Logistics Management, 1998, 9(1): 1-13.

[4] Petruzzi N C, Dada M. Pricing and the newsvendor problem: A review with extensions[J]. Operations Research, 1999, 47(2): 183-194.

[5] Whitin T M. Inventory control and price theory[J]. Management Science, 1955, 2(1): 61-68.

[6] Clark A J, Scarf H. Optimal policies for a multi-echelon inventory problem[J]. Management Science, 1960, 6(4): 475-490.

[7] Whang S. Coordination in operations: A taxonomy[J]. Journal of Operations Management, 1995, 12(3): 413-422.

[8] Pasternack B A. Optimal pricing and return policies for perishable commodities[J]. Marketing Science, 1985, 4(2): 166-176.

[9] 杨德礼, 郭琼, 何勇, 等. 供应链契约研究进展[J]. 管理学报, 2006, 3(1): 117-125.

[10] 简惠云. 基于风险和公平偏好的供应链契约及其实验研究[D]. 长沙:中南大学, 2013.

[11] Croson R, Donohue K. Experimental economics and supply-chain management[J]. Interfaces, 2002, 32(5): 74-82.

[12] Gino F, Pisano G. Toward a theory of behavioral operations[J]. Manufacturing & Service Operations Management, 2008, 10(4): 676-691.

[13] 杜婵. 考虑公平关切的供应链契约研究[D]. 合肥:中国科学技术大学, 2011.

[14] Fehr E, Schmidt K M. A theory of fairness, competition and cooperation [J]. Quarterly Journal of Economics, 1999, 114(3): 817-868.

[15] Gallego G, Moon I. The distribution free newsboy problem: review and extensions[J]. Journal of the Operational Research Society, 1993, 44(8): 825-834.

[16] Edgeworth F Y. The mathematical theory of banking[J]. Journal of the Royal Statistical Society, 1888, 51(1): 113-127.

[17] Khouja M. The single-period (news-vendor) problem: literature review and suggestions for future research[J]. Omega, 1999, 27(5): 537-553.

[18] Qin Y, Wang R, Vakharia A J, et al. The newsvendor problem: Review and directions for future research[J]. European Journal of Operational Research, 2011, 213(2): 361-374.

[19] Mills E S. Uncertainty and price theory[J]. The Quarterly Journal of Economics, 1959, 73(1): 116-130.

[20] Karlin S, Carr C R. Prices and optimal inventory policy[J]. Studies in Applied Probability and Management Science, 1962, 4vol: 159-172.

[21] Yao L, Chen Y F, Yan H. The newsvendor problem with pricing: extensions[J]. International Journal of Management Science and Engineering Management, 2006, 1(1): 3-16.

[22] 刘玉霜, 张纪会, 王丽丽. 两种需求模式下报童模型的最优定价-订购联合决策[J]. 控制与决策, 2013, 28(9): 1419-1422.

[23] Wang Y, Gerchak Y. Supply chain coordination when demand is shelf-space dependent[J]. Manufacturing & Service Operations Management, 2001, 3(1): 82-87.

[24] Gerchak Y, Mossman D. On the effect of demand randomness on inventories and costs[J]. Operations Research, 1992, 40(4): 804-807.

[25] Kraiselburd S, Narayanan V G, Raman A. Contracting in a supply chain with stochastic demand and substitute products[J]. Production and Operations Management, 2004, 13(1): 46-62.

[26] Khouja M, Robbins S S. Linking advertising and quantity decisions in the single-period inventory model[J]. International Journal of Production Economics, 2003, 86(2): 93-105.

[27] 周永务, 杨善林. Newsboy 型商品最优广告费用与订货策略的联合确定[J]. 系统工程理论与实践, 2002, 22(11): 59-63.

[28] 曹细玉, 宁宣熙, 覃艳华. 易逝品供应链中的联合广告投入、订货策略与协调问题研究[J]. 系统工程理论与实践, 2006, 26(3): 102-107.

[29] 卜祥智, 赵泉午, 黄庆, 等. 易逝商品最优广告投入与订货策略的博弈分析[J]. 系统工程理论与实践, 2004, 24(11): 100-105.

[30] Agrawal V, Seshadri S. Impact of uncertainty and risk aversion on price and order quantity in the newsvendor problem[J]. Manufacturing & Service Operations Management, 2000, 2(4): 410-423.

[31] Lau H S. The newsboy problem under alternative optimization objectives[J]. Journal of the Operational Research Society, 1980, 31(6): 525-535.

[32] Eeckhoudt L, Gollier C, Schlesinger H. The risk-averse (and prudent) newsboy[J]. Management Science, 1995, 41(5): 786-794.

[33] Bouakiz M, Sobel M J. Inventory control with an exponential utility criterion[J]. Operations Research, 1992, 40(3): 603-608.

[34] Chen F, Federgruen A. Mean-variance analysis of basic inventory models[R]. Technical manuscript, Columbia University, 2000.

[35] Wu J, Li J, Wang S, et al. Mean-variance analysis of the newsvendor model with stockout

cost[J]. Omega, 2009, 37(3): 724-730.

[36] 许明辉, 于刚, 张汉勤. 带有缺货惩罚的报童模型中的 CVaR 研究[J]. 系统工程理论与实践, 2006, 26(10): 1-8.

[37] Chen Y, Xu M, Zhang G. A risk-averse newsvendor model under the CVaR decision criterion[J]. Operations Research, Forthcoming, 2006.

[38] Schweitzer M E, Cachon G P. Decision bias in the newsvendor problem with a known demand distribution: Experimental evidence[J]. Management Science, 2000, 46(3): 404-420.

[39] Wang C X, Webster S. The loss-averse newsvendor problem[J]. Omega, 2009, 37(1): 93-105.

[40] 周永务, 肖旦, 李绩才. 损失规避零售商订货量与广告费用的联合决策[J]. 系统工程理论与实践, 2012 (8): 1727-1738.

[41] Scarf, H. A min-max solution of an inventory problem [M]. Studies in the Mathematical Theory of Inventory and Production. Stanford University Press, Stanford, CA, 1958, 201-209.

[42] Gallego, G, Moon, I. The distribution free newsboy problem: review and extensions [J]. Journal of the Operational Research Society 44 (8): 1993, 825-834.

[43] Vairaktarakis G L. Robust multi-item newsboy models with a budget constraint [J]. International Journal of Production Economics, 2000, 66(3): 213-226.

[44] Moon I, Silver E A. The multi-item newsvendor problem with a budget constraint and fixed ordering costs [J]. Journal of the Operational Research Society, 2000, 51(5): 602-608.

[45] Alfares H K, Elmorra H H. The distribution-free newsboy problem: Extensions to the shortage penalty case [J]. International Journal of Production Economics, 2005, 93-94: 465-477.

[46] Yue J, Chen B, Wang M C. Expected value of distribution information for the newsvendor problem [J]. Operations Research, 2006, 54(6): 1128-1136.

[47] Lee C M, Hsu S L. The effect of advertising on the distribution-free newsboy problem [J]. International Journal of Production Economics, 2011, 129(1): 217-224.

[48] Güler M G. A note on: "The effect of optimal advertising on the distribution-free newsboy problem" [J]. International Journal of Production Economics, 2014(148): 90-92.

[49] Andersson J, Jörnsten K, Nonås S L, et al. A maximum entropy approach to the newsvendor problem with partial information [J]. European Journal of Operational Research, 2013, 228(1): 190-200.

[50] Kamburowski J. The distribution-free newsboy problem under the worst-case and best-case scenarios [J]. European Journal of Operational Research, 2014, 237(1): 106-112.

[51] Lummus R R, Vokurka R J. Defining supply chain management: a historical perspective and practical guidelines[J]. Industrial Management & Data Systems, 1999, 99(1): 11-17.

[52] 马士华, 林勇, 陈志祥. 供应链管理[M]. 北京: 机械工业出版社, 2000.

[53] 利丰研究中心. 供应链管理: 香港利丰集团的实践[M]. 2版. 北京: 中国人民大学出版社,

2009.

[54] Cachon G P, Fisher M. Supply chain inventory management and the value of shared information[J]. Management Science, 2000, 46(8): 1032-1048.

[55] 马士华, 王一凡, 林勇. 供应链管理对传统制造模式的挑战[J]. 华中科技大学学报(社会科学版), 1998 (2): 66-68.

[56] 马文聪. 供应链整合对企业绩效影响的实证研究[D]. 广州: 华南理工大学, 2012.

[57] Pasternack B A. Optimal pricing and return policies for perishable commodities[J]. Marketing Science, 1985, 4(2): 166-176.

[58] Cachon G P. Supply chain coordination with contracts[J]. Handbooks in Operations Research and Management Science, 2003(11): 227-339.

[59] Tsay A A. The quantity flexibility contract and supplier-customer incentives[J]. Management Science, 1999, 45(10): 1339-1358.

[60] Spengler J J. Vertical integration and antitrust policy[J]. Journal of Political Economy, 1950, 58(4): 347-352.

[61] Lariviere M A, Porteus E L. Selling to the newsvendor: An analysis of price-only contracts [J]. Manufacturing & Service Operations Management, 2001, 3(4): 293-305.

[62] Dong L, Rudi N. Supply Chain Interaction Under Transshipments[R]. Washington University, 2001.

[63] Anupindi R, Bassok Y. Centralization of stocks: Retailers vs. manufacturer[J]. Management Science, 1999, 45(2): 178-191.

[64] Dana Jr J D, Spier K E. Revenue sharing and vertical control in the video rental industry [J]. The Journal of Industrial Economics, 2001, 49(3): 223-245.

[65] Mortimer J H. Vertical contracts in the video rental industry[J]. The Review of Economic Studies, 2008, 75(1): 165-199.

[66] Cachon G P, Lariviere M A. Contracting to assure supply: How to share demand forecasts in a supply chain[J]. Management Science, 2001, 47(5): 629-646.

[67] Cachon G P, Lariviere M A. Supply chain coordination with revenue-sharing contracts: strengths and limitations[J]. Management Science, 2005, 51(1): 30-44.

[68] Wang Y, Jiang L, Shen Z J. Channel performance under consignment contract with revenue sharing[J]. Management Science, 2004, 50(1): 34-47.

[69] Giannoccaro I, Pontrandolfo P. Supply chain coordination by revenue sharing contracts[J]. International Journal of Production Economics, 2004, 89(2): 131-139.

[70] 郑惠莉, 达庆利. 移动互联网供应链协调机制研究[J]. 管理科学学报, 2005, 8(5): 31-37.

[71] 李新然, 牟宗玉, 黎高. VMI模式下考虑促销努力的销量回扣契约模型研究[J]. 中国管理科学, 2012, 20(4): 86-94.

[72] Waller M, Johnson M E, Davis T. Vendor-managed inventory in the retail supply chain[J]. Journal of Business Logistics, 1999, 20(1): 183-204.

[73] 刘玲. 基于需求波动的 VMI 供应链契约的研究[D]. 北京:中国矿业大学 (北京), 2015.

[74] 蔡建湖, 黄卫来, 周根贵. 基于收益分享契约的 VMI 模型研究[J]. 中国管理科学, 2006, 14(4): 108-113.

[75] Cai J, Hu X, Han Y, et al. Supply chain coordination with an option contract under vendor-managed inventory[J]. International Transactions in Operational Research, 2015.

[76] Wang Y, Jiang L, Shen Z J. Channel performance under consignment contract with revenue sharing[J]. Management Science, 2004, 50(1): 34-47.

[77] Li S, Hua Z. A note on channel performance under consignment contract with revenue sharing[J]. European Journal of Operational Research, 2008, 184(2): 793-796.

[78] Li S, Zhu Z, Huang L. Supply chain coordination and decision making under consignment contract with revenue sharing[J]. International Journal of Production Economics, 2009, 120(1): 88-99.

[79] 唐宏祥. VMI 对供应链性能的影响分析[J]. 中国管理科学, 2004, 12(2): 60-65.

[80] 赵道致, 吕昕. VMI 模式下随机产量供应链风险分担契约研究[J]. 软科学, 2012, 26(6): 125-131.

[81] Taleizadeh A A, Noori-daryan M, Cárdenas-Barrón L E. Joint optimization of price, replenishment frequency, replenishment cycle and production rate in vendor managed inventory system with deteriorating items[J]. International Journal of Production Economics, 2015 (159): 285-295.

[82] 刘云志, 樊治平. 不公平厌恶下 VMI 供应链的批发价格契约与协调[J]. 中国管理科学, 2016, 24(4): 63-73.

[83] 刘云志, 樊治平. 考虑损失规避型供应商的 VMI 供应链协调[J]. 控制与决策, 2016, 31(5): 935-942.

[84] Wong W K, Qi J, Leung S Y S. Coordinating supply chains with sales rebate contracts and vendor-managed inventory[J]. International Journal of Production Economics, 2009, 120(1): 151-161.

[85] 刘鹏飞. 需求依赖零售商努力水平的 VMI 协调 [J]. 系统工程学报, 2012, 27(5): 679 -684.

[86] 刘鹏飞, 谢如鹤. 相乘型需求下 VMI 供应链协调机制研究[J]. 系统工程学报, 2008, 23(6): 708-712.

[87] Huang Z Y, Xu X B, Zhou T. The research on the influencing factors of farmers' income in supply chain of agricultural super docking [J]. Advance in Applied Economics and Finance, 2012, 1(4): 207-209.

[88] Kulkarni S S. The impact of uncertain yield on capacity acquisition in process plant networks [J]. Mathematical and Computer Modelling, 2006, 43(7): 704-717.

[89] 陈志明, 陈志祥. 议价的 OEM 供应链在随机供需下的协调决策[J]. 管理科学学报, 2014, 17(5): 43-51.

[90] Okyay H K, Karaesmen F, Özekici S. Newsvendor models with dependent random supply

and demand [J]. Optimization Letters, 2014, 8(3): 983-999.

[91] Ciarallo F W, Akella R, Morton T E. A periodic review, production planning model with uncertain capacity and uncertain demand: optimality of extended myopic policies [J]. Management Science, 1994, 40(3): 320-332.

[92] Khouja M. The single-period (news-vendor) problem: literature review and suggestions for future research [J]. Omega, 1999, 27(5): 537-553.

[93] Erdem A S, Fadiloglu M M, Özekici S. An EOQ model with multiple suppliers and random capacity [J]. Naval Research Logistics, 2006, 53(1): 101-114.

[94] Bakal I S, Akcali E. Effects of random yield in remanufacturing with price-sensitive supply and demand [J]. Production and Operations Management, 2006, 15(3): 407-420.

[95] Wu M, Zhu S X, Teunter R H. The risk-averse newsvendor problem with random capacity [J]. European Journal of Operational Research, 2013, 231(2): 328-336.

[96] Sayın F, Karaesmen F, Özekici S. Newsvendor model with random supply and financial hedging: Utility-based approach [J]. International Journal of Production Economics, 2014, 154(8): 178-189.

[97] 赵霞,吴方卫. 随机产出与需求下农产品供应链协调的收益共享合同研究[J]. 中国管理科学, 2009, 17(5): 88-95.

[98] 凌六一,郭晓龙,胡中菊,等. 随机产出与需求下农产品供应链协调的收益共享合同研究[J]. 中国管理科学, 2013, 21(2): 50-57.

[99] 陈志明,陈志祥. 供需随机的OEM供应链在风险厌恶下的协调决策[J]. 系统工程理论实践, 2015, 35(5): 1123-1132.

[100] 张鹏, 张杰, 马俊. 行为供应链决策模型研究文献综述[J]. 科技管理研究, 2014, 34(21): 205-209.

[101] Simon H A. Rational choice and the structure of the environment[J]. Psychological Review, 1956, 63(2): 129.

[102] Kahneman D, Tversky A. Prospect theory: An analysis of decision under risk[J]. Econometrica: Journal of the econometric society, 1979: 263-291.

[103] 刘凤良, 周业安, 陈彦斌, 等. 行为经济学理论与扩展[M]. 北京: 中国经济出版, 2008.

[104] Croson R, Donohue K. Experimental economics and supply-chain management[J]. Interfaces, 2002, 32(5): 74-82.

[105] 刘作仪, 查勇. 行为运作管理: 一个正在显现的研究领域[J]. 管理科学学报, 2009, 12(4): 64-74.

[106] 刘咏梅, 李立, 刘洪莲. 行为供应链研究综述[J]. 中南大学学报 (社会科学版), 2011, 17(1): 80-88.

[107] Moon I, Choi S. The Distribution Free Newsboy Problem with Balking [J]. Journal of the Operational Research Society, 1995: 537-542.

[108] Pasternack B A. The Newsboy Problem with Balking [C]. Presented at ORSA/TIMS Con-

ference, Philadelphia, 1990.

[109] Liao Y, Banerjee A, Yan C. A Distribution-free Newsvendor Model with Balking and Lost Sales Penalty [J]. International Journal of Production Economics, 2011, 133(1): 224-227.

[110] Lan C, Ji H, Li J. A Distribution-free Newsvendor Model with Balking Penalty and Random Yield [J]. Journal of Industrial Engineering and Management, 2015, 8(3): 1051-1068.

[111] Cheong T, Kwon K. The Robust Min-max Newsvendor Problem with Balking under a Service Level Constraint [J]. South African Journal of Industrial Engineering, 2013, 24(3): 83-97.

[112] Lee S W, Jung U. Customer Balking Behavior in the Newsvendor Model: Its Impact on Performance Measures and Decision under Uncertain Balking Parameters [J]. International Journal of Production Economics, 2014, 154(8): 274-283.

[113] 冯艳刚, 李健, 吴军. 考虑消费者止步行为的供应链回购契约研究[J]. 管理评论, 2014 (8): 181-187.

[114] 冯艳刚. 考虑消费者止步行为的供应链收益共享契约[J]. 系统工程, 2015, 33(12): 42-47.

[115] Rabin M. Incorporating fairness into game theory and economics [J]. The American Economic Review, 1993, 83(5): 1281-1302.

[116] Cui T H, Raju J S, Zhang Z J. Fairness and channel coordination [J]. Management Science, 2007, 53(8): 1303-1314.

[117] Dufwenberg M, Kirchsteiger G. A theory of sequential reciprocity [J]. Games and Economic Behavior, 2004, 47(2): 268-298.

[118] Bolton G E, Ockenfels A. ERC: A theory of equity, reciprocity, and competition [J]. American Economic Review, 2000, 90(1): 166-193.

[119] Caliskan-Demirag O, Chen Y F, Li J. Channel coordination under fairness concerns and nonlinear demand [J]. European Journal of Operational Research, 2010, 207(3): 1321-1326.

[120] 杜少甫, 朱贾昂, 高冬, 等. Nash 讨价还价公平参考下的供应链优化决策[J]. 管理科学学报, 2013, 16(3): 68-81.

[121] Bolton G E. A comparative model of bargaining: Theory and evidence [J]. The American Economic Review, 1991, 81(5): 1096-1136.

[122] 毕功兵, 何仕华, 罗艳, 等. 公平偏好下销售回扣契约供应链协调[J]. 系统工程理论与实践, 2013, 33(10): 2505-2512.

[123] Cox C A. Inequity aversion and advantage seeking with asymmetric competition [J]. Journal of Economic Behavior & Organization, 2013, 86(3): 121-136.

[124] 王磊, 成克河, 王世伟. 考虑公平关切的双渠道供应链定价策略研究[J]. 中国管理科学, 2012(20): 563-568.

[125] 张克勇, 吴燕, 侯世旺. 具公平关切零售商的闭环供应链差别定价策略研究[J]. 中国管理科学, 2014, 22(3): 51-58.

[126] Wang K, Yang X, Sun Y, et al. A comparative study of marketing channel multiagent

Stackelberg model based on perfect rationality and fairness preference [J]. Abstract and Applied Analysis, 2014.

[127] 毕功兵,瞿安民,梁樑. 不公平厌恶下供应链的批发价格契约与协调[J]. 系统工程理论实践, 2013, 33(1): 134-140.

[128] Kahneman D, Knetsch J L, Thaler R H. The endowment effect, loss aversion, and status quo bias[J]. Journal of Economic Perspectives, 1991, 5(1): 193-206.

[129] Köszegi B, Rabin M. A model of reference-dependent preferences[J]. The Quarterly Journal of Economics, 2006, 121(4): 1133-1165.

[130] Hart O, Moore J. Contracts as reference points[J]. The Quarterly Journal of Economics, 2008, 123(1): 1-48.

[131] Kahneman D, Tversky A. Prospect theory: An analysis of decision under risk[J]. Econometrica: Journal of the Econometric Society, 1979: 263-291.

[132] Eeckhoudt L, Gollier C, Schlesinger H. The risk-averse (and prudent) newsboy[J]. Management Science, 1995, 41(5): 786-794.

[133] Schweitzer M E, Cachon G P. Decision bias in the newsvendor problem with a known demand distribution: Experimental evidence[J]. Management Science, 2000, 46(3): 404-420.

[134] Liu W, Song S, Wu C. The loss-averse newsvendor problem with random yield[J]. Transactions of the Institute of Measurement and Control, 2014, 36(3): 312-320.

[135] Ma L, Zhao Y, Xue W, et al. Loss-averse newsvendor model with two ordering opportunities and market information updating[J]. International Journal of Production Economics, 2012, 140(2): 912-921.

[136] Deng X, Xie J, Xiong H. Manufacturer‐retailer contracting with asymmetric information on retailer's degree of loss aversion[J]. International Journal of Production Economics, 2013, 142(2): 372-380.

[137] Chen X, Hao G, Li L. Channel coordination with a loss-averse retailer and option contracts [J]. International Journal of Production Economics, 2014(150): 52-57.

[138] 郝忠原,李娟,沈厚才. 供应链中考虑零售商损失规避的交易契约研究[J]. 管理工程学报, 2014 (3): 174-180.

[139] 李绩才,周永务,肖旦,等. 考虑损失厌恶-对多型供应链的收益共享契约[J]. 管理科学学报, 2013, 16(2): 71-82.

[140] 刘云志,樊治平. 考虑损失规避与产品质量水平的供应链协调契约模型[J]. 中国管理科学, 2017, 25(1): 65-77.

[141] Shen L X, Olfat L, Govindan K, et al. A fuzzy multi criteria approach for evaluating green supplier's performance in green supply chain with linguistic preferences [J]. Resources Conservation and Recycling, 2013(74): 170-179.

[142] Hong Z F, Wang H, Yu Y G. Green product pricing with non-green product reference [J]. Transportation Research Part E-Logistics and Transportation Review, 2018(115): 1-15.

[143] Fahimnia B, Sarkis J, Davarzani H. Green supply chain management: A review and bibliometric analysis [J]. International Journal of Production Economics, 2015(162): 101-114.

[144] Heydari J, Govindan K, Aslani A. Pricing and greening decisions in a three-tier dual channel supply chain [J]. International Journal of Production Economics, 2019(217): 185-196.

[145] Ranjan A, Jha J K. Pricing and coordination strategies of a dual-channel supply chain considering green quality and sales effort [J]. Journal of Cleaner Production, 2019(218): 409-424.

[146] 曾蔚, 马北玲, 汪继等. 考虑消费者绿色偏好的闭环供应链决策研究 [J]. 软科学, 2018, 32(9): 108-113.

[147] 桑圣举, 张强. 基于不确定理论的绿色供应链最优决策研究 [J]. 中国管理科学, 2020, 28(9): 127-136.

[148] Hopkins M S. What the 'green' consumer wants [J]. MIT Sloan Management Review, 2009, 50(4): 87-89.

[149] Su J C P, Wang L Y, Ho J C. The impacts of technology evolution on market structure for green products [J]. Mathematical and Computer Modelling, 2012, 55(3-4): 1381-1400.

[150] Zhang Y B, Hafezi M, Zhao X, et al. The impact of development cost on product line design and its environmental performance [J]. International Journal of Production Economics, 2017(184): 122-130.

[151] 何华, 马常松, 吴忠和. 碳限额与交易政策下考虑绿色技术投入的定价策略研究[J]. 中国管理科学, 2016, 24(5): 74-84.

[152] 傅端香, 张子元, 原白云. 政府补贴政策下考虑风险规避的绿色供应链定价决策研究 [J]. 运筹与管理, 2019, 28(9): 33-40.

[153] Hong Z F, Wang H, Gong Y M. Green product design considering functional-product reference [J]. International Journal of Production Economics, 2019(210): 155-168.

[154] Shamdasani P, Chon-Lin G, Richmond D. Exploring green consumers in an oriental culture: Role of personal and marketing mix [J]. Advances in Consumer Research, 1993, 20(1): 488-493.

[155] Chitra K. In search of the green consumers: A perceptual study [J]. Journal of Services Research, 2007, 7(1): 173-191.

[156] Zhang L H, Wang J G, You J X. Consumer environmental awareness and channel coordination with two substitutable products [J]. European Journal of Operational Research, 2015, 241(1): 63-73.

[157] 张艳丽, 胡小建, 杨海洪. 消费者异质性环保偏好下的绿色产品定价模型 [J]. 统计与决策, 2017(6): 40-45.

[158] Dangelico R M, Pontrandolfo P. From green product definitions and classifications to the Green Option Matrix [J]. Journal of Cleaner Production, 2010, 18(16-17): 1608-1628.

[159] Liu Z G, Anderson T D, Cruz J M. Consumer environmental awareness and competition in

two-stage supply chains [J]. European Journal of Operational Research, 2012, 218(3): 602-613.

[160] Basiri Z, Heydari J. A mathematical model for green supply chain coordination with substitutable products [J]. Journal of Cleaner Production, 2017(145): 232-249.

[161] Hong Z F, Guo X L. Green product supply chain contracts considering environmental responsibilities [J]. Omega, 2019(83): 155-166.

[162] 朱庆华, 窦一杰. 基于政府补贴分析的绿色供应链管理博弈模型 [J]. 管理科学学报, 2011, 14(6): 86-95.

[163] 高举红, 韩红帅, 侯丽婷等. 考虑产品绿色度和销售努力的零售商主导型闭环供应链决策研究 [J]. 管理评论, 2015, 27(4): 187-196.

[164] 石平, 颜波, 石松. 考虑公平的绿色供应链定价与产品绿色度决策 [J]. 系统工程理论与实践, 2016, 36(8): 1937-1950.

[165] 万仲平, 侯阔林, 程露, 等. 报童问题的扩展模型[J]. 武汉大学学报 (理学版), 2008, 54(3): 259-266.

[166] 刘洪涟. 考虑行为因素的报童问题研究综述[J]. 经营管理者, 2011(2): 10.

[167] Yu H, Zhai J. The distribution-free newsvendor problem with balking and penalties for balking and stockout[J]. Journal of Systems Science and Systems Engineering, 2014, 23(2): 153-175.

[168] Lee H L, Padmanabhan V, Whang S. The bullwhip effect in supply chains[J]. Sloan management review, 1997, 38(3): 93.

[169] 刘玉霜, 张纪会. 需求依赖价格时供应链的协调契约与最优决策[J]. 渤海大学学报(自然科学版), 2013, 34(1): 85-89.

[170] 徐最, 朱道立, 朱文贵. 需求受到价格影响下的供应链回购契约研究[J]. 系统工程学报, 2009, 24(2): 173-177.

[171] Xie G, Yue W, Wang S, et al. Quality investment and price decision in a risk-averse supply chain[J]. European Journal of Operational Research, 2011, 214(2): 403-410.

[172] Cachon G P. Supply chain coordination with contracts[J]. Handbooks in Operations Research and Management Science, 2003(11): 227-339.

[173] Donohue, Karen, Elena Katok, Stephen Leider, eds. The handbook of behavioral operations [M]. John Wiley & Sons, 2018.

[174] Gans N. Customer loyalty and supplier quality competition[J]. Management Science, 2002, 48(2): 207-221.

[175] Balachandran K R, Radhakrishnan S. Quality implications of warranties in a supply chain [J]. Management Science, 2005, 51(8): 1266-1277.

[176] Hsieh C C, Liu Y T. Quality investment and inspection policy in a supplier-manufacturer supply chain[J]. European Journal of Operational Research, 2010, 202(3): 717-729.

[177] Jraisat L E, Sawalha I H. Quality control and supply chain management: a contextual perspective and a case study[J]. Supply Chain Management: An International Journal, 2013,

18(2): 194-207.

[178] 申强, 杨为民, 刘笑冰等. 基于两种策略的四级供应链质量控制优化研究[J]. 中国管理科学, 2016, 24(10): 52-59.

[179] 朱立龙, 郭鹏菲, 孙淑慧. 三种混合分销渠道条件下供应链产品质量控制策略研究[J]. 中国管理科学, 2017, 25(3): 111-120.

[180] Hlioui R, Gharbi A, Hajji A. Joint supplier selection, production and replenishment of an unreliable manufacturing-oriented supply chain[J]. International Journal of Production Economics, 2017, 187(5): 53-67.

[181] 刘强, 苏秦. 供应链质量控制与协调研究评析[J]. 软科学, 2010, 24(12): 123-127.

[182] 肖迪, 潘可文. 基于收益共享契约的供应链质量控制与协调机制[J]. 中国管理科学, 2012, 20(4): 67-73.

[183] Ma P, Wang H, Shang J. Contract design for two-stage supply chain coordination: Integrating manufacturer-quality and retailer-marketing efforts[J]. International Journal of Production Economics, 2013, 146(2): 745-755.

[184] Lee C H, Rhee B D, Cheng T C E. Quality uncertainty and quality-compensation contract for supply chain coordination[J]. European Journal of Operational Research, 2013, 228(3): 582-591.

[185] 曹裕, 李青松, 胡韩莉. 基于报童模型的供应链产品质量控制机制研究[J]. 管理科学学报, 2020, 23(4): 110-126.

[186] 王道平, 赵超, 程延平. 考虑质量控制和损失规避的供应链协调研究[J]. 控制与决策, 2018, 33(12): 2295-2304.

[187] 单汨源, 胡媛媛, 刘小红. 随机需求下考虑质量控制与零售商损失规避的供应链协调契约模型[J]. 华东经济管理, 2019, 33(2): 158-168.

[188] Ruffle B J. More is better, but fair is fair: Tipping in dictator and ultimatum games[J]. Games and Economic Behavior, 1998, 23(2): 247-265.

[189] Kahneman D, Knetsch J L, Thaler R. Fairness as a constraint on profit seeking: Entitlements in the market[J]. The American Economic Review, 1986: 728-741.

[190] 曹二保, 赖明勇. 成本和需求同时扰动时供应链协调合约研究[J]. 管理科学学报, 2010, 13(7): 9-15.

[191] 叶飞, 林强, 莫瑞君. 基于B-S模型的订单农业供应链协调机制研究[J]. 管理科学学报, 2012, 15(1): 66-76.

[192] 汪贤裕, 肖玉明. 基于返回策略与风险分担的供应链协调分析[J]. 管理科学学报, 2009, 12(3): 65-70.

[193] 陈剑, 肖勇波. 供应链管理研究的新发展[J]. 上海理工大学学报, 2011, 33(6): 694-700.

[194] 廖莉, 吴耀华, 孙国华. 随机产量下的二级供应链契约协调[J]. 计算机集成制造系统, 2010, 16(8): 1733-1741.

[195] Loewenstein G F, Thompson L, Bazerman M H. Social utility and decision making in interpersonal contexts[J]. Journal of Personality and Social psychology, 1989, 57(3): 426.

[196] Erev I, Ert E, Yechiam E. Loss aversion, diminishing sensitivity, and the effect of experience on repeated decisions[J]. Journal of Behavioral Decision Making, 2008, 21(5): 575-597.

[197] Li X, Li Y. On lot-sizing problem in a random yield production system under loss aversion [J]. Annals of Operations Research, 2016, 240(2): 415-434.

[198] Arrunada B, Vázquez X H. When your contract manufacturer becomes your competitor[J]. Harvard Business Review, 2006, 84(9): 135.

[199] 江心英, 李献宾, 顾大福, 等. 全球价值链类型与OEM企业成长路径[J]. 中国软科学, 2009 (11): 34-41.

[200] 李果, 张祥, 马士华, 等. 不确定交货条件下供应链装配系统订货优化与协调研究综述 [J]. 计算机集成制造系统, 2012, 18(2): 369-380.

[201] Karlin S. One stage inventory models with uncertainty[J]. Studies in the Mathematical Theory of Inventory and Production, 1958: 109-134.

[202] 刘欢, 梁竹苑, 李纾. 行为经济学中的损失规避[J]. 心理科学进展, 2009, 17(4): 788-794.

[203] Agi M A N, Yan, X H. Greening products in a supply chain under market segmentation and different channel power structures[J]. International Journal of Production Economics, 2020: 223.

[204] Wu Z, Pagell M. Balancing priorities: Decision-making in sustainable supply chain management[J]. Journal of Operations Management, 2011, 29(6): 577-590.

[205] Linton J D, Klassen R, Jayaraman V. Sustainable supply chains: An introduction[J]. Journal of Operations Management, 2007, 25(6): 1075-1082.

[206] 陈化飞. 低碳经济下绿色农产品供应链主体博弈[J]. 江苏农业科学, 2017, 45(14): 293-296.

[207] 刘春明, 郝庆升. "互联网+"背景下绿色农产品生产经营中的问题及对策研究[J]. 云南社会科学, 2018: 92-96.

[208] Kazaz B, Webster S. The impact of yield-dependent trading costs on pricing and production planning under supply uncertainty[J]. Manufacturing & Service Operations Management, 2011, 13(3): 404-417.

[209] 冯颖, 余云龙, 张炎治, 等. 随机产出与随机需求下TPL介入的农产品供应链协调[J]. 管理工程学报, 2017, 31(4): 156-163.

[210] 黄建辉, 叶飞, 周国林. 产出随机及贸易信用下农产品供应链农户决策与政府补偿价值 [J]. 中国管理科学, 2018, 26(1): 107-117.

[211] Boyabatlı O, Kleindorfer P R, Koontz S R. Integrating long-term and short-term contracting in beef supply chains[J]. Management Science, 2011, 57(10): 1771-1787.

[212] Agbo M, Rousselière D, Salanié J. Agricultural marketing cooperatives with direct selling: A cooperative－non-cooperative game[J]. Journal of Economic Behavior & Organization, 2015(109): 56-71.

后　　记

　　本书是在我的博士学位论文和安徽省哲学社会科学规划项目"基于企业社会责任的扶贫供应链运作决策研究"(AHSKY2020D24)与安徽省高校人文社会科学研究重大项目"政府补贴背景下考虑环境责任的生产模式选择与绿色度联合决策研究"(SK2021ZD0060)科研成果的基础上整理与完善而形成的。它既是我四年博士求学生涯的心血,也凝聚了我近两年来完成科研项目的辛劳。

　　感谢我的博士导师吴军教授给予我的无私帮助。吴老师谦虚高尚的品质和严谨求实的治学态度对我产生了深刻的影响。吴老师不仅在学术方面对我进行了系统性、结构性的指导,使我在学术成果方面取得了一定收获,更为重要的是,吴老师还结合自身经历为我今后的人生规划提供了建议。师恩难忘,在本书完成之际,再次向吴老师表示最衷心的感谢和最崇高的敬意!

　　感谢北京邮电大学经管学院的王长峰教授、张彬教授、齐佳音教授以及北京化工大学的李健教授、张文教授对我完成博士学位论文给予的指导和帮助!感谢中国科学技术大学毕功兵教授在我访学期间对我的指导和帮助,使我的科研项目得以顺利完成!感谢阜阳师范大学经济学院的领导以及同事们对我的培养和帮助。同时,本书的出版得到阜阳师范大学人事处博士科研启动经费(2017KYQD0006)的资助,在此表示诚挚谢意。另外,本书在研究与写作过程中,已经引用了大量相关文献资料,但也不免有些许遗漏之处,在此向全部文献资料的作者表示诚挚的谢意。

　　这部专著的出版,既是对我前期研究工作的总结,也是我新研究工作的起点。回首过去,筚路蓝缕,思绪纷飞;展望未来,扬帆起航,无限期待。家人的理解和支持始终是我不断前行的动力,也是我不懈奋斗的源泉,在此一并表示感谢!

　　由于本人学识有限,书中难免有不足之处,敬请各位专家和读者批评指正。

兰冲锋

于阜阳师范大学西湖校区

2022年3月